KB153913

PRODUCER

프로듀서에게 듣는 한국영화 모든 것

by PGK

발간사

'한국영화프로듀서조합'이 올해로 열두 살이 되었습니다. 마침 올해 백년을 맞은 한국영화의 역사에 비하면 아직 애기입니다만 한국영화가 산업적으로 확장해 나간 것이 이삼십여 년에 불과하다는 점을 감안한다면 제법 청년의 모습이기도 합니다.

영화 현장에서 무슨 일이 생기면 가장 먼저 찾게 되는 사람들이 프로듀서입니다. 영화의 첫 문을 열고, 마지막 문을 닫는 사람들이 프로듀서입니다. 영화제작의 시스템을 만들고 그 시스템을 가동시키는 사람들이 바로 프로듀서들입니다. 그동안 '한국영화프로듀서조합'은 현장과 정책을 오가며 많은 역할을 수행하였습니다. 촬영 현장의 제일선에서, 영화 산업의 기반을 조성하는 정책 수립을 위한 테이블에서, 한국영화의 긍정적인 변화와 산업적 발전을 선도하기 위하여 묵묵히 제 역할을 수행해 왔습니다.

한국영화의 발전은 세계가 주목할 정도로 비약적이었습니다. 불과 이삼십여 년 전에 상영 쿼터를 사수하겠다고 극한투쟁을 벌여왔던 한국영화가 이젠 쿼터의 보호가 아니라 스스로의 힘으로 점유율 50%를 넘기고 있습니다. 연간 관람객 수가 2억 명을 넘어서고, 국민들의 평균 영화 관람 횟수가 1년에 5회에 육박하는 엄청난 결과를 만들어 내고 있습니다. 격세지감이라는 말이 이렇게도 들어맞는 경우가 얼마나 있을까요? 당연하게도 이 모든 결과들은 영화를 하고 있는 모두의 노력이었고 그 결실인 겁니다. 하지만 이러한 비약적인 발전은 또한 상대적인 부작용 역시도 만만치 않게 드러내 보입니다. 영화라는 매체 자체가 자본을 기반으로 할 수밖에 없다 보니 영화의 산업화는 양극화라는 새로운 숙제를 던져왔습니다.

영화의 숙명이 관객과의 만남이기에 상업영화다, 예술영화다, 라는 논란은 의미가 없습니다. 하지만 상업적 요소를 우선으로 하는 영화와 예술적 가치를 우선으로 하는 영화의 차이는 있다고 하겠습니다. 이 차이가 갈수록 벌어지면서 이젠 양극화의 심각한 문제로까지 다가오고 있습니다. '한국영화프로듀서조합'은 이 양극화의 모습을 예의주시합니다. 영화가 가지고 있는 예술적 가치와 상업적 재미를 아우르는 시스템을 어떻게 하면 찾아낼 수 있을까? 사실, 이 고민에 정답을 들이밀 수 있는 사람은 없을 겁니다. 하지만 우린 그 답을 찾아가는 여행을 시작하기로 합니다. 그 시작으로 순례자의 소회를 들어보기로 했습니다. 길을 걷는 순례자에게 남은 길은 여전히 구도의 길로 남아있지만 이미 걸어온 길은 다른 구도자들에게 힘이 되고 표식이 되어줄 수 있으니까요.

이 순례의 길을 걸어왔고, 여전히 그 길을 걸어가고 있는 열 분의 프로듀서들에게 그동안 '걸어왔던 길'과 앞으로 '걸어갈 길'에 대해서 물었습니다. 많은 이야기를 담았습니다. '걸어왔던 길'이 같을 수 없고, '걸어갈 길' 역시도 같을 순 없습니다. 하지만 영화의 완성이라는 목표는 뚜렷합니다.

경험에 비추어 보면 영화를 만든다고 하는 일이 마치 아무도 없는 안개 가득한 벌판에서 무언가를 만들어 내는 것 같다는 생각이 듭니다. 영화를 좋아한다는 마음 하나로 허허벌판에 뛰어들어 이리저리 뛰어다니다 문득 안개 속에 갇힌 것 같은 느낌을 받을 때가 있습니다.

이런 상황에, 이 책이 조그마하게나마 도움이 되길 기대해 봅니다.

감사합니다.

2019년 12월

한국영화프로듀서조합 대표

최정화

C O N T E N T S

서문

모든 영화에는
각각의 프로듀서가 있다.

　우리가 흔히 알고 있다고 착각하는 것들이 있다. 프로듀서는 무얼 하는 사람일까. 모두가 알고 있다고 생각하고 별 문제 없이 프로듀서란 단어를 사용한다. 하지만 정작 내용을 설명 하려면 쉽지 않은 게 사실이다. 사전적으로 정의하자면 프로듀서란 영화제작을 관리하는 직책이다. 감독이 영화의 예술적인 측면을 감독한다면 프로듀서는 영화의 상품으로서의 측면을 관리하는 일이다. 명확한 설명이긴 하지만 실은 이 같은 정의는 충분하지 않다. 왜냐면 모든 영화에는 각각의 프로듀서가 있기 때문이다.

　대개 영화를 감독의 창작물이라고 말한다. 사실이다. 동시에 영화는 공동, 집단작업이기에 프로듀서의 창작물이기도 하다. 영화마다 감독의 고유한 생각과 스타일이 반영되는 것처럼 프로듀서의 개성과 창의성, 스타일 역시 반영될 수밖에 없다. '영화제작이란 한편의 예술작품을 창조하는 행위와 동일한 것이며, 창작한 사람의 개성이 뚜렷이 드러나야 한다.'는 작가주의 영화이론은 프로듀서에게도 적용되어야 마땅하다. 하지만 아쉽게도 프로듀서는 영화제작을 뒷받침하는 업무가 대부분이라 그들이 실제로 어떤 방식으로 영화를 제작하는지 알려지지 않았다.

이에 한국영화프로듀서조합(이하 PGK)에서는 프로듀서에 대한 이해를 돕고자 이 책을 기획했다. 소개된 10인의 프로듀서는 각기 다른 목표와 개성으로 한국영화의 다양성에 한몫을 담당하고 있는 창작자들이다. 이들 각자의 이야기가 프로듀서란 무엇인지에 대한 가이드가 되어줄 것을 믿어 의심치 않는다. 각 프로듀서들의 이야기를 펼쳐내기 앞서 프로듀서에 대한 이해를 돕고자 PGK의 강명찬, 김지혜, 최정화 세 프로듀서가 모여 프로듀서의 역할과 조건, 미래에 대한 이야기를 나눴다. 이것은 '프로듀서란 무엇인가'에 대한 답이 아니다. '프로듀서가 어떤 일을 해야 하는지'에 대한 탐색이자 질문에 가깝다. 이들의 이야기가 프로듀서의 세계를 향하는 좋은 길잡이가 되어줄 것이다.

———

글 · 송경원

01 프로듀서의 역할
A부터 Z까지 모든 공정을 책임진다.

프로듀서는 무엇을 하는 사람인가.

최정화 프로듀서란 말 그대로 영화를 생산하는 사람이다. 감독이 영화를 연출하고 연기를 만들어내는 사람이라면, 프로듀서는 영화라는 전체 틀을 만들어내는 사람이라고 할 수 있다. 내 경험에 비추어 이야기하는 게 가장 이해가 쉬울 것이다.

난 원래 촬영 조수로 영화를 시작했다. 한참 촬영 조수로 몇 년을 일하면서 영화를 반만 한다는 느낌이 있었다. 지금 생각해보면 영화의 기획과 준비에는 촬영팀이 관여를 안 하다 보니 그런 아쉬움을 느꼈던 것 같다. 당시 주로 같이 일했던 사람들이 김성수 감독과 차승재 대표였는데 누가 더 영화 전체를 관여하는지 유심히 살펴보게 됐다. 그 결과 차승재 대표가(프로듀서)가 김성수 감독(영화감독)보다 더 영화의 전체틀을 만들어 낸다고 판단했다. 그게 내가 영화에서 프로듀서를 선택했던 이유다.

김지혜　비슷한 생각이다. 최근 4년간 아토의 영화가 여성영화제 후보가 되면서 참석을 매번 하게 되었는데, 제작자 상은 항상 심재명 대표가 시상을 하신다. 그때 항상 시상을 수여하시기 전에 하는 멘트가 "이 상은 영화를 시작부터 끝까지 책임지는 사람에게 수여하는 상입니다."이다. 나는 2001년부터 영화 일을 시작했고, 1세대 프로듀서라 할 수 있는 유인택, 심재명 대표에게서 영화 일을 배웠기에 프로듀서란 영화의 시작부터 끝까지를 총책임지는 사람이라는 인식을 명확하게 갖고 있다. 한국에서는 제작자와 프로듀서를 혼용해서 사용하기도 하는데 이 부분을 정확히 구분하는 게 프로듀서의 역할을 분명히 하는 하나의 방식이 될 수 있을 것이다.

강명찬　한국영화 성장 과정의 역사적 맥락에서 제작자와 프로듀서와 혼용되거나 섞어서 쓰는 시기가 있었다. 영어 크레디트를 한국어로 해석하면 각자 직종별 일이 구분된다. 프로덕션 디자이너는 전체를 총괄해서 디자인을 하는 사람, 디렉터 오브 포토그래피는 포토그래피하는 사람, 디렉터는 디렉션을 액터에게 주는 사람, 액터는 액팅을 하는 사람이다. 그런 개념으로 봤을 때 프로듀서라는 타이틀은 영화라는 매체를 생산해내는 사람이라고 말하는 것이 정답에 가까운 것 같다. 아무리 좋은 감독과 시나리오가 있어도 그것만으로 영화가 되지는 않는다. 결국 프로듀서란 각본을 선택하고 스태프를 꾸리고 자본을 붙여서 영화를 제작한 뒤 극장에 상영하는 것까지 책임지는 사람이다.

02 프로듀서와 제작자의 차이
프로듀서가 더 광범위한 개념이다.

프로듀서와 제작자는 어떻게 다른가.

최정화　한국에서 제작자는 영문 크레디트로 바꾸면 프로듀서가 된다. 한국에서 프로듀서와 제작자는 구분이 된다. 롤이 다른 것이다. 한국 영화에서 프로듀서는 투자를 끌어오기보다는 현장을 책임지고 관리하는 측면이 강했다. 프로듀서라는 용어가 주로 사용되기 시작한 90년대 중후반부터 2000년대 초반까지는 적어도 그랬다. PGK에서도 그동안 프로듀서라는 용어를 정리 좀 해 보겠다고 10년 가까이 붙잡고 있었지만 쉽지 않았다. 하지만 요즘은 생각이 좀 다르다. 한 명의 프로듀서만이 존재했던 과거와는 달리 이젠 기획, 투자유치, 현장 관리 등 다양한 파트를 책임지는 프로듀서들이 등장하고 있다. 이는 헐리우드의 분위기도 역시 마찬가지다. 한 편의 영화에 십 수명의 프로듀서들이 서로 협업을 하는 추세이다. 이러다 보니 이젠 프로듀서와 제작자를 굳이 용어 구분을 해야 하나 싶다. 프로듀서도 이제 분화되고 이 특화된 프로듀서들이 서로 협업을 통하여 영화를 만들어 나가는 시스템으로 변화하고 있다. 프로듀서라는 직책의 의미가 점차 확대되고 세분화되어 가고 있다는 것이다. 한국에서 제작자란 영화사 대표를 의미한다. 영화사 대표는 당연하게 프로듀서이지만 프로듀서가 당연히 영화사 대표이어야만 할 필요는 없다는 얘기다.

강명찬　프로듀서라는 직함을 사용하는 이들 사이의 구분도 좀 애매한 부분이 있는 건 사실이다. 프로듀서라는 용어 안에 제작자, 슈퍼바이징 프로듀서, 라인 프로듀서 등 수많은 역할을 포괄하고 있다. 영화의 규모가 커지고 산업이 고도화 될 수록 역할이 세분화되고 구체화되기 마련이다. 〈쉬리〉나 〈공동경비구역 JSA〉가 20억대 예산에 40~50명 스태프로 만들어졌다면, 현재는 현장 스태프 100명에 예산도 250~300억까지 올랐다. 거의 열 배 가까이 제작비가 들고 스태프도 두 세배로 늘어난 거다. 그 과정에서 일이 좀 더 세분화되고 크레디트 안에도 반영될 수밖에 없다.

김지혜　단순하게 나누면 프로듀서의 역할은 영화의 아이템을 처음 구체화 시키는 사람, 그걸 실제로 관리하고 운영하는 사람 두 가지로 구분할 수 있다. 전자는 제작자의 개념이 강하고 후자가 현장 프로듀서나 실무자의 역할에 해당한다. PGK를 예로 들면 상당수가 현장의 실무를 맡는 프로듀서로 출발해서 점차 각자 제작자 역할까지 포지션을 넓힌 경우가 많다. 전통적인 개념에서 보면 현장의 실무를 맡던 인력이 배우고 익혀 한 편을 통째로 책임지는 제작자 역할까지 확장되는 거다. 아마도 한국에서 용어상의 혼란은 거기서 비롯된 게 아닐까 싶다.

03 한국영화산업과 프로듀서의 역사
프로듀서의 역할은 변하지 않는다.

한국에서는 프로듀서의 개념이 언제부터 자리 잡기 시작한 것인가.

최정화　한국영화에서 프로듀서의 용어가 사용된 것은 그리 오래되지 않았다.(그렇다고 과거에 아예 사용하지 않았다는 것은 아니다.) 과거 군사독재 시절의 검열 제도하에서 기획이라는 개념은 사실상 불가했다고 봐야 하겠다. 기획해봐야 검열에서 다 삭제되어 버리니 말이다. 사전검열이 없어진 90년대 들어 기획이라는 개념이 다시 활발해지기 시작했고, 그렇다고 이때부터 바로 프로듀서라는 용어를 사용하진 않았다. 프로듀서라는 개념과 직책이 서서히 도입되기 시작했지만 당시엔 전통적으로 사용해왔던 제작실장이란 용어가 더 익숙했던 것이다. 당시 신진세대의 대표주자격이던 우노필름에서 제작한 〈비트〉(1997) 때만 해도 프로듀서라는 용어를 쓰지 않았다. 제작팀은 제작실장, 제작부장, 제작부 딱 3명이었다. 이후 한국영화의 스태프 파트가 세분화되기 시작하고 제작파트도 인원이 늘어나면서 제작실장의 선임을 프로듀서라고 칭하기 시작했다. 당시 선명하게 존재하던 직급간의 위계하에서 제작자, 그 밑에 프로듀서, 그 밑에 제작실장을 필두로 하는 제작부로 구성되기 시작했다. 지금이야 이런 위계는 사라졌다고 봐도 되겠다.

강명찬　내 경험을 예로 들면 2008년에 제작실장, 라인 프로듀서로 PGK에 가입했다. 10년이 지나는 동안 프로듀서가 되고, 영화사를 창업해 이제는 제작자라고 소개한다. 하지만 해외에서 영화인들을 만날 땐 프로듀서라고 소개된 명함을 준다.

최정화　그런 의미에서 혼용해서 사용되는 걸 억지로 정리할 필요는 없을 것 같다. 향후 10~20년 지나면 제작이란 단어가 없어질 수도 있다. 프로듀서라는 개념 아래 여러 형태로 세분화되어 정리가 될 가능성도 있다.

김지혜　그렇게 보면 아토는 반대로 예전 시스템으로 돌아간 케이스다. 소규모로 운영되다 보니 제작사 안에서 각자 역할을 바꿔가며 제작, 프로듀싱, 마케팅, 배급까지 모두 소화한다. 아토의 프로듀서가 총 4명인데 서로 일을 나눠서 할 수 있기에 제작이 가능한 시스템이다. 지금은 이렇게 제작 방식 자체가 다양해지고 있다고 본다. 아토처럼 소규모 제작시스템도 있고 대형 제작사가 여러 프로듀서들이 각자 분화된 역할을 전문적으로 맡으며 아이템을 개발하는 경우도 있다. 개별 피디들이 프로젝트에 맞춰서 헤쳐 모이는 케이스도 있고. 각양각색이다. 다만 변하지 않는 건 프로듀서가 영화의 제작 전반을 컨트롤하고 책임진다는 거다. 그러니까 그

거야말로 프로듀서의 본질이자 핵심이라는 뜻 아닐까.

최정화　제작사의 역할과 힘이 약해진 것도 프로듀서의 역할과 위치 변화에 크게 한몫했다. 제작사들이 잘 나가던 90년대와 2000년대 초반까지는 강력한 제작사의 힘을 바탕으로 회사 내에서의 기획과 감독들이 제작사를 통해서 영화를 연출하는 제작시스템이 공고했었다. 이 시스템에서 현장을 지휘하는 프로듀서의 역할도 공고해진 측면이 있었다. 하지만 그 후 대기업 자본이 감독과의 직접 계약 등 자본 위주의 시스템으로 전통적인 제작사 시스템이 붕괴되기 시작한다. 이러면서 회사에 속했던 프로듀서들도 독립적으로 움직이기 시작하게 된다. 마침 제작사 설립요건이 완화되면서(자본금 최소 5천만 원이라는 제한 규정 삭제) 기획 아이템을 준비한 개인 프로듀서가 투자사와 계약하면서 직접 제작사를 설립하기 시작한다. 한국영화에서 프로듀서의 역할과 지위하 변화하기 시작한 것이다. 2007년에 발족한 PGK도 이러한 변화의 한 축이었던 것이다.

강명찬　시대에 따라 역할도 바뀌고 있다고 느낀다. 위계가 엄격했던 예전에는 제작자가 된 사람이 다시 현장 프로듀서를 하는 경우는 거의 없었다. 하지만 지금은 유연하게 크로스 오버를 할 수 있는 시대다. 프로듀서는 영화 제작 전반에 투입될 수 있는 하나의 역할이다. 한쪽에서는 업무가 세분화 되는 동시에 다른 쪽에선 영역이 예전보다 확장되고 다양해지고 있다. 프로덕션 핸들링, 크리에이티브 영역, 세일즈, 글로벌 전략까지 다양한 분야에서 전문가가 되어야 한다.

04 프로듀서의 조건
필요와 쓸모, 그리고 생존전략에 관하여

프로듀서가 되기 위해서 준비해야 할 것은 무엇이 있을까.

강명찬 프로듀서에게 더 많은 것들이 새로 요구되는 상황이다. PGK 에선 그걸 계속 재교육하고 훈련하는 역할을 하고 있다. 주52시간제 도입 등이 대표적인 사례다. 제도와 환경이 변화하는 부분에 누구보다 프로듀서가 발맞춰서 일해야 하니까 미리 배우고 공부해야 한다.

최정화 흔히 A to Z라고 말하는 건 절대적 명제다. 시작할 때 가장 강력한 힘을 발휘해야 하고, 촬영 구간에서는 가장 많이 침착해야 하고, 마지막 개봉을 가면서는 가장 과감해야 한다. 현재 영화산업에서 배급과 배우 매니지먼트의 힘이 커진 게 사실이다. 그럼에도 프로듀서는 역량과 상황에 따라 이들을 조율하고 콘트롤 할 수 있는 힘이 있다. 다름 아닌 전문성을 무기로 말이다.

강명찬 시스템이 바뀌고 제작사의 영역이 줄어들었다고 했지만 지금은 다시 돌고 돌아서 프로듀서의 시대가 온 거 같다. 자본과 배우, 창작자 사이에서 얼마나 발란스를 잘 맞출 수 있는가가 중요하다. 결국 모든 커뮤니케이션의 메인 창구는 제작사가 될 수밖에 없기 때문이다. 문제가 생길 때마다 모두가 프로듀서에게 질문한다. "어떻게 해요?" 감독은 더 찍을 수 있는지 묻고, 투자사는 어떻게 진행해야 하는지 묻는다. 프로듀서는 거기에 대해 답을 해줄 수 있는 사람이 되어야 한다.

김지혜 프로듀서가 어떤 그림을 그리느냐, 어떤 부분에 힘을 주고 예산을 조정할지에 따라서 영화 성격이나 진행하는 흐름, 마케팅 성격이 변한다. 경험과 노하우가 축적될수록 프로듀서의 필요와 책임이 커질 수밖에 없다. 아토의 경우 보편적인 케이스가 아니라서 주변에서 도대체 어떻게 작은 예산으로 제작을 했는지 자주 질문을 받는다. 아토가 제작한 대부분의 영화는 스태프가 많이 붙지 않는다. 마케팅 스태프 선정도 제작사가 하고, 무대인사도 같이 뛰어야 하고, 사실 기획제작부터 마케팅은 물론 다음 주에 있을 마지막 GV까지 다 같이 해야 하는 상황이다. 왜 아토라는 회사가 왜 이 시기에 생겨났는지 생각해볼 필요가 있다. 제작사의 힘이 약해진 지금, 신생 제작사가 기획이라는 긴 시간을 버티기 힘든 지점이 있다고 본다. 하지만 우리는 프로듀서(Producer)이고 우리의 본질은 콘텐츠를 생산해 시장과 만나게 하는 역할이다. 그러기 위해 현실을 냉정하게 판단하고 우리가 현재하고 있는 역할이 무엇인지 어떤 역할을 할 건지 다시 되짚어 봐야 한다고 생각한다. 이 책에서 소개하는 열 명의 프로듀서가 하는 특정화된 전문적 역할이 있다. 한 명 한 명이 케이스 스터디라고 보면 된다. 이들을 보고 본인이 무엇에 더 맞는지, 어떤 전문성을 키우고 영역을 만들어 나가야 하는지, 그렇게 우리의 생존전략을 찾았으면 좋겠다. 이 책이 그런 길잡이가 되길 바란다.

2

기획

원작, 리메이크 작품

원동연 – 신과 함께

실화 바탕 작품

윤기호 – 재심

오리지날 개발 작품

안은미 – 불한당

김정민 – 너의 결혼식

원동연
프로듀서
———
경희대학교 신문방송학과 졸업
현, (주)리얼라이즈 픽쳐스 대표이사

| **필모그래피** |

영화
〈신과함께, 인과 연〉 (2018) 제작
〈신과함께, 죄와 벌〉 (2017) 제작
〈대립군〉 (2017) 제작
〈광해, 왕이 된 남자〉 (2012) 제작
〈인플루언스〉 (2010) 제작
〈마린보이〉 (2008) 제작
〈미녀는 괴로워〉 (2006) 제작
〈마지막 늑대〉 (2004) 제작
〈싸이렌〉 (2000) 각색/제작
〈돈을 갖고 튀어라〉 (1995) 각본

수상
2018 문화체육관광부장관 수상
2018 아시아 아티스트 어워즈 〈베스트 크리에이터〉 수상

원동연은 본인의 표현에 따르면 '새털처럼 가벼운 입담'으로 분위기를 띄우는 자타공인 충무로의 재담꾼이다. 하지만 그와 이야기를 나눠본 사람이라면 시간이 갈수록 그의 현란한 입담보다는 명료한 목표의식과 장기적인 안목에 고개를 끄덕이게 될 것이다. 리얼라이즈픽쳐스의 원동연 대표는 〈미녀는 괴로워〉(감독 김용화, 2006), 〈광해, 왕이 된 남자〉(감독 추창민, 2012)를 연달아 흥행시키며 영향력 있는 프로듀서로 자리매김했다. 원동연 대표의 강점은 대중이 끌릴 만한 소재를 알아보는 눈과 그것을 재미있게 풀어갈 수 있는 감각을 겸비했다는 데 있다. 1995년 〈돈을 갖고 튀어라〉의 시나리오 작가로 영화계에 발을 들인 원동연 프로듀서는 사랑받는 영화의 조건으로 첫째도 이야기, 둘째도 이야기를 꼽는다. 거기에 도전적인 소재에도 과감히 뛰어드는 추진력은 그를 성공적인 프로듀서의 길로 이끌었다.

물론 실패도 있었다. 〈미녀는 괴로워〉의 성공 이후 야심 차게 준비했던 〈마린 보이〉(감독 윤종석, 2008)는 80만 관객에 그치며 상업적으로 쓴맛을 보았고, 1천 2백만 관객을 동원한 〈광해, 왕이 된 남자〉의 영광 뒤에는 〈대립군〉(감독 정윤철, 2017)의 뼈아픈 참패가 뒤따라왔다. 요컨대 원동연 대표의 필모그래피는 오르막과 내리막을 반복해왔다. 그럼에도 그가 가려는 길은 한 번도 흔들린 적 없이 곧게 뻗어나간다. 원동연 프로듀서의 원칙은 단순하다. 관객이 흥미로울 소재를 찾아 재미있는 이야기로 다듬어 전달하겠다는 것, 그게 전부다. 하지만 그게 얼마나 험난하고 어려운 길인지 도전해본 사람들은 알 것이다. 프로듀서로서 원동연의 강점은 탁월한 이야기 감각도, 낯선 소재를 발굴하는 안목도 아니다. 누가 뭐라 해도 정해진 목표를 향해 걸어가는 뚝심이야말로 오늘날의 원동연 프로듀서를 가능케 한 비결이다. 나머지는 이를 수행하고 버티기 위해 생겨난 부차적인 요소라 해도 과언이 아니다.

원동연 프로듀서의 질문과 목표는 단순하다. 한국에는 왜 프랜차이즈 영화가 없는가. 한국의 제작사는 할리우드 스튜디오처럼 장기적인 프로젝트에 도전하지 못하는 이유가 무엇인가. 한국영화 최초로 1, 2편을 나눠 개봉하고 나란히 천만 관객이 넘은 영화 〈신과 함께〉는 그렇게 시작됐다. 주호민 작가의 웹툰이 영화화되기까지 현실적으로 쉽지 않는 난관들이 있었지만 원동연 프로듀서는 거꾸로 과감한 투자와 확장을 기획했다. 두 편을 동시에 제작해 비용을 줄이고 한편의 흥행이 다음으로 이어질 수 있는 동력을 확보했다. 〈신과 함께〉는 상업적으로 큰 성공을 거두었지만 아직 출발선에 선 것에 불과하다. 원동연 프로듀서는 한국영화 시장의 한계를 돌파할 가능성 중 하나로 한국형 판타지의 프랜차이즈를 선택하고 장기적인 안목으로 추진하고 있는 중이다. "리스크가 큰 건 사실이지만 일단 시스템을 구축한 뒤엔 안정적으로 수익을 거둘 수 있다."는 그의 지적은 합리적이고 타당하다. 특히 제작사가 오래 버티기 힘든 한국영화 시장의 특수성을 감안할 때 스튜디오의 규모를 키우고 오래가는 환경을 만들기 위해서도 효과적인 전략 중 하나다. 스튜디오가 현실적인 한계를 핑계로 시도하지 못했던 것을 과감하게 추진하고 성과를 낸 것은 그저 한 편의 영화 흥행 이상의 가치가 있다. 원동연 프로듀서는 이를 "한국에서도 프랜차이즈가 가능하다는 걸 증명한 일종의 퍼포먼스"라고 말한다. 장기적인 관점에서 각 스튜디오가 이런 방식의 프랜차이즈를 보유할 때 긴 호흡으로 영화시장을 설계할 수 있다는 설명이다. 더불어 해외 시장을 개척하기 위한 효과적인 돌파구의 역할을 할 수도 있다.

원동연 프로듀서는 유독 '섹시한' 기획이라는 표현을 자주 쓴다. 그가 말하는 섹시함이란 이끌림이다. 관객이 보고 싶은 영화, 대중들이 끌리는 매력을 갖춘 영화를 만들겠다는 것이다. 상업적인 기획, 대중적인 호흡, 돈을 벌 수 있는 영화 등 다양한 방식으로 표현할 수 있다. 하지만 원동연 프로듀서가 영화를 대하는 방식을 보면 여기에 별다른 설명은 더 필요 없을 것 같다. 그저 '섹시한' 기획이면 족하다. 관객이 보고 싶은 영화, 그리하여 상업적으로 흥행을 하고 산업을 움직일 수 있는 영화. 이보다 더 단순 명쾌한 목표가 또 있을까. 여러 현실적인 난관과 적대적인 환경에도 불구하고, 오늘도 그는 목표를 향해 우직하게 걸어간다.

———

글 · 송경원

영화판에서 제일 입담이 좋은 분으로 정평이 나 있다.

나는 원래 코미디언 하려고 했으니까. (웃음) 농담이고. 이제는 영화계 후배들에게 작은 부분이라도 도움이 됐으면 좋겠다는 생각으로 일하고 있다. 그러다 보니 너스레도 자주 떨고 일부러 자신감 있게 스스로를 포장하기도 해야 한다. 현재 나의 위치를 확인하는 일을 매번 한다. 〈신과 함께〉 이후 내가 이 분야의 앞자리에 있다는 걸 부정할 수 없다. 겸손이 필요할 때도 있지만 지금은 우리 영화가 이만큼 성장했고 나아가고 있다는 걸 적극적으로 알릴 필요가 있다고 본다.

한국영화 대표 프로듀서로서의 소명의식이라고 봐도 되나.

그렇게 거창한 건 아니고. 내가 원래 포장하고 꾸미는 걸 별로 좋아하지 않는다. 하지만 지금 내가 하고 있는 일이 아무도 하지 않았던 새로운 영역을 개척하고 있다는 의식이 있다. 이럴 땐 약간의 과장과 자신감이 필요하다. 문자 쓰는 걸 좋아하진 않지만 '눈밭 속을 가더라도 함부로 걷지 마라. 오늘 내 발자국이 뒷사람의 길이 될지니.'란 문구를 되새기고 있다. 서산대사가 지은 선시(禪詩)인데 백범 김구 선생님의 좌우명이었다고 한다. KBS의 시사교양 프로그램 〈역사저널 그날〉에 패널로 출연했을 때, 거기서 배웠다. (웃음) 한국영화 덕분에 잘 먹고 잘살고 있으니 후배들을 위해 조금이라도 더 도움이 되는 일을 하고 싶다.

〈신과 함께〉, 한국영화 최초의 프랜차이즈가 개척 중인 길

아무래도 <신과 함께> 시리즈 얘기부터 해야 할 것 같다.

얼마 벌었냐는 얘기만 제외하면 내가 다 얘기할 수 있다. (웃음)

2017년 <신과 함께-죄와 벌>이 1440만 관객을 동원했고 2018년 <신과 함께-인과 연>이 1220만 관객을 모으며 한국 프랜차이즈 영화 사상 최초로 쌍천만 관객을 돌파하는 기록을 세웠다. 한국뿐 아니라 홍콩, 대만 등의 아시아 국가에서 역대 한국 영화 오프닝 박스오피스 신기록을 달성하는 등 한국영화의 글로벌 흥행을 이끌었다. 이 정도의 성적을 예상했나.

　기록을 달성하기 위해 영화를 만드는 건 아니니까 최고 목표치를 상정하진 않는다. 제작자로서 최저 목표치를 넘기고 나면 그 뒤엔 내 손을 떠난 영역이다. 기본적으로 350억에 달하는 거대한 제작비로 진행됐고 손익분기점이 높은 영화라서 개봉 일주일쯤 지난 뒤 600만 관객을 돌파했으면 하는 바람은 있었다. 1, 2편을 모두 함께 1200만 관객이 손익분기점이었는데 〈신과 함께-인과 연〉만으로 그걸 넘을 거라곤 솔직히 예상하지 못했다. 개봉시기가 겨울이었는데 여름시장처럼 빠르게 관객을 모아 16일 만에 1천만 명이 극장을 찾아주셨다. 국산 판타지 영화의 불모지기도 하고 다들 걱정이 많았던 프로젝트인데 의미 있는 성과를 넘어 도약할 수 있는 결과로 이어져 다행이라고 생각한다.

1, 2편을 동시에 제작한다는 게 말처럼 쉬운 게 아니다. 프로젝트 구상에 얼마나 걸렸나.
　프리 프로덕션 단계는 좀 애매해서, 제외하면 본격적으로 착수해서 극장에 걸리기까진 대략 5년 정도 걸렸다.

지금 현재는 <신과 함께> 드라마도 준비 중이다. 주호민 작가의 원작을 처음 접했을 때 이 정도로 장대한 계획을 세우고 시작한 것인가. 아니면 중간에 진행 과정에서 계획의 수정이 꽤 많았는지. 처음에 주호민 작가의 웹툰을 영화화해야겠다고 결심한 계기가 있었나.
　솔직히 나는 트렌드를 읽고 어떤 기획을 할 때 원칙을 먼저 정해놓고 프

로젝트를 선택하지는 않는다. 틀을 먼저 정해버리면 사고가 굳어진다. 기본적으로 나는 굉장히 즉흥적인 사람이다. 뭔가를 연구하고 시뮬레이션 돌릴 시간에 감이 오면 즉흥적으로 시작해 버린다. 물론 여기서 감이라고 하는 건 단순한 느낌과 운이 아니라 그동안 쌓아온 노하우와 경험들이 발현된 형태라고 봐야겠지만 말이다. 누군가 웹툰 〈신과 함께〉를 한번 보라고 추천을 해줬는데 그땐 이승편 신화편은 연재 시작도 안 했고 저승편이 끝나려는 무렵이었다. 그걸 인터넷으로 보는데 내가 눈물이 났다. 죽어서 저승에 갔는데 누군가가 내가 지은 죄 이면을 봐주고 죽음에 대해 대변해 주는 게 굉장히 위로가 되더라. 살다 보면 누구나 죄를 지을 수밖에 없는 상황에 처할 수 있지 않나. 그런데 내가 모르는 누군가가 나를 위해 죄를 변호해 준다는 설정이 너무 고맙고 위로가 됐다. 내가 그렇게 느꼈다면 대중들도 그렇게 느낄 것이라는 생각이 들어 그때부터 시작했다.

프로듀서로서 쌓아온 경험이 알려주는 일종의 감이라고 할 수 있나.

그렇다. '이건 된다.'는 확신이라고 할 수 있다. 확신이라는 말이 과장되게 들릴 수 있지만 스스로를 믿지 못하면 이런 큰 프로젝트는 시작할 수 없다. 다음날 바로 출판사에 찾아가서 내가 이런 영화를 제작하는 사람인데 이걸 영화화하고 싶다고 이야기했다. 그런데 이미 많은 이들이 왔다 갔다더라고. 그때 두 가지 생각이 들었다. 역시 사람들 보는 눈은 비슷하구나. 한편으론, 그러니까 이건 확실히 대중성이 있다고 확인 받는 것 같기도 했다. (웃음) 저승편만 보고 출판사를 찾아간 것이기 때문에 그때만 해도 〈신과 함께〉를 연작으로 하고, 드라마까지 제작하겠다는 생각은 없었다. 그럼에도 확신을 가지고 판권을 샀다. 그런데 이후에 주호민 작가가 이승편과 신화편을 계속 연재하는 걸 보면서 내 생각도 함께 확장되어 가기 시작했다. 이승편, 신화편 다 너무 재미있는 걸 어떻게 하나. (웃음) 불리적으로 저승편만 하고 끊을 수가 없는 상황이 된 거다. 결국 프랜차이즈로 만들 수밖에 없었다. 결과적으로 보면 상황이 나를 찾아온 거지 내가 이 작품을 고를 때부터 지금의 결과를 구상하진 않았다.

한국영화에서 시리즈는 종종 있었지만 제작단계부터 시리즈를 구상하고 가는 경우는 거의 없었다. 원작이 방대하다고 해도 축약해서 한 편으로 만드는 게 보통인데 굳이 시리즈로 제작을 결심한 건 이유는 무엇인가.

예전부터 프랜차이즈에 대한 필요성을 느끼고 있었다. 왜 한국에는 프랜차이즈가 없을까 하는 의문이라고 해도 좋겠다. 한국형이라는 말은 그다지 좋아하지 않지만 우리 영화 사정에 맞춘 프로젝트가 필요하다고 판단했다. 그런 고민들을 하고 있는 와중에 〈신과 함께〉를 만나고 이승편, 신화편까지 이어지는 이야기를 보면서 이건 프랜차이즈가 되겠다는 생각을 했다. 한편으론 기회처럼 느껴지기도 했다. 늘 프랜차이즈화에 대한 갈망이 있었기 때문이다. 오랜 꿈이라고 해도 좋다. 한국에서 흥행 20위권 안에 드는 영화 중에 할리우드 영화는 거의 90% 이상이 프랜차이즈다. 왜 우리는 프랜차이즈를 기획하지 않을까에 대한 고민을 하는 게 당연한 거 아닌가. 사실 환경적인 원인이 크다. 한국은 감독이 비유하자면 싱어송라이터인 경우가 많다. 감독이 각본도 쓰고 연출도 하다 보니 프랜차이즈 기획을 한다는 거 자체가 어렵다. 산업의 관점으로 볼 땐 기본적으로 비용도 많이 드니까 시작하기 쉽지 않은 게 사실이다. 그러니 어떻게든 영화를 찍고 싶은 감독들은 관심이 없는 게 당연하다. 그런 걸 해줄 수 있는 사람이 바로 프로듀서다. 개별 작품에만 몰두하는 게 아니라 전체적인 시야에서 흐름을 보고 판을 짜야 한다. 그런 게 바로 기획이다. 그런데 현실적으로 프로듀서들도 그 역할을 수행하는데 한계가 있다. 어쩌면 관습일 수도 있는데 그건 걸 깨보고 싶었다.

시리즈와 프랜차이즈, 어떻게 다른가.

시리즈는 할리우드 스튜디오 시스템의 유산 중 하나다. 영화를 대량 생산할 수 있는 시스템을 갖췄던 초기 할리우드 스튜디오는 등장인물과 플롯 일부를 공유하는 연속된 이야기를 제작했고 그것이 시리즈의 출발이라고 할 수 있다. 이는 높은 제작비에 대한 리스크를 줄이고 마케팅의 효과를 극대화하기 위한 수단 중 하나였다. 1930년대 윌리엄 보이드가 출연한 파라마운트 스튜디오의 서부극 〈호팔롱 캐시디〉 시리즈를 대표적으로 꼽을 수 있다. 1950년대 스튜디오 시스템의 몰락과 함께 시리즈는 한동안 극장가에서 사라지고 TV쪽으로 옮겨가기 시작한다. 70년대 이후 실베스터 스탤론의 〈록키〉(1976) 시리즈를 비롯한 인기 연작들이 등장하며 시리즈는 다시금 중요한 모델로 부상한다. 여기에, 여기서 좀 더 확장된 개념이다. 종종 시리즈와 혼용해서 쓰기도 하는데 정확히는 세계관을 공유하는 모든 이야기를 포괄한 개념이라고 할 수 있다. 2000년대 이후 시리즈의 영향력이 다시 줄어듦에 따라 이를 타개하기 위해 시퀄, 프리퀄, 스핀오프 등 다양한 방식으로 이야기의 확장이 이뤄지는데 이를 모두 포괄하여 동일한 세계관을 공유하는 영화를 프랜차이즈 영화로 묶는다. 프랜차이즈 영화는 충성도 높고 안정적인 팬층을 확보하여 실패의 가능성을 줄이는 것을 목표로 하며 이야기의 확장에 따라 장기적인 수익구조를 갖출 수 있는 장점이 있다. 반면 초반에 세계관을 구축하기 위해 상대적으로 규모가 큰 투자가 필요하다는 리스크도 함께 지닌다. 한국에도 심형래 감독의 〈영구〉 시리즈, 조폭 코미디인 〈가문의 영광〉, 〈조폭 마누라〉 시리즈 등 여러 속편들이 있었지만 이는 모두 한 편의 영화가 성공한 뒤 속편을 기획하는 형태였다. 제작단계부터 프랜차이즈로 기획된 것은 〈신과 함께〉가 한국영화 중 최초다.

한국에서 프랜차이즈가 잘 시도되지 않는 건 여러 이유가 있다. 영화시장의 크기나 수익의 지속 가능성 등 현실적인 부분을 고려했을 때 한국시장에서 섣불리 시도하기엔 리스크가 큰 것도 사실이다.

리스크가 큰 건 사실이다. 하지만 그래서 더 시도해야 한다고 봤다. 프로듀서로서 봤을 때 이렇게 매력적인 아이템이 또 어디에 있을까. 세계관과 캐릭터만 구축해놓으면 그 다음에는 프로젝트가 자연스럽게 다음으로 이어지면서 유지된다. 할리우드 대형 스튜디오들이 왜 프랜차이즈를 기획하겠나. 하이 리스크 하이 리턴이 있는 거다. 사실 이건 좀 더 큰 관점에서 접근해야 할 문제긴 한데 프랜차이즈는 대형 스튜디오들이 기획할 수밖에 없다. 높은 리스크를 줄일 수 있는 방법 중 하나가 여러 영화를 동시에 기획하고 그 중의 한 편에서 고수익을 올리는 거다. 규모의 경제를 지향하는 할리우드의 시스템이기도 하다. 할리우드 스튜디오는 1년 플랜을 짠다. 여름, 겨울 블록버스터 시즌에 텐트폴 무비(tentpole movie)를 기획하고 발렌타인데이, 추수감사절 등에 또 큰 작품을 넣는다. 그리고 큰 시즌 사이마다 작은 영화들을 구성해 밸런스를 맞추는 식이다. 덧붙여 제리 브룩하이머 등 이름난 프로듀서들에게 아웃소싱을 맡긴다. 스튜디오가 판을 짜면 유명 프로듀서가 개별 구간을 구체화해 주는 형식이다.

한국의 제작사들과 한국 시장의 사정은 다른가.

솔직히 국내 제작사 중에 큰 업체인 CJ, 롯데, 쇼박스만 해도 이런 방식의 라인업을 시도하기 쉽지 않다. 당장 실적 내기 급급하고 영화 한 편에 일희일비 할 수밖에 없는 환경에서 누가 몇 년씩 걸리는 프로젝트를 맡아서 기획할 수 있을까. 상황을 놓고 이야기 한다면 안 하는 게 아니라 못하는 거다. 하지만 반대로 말해서 못 한다고 계속 상황에만 끌려가면 결국 아무런 변화 없이 천천히 침몰해 가는 거다. 누군가는 모험을 하고 새로운 길을 뚫어야 한다. 이건 개인 기획자가 아니라 스튜디오가 해줘야 할 몫이다. 〈신과 함께〉의 경우 처음엔 7억 정도를 자비로 집행했다. 판권도 사야 하고 진행비도 발생하는데 우리나라의 경우 기획료를 받는 순간 일정 정도 제작사 지분을 내어 줘야 한다. 그게 싫어서 그냥 내가 투자했다. 내 경우엔 그게 가능한 상황이었기 때문에 그렇게 했지만 아이템만 들고 있는 대부분의 프로듀서들은 이게 불가능하다. 나는 운이 좋아서 〈광해, 왕이 된 남자〉도 만들었고, 〈미녀는 괴로워〉도 만들었다. 덕분에 내 돈으로 인큐베이팅을 할 수 있었지만 역량 있는 많은 프로듀서들이 그렇게 할 수 없다. 그래서 스튜디오가 그 몫을 담당해야 한다는 거다. 전망 있는 스튜디오가 기획개발비에 적극 투자해야 영화 생태계가 활성화된다. 나는 결국 장기적으론 한국영화시장도 프랜차이즈 개발에 착수해야 한다고 본다.

<신과 함께>가 그 출발이 될 수 있을 거라고 보는 건가.

그랬으면 좋겠다는 거다. 스튜디오에서 시도를 안 해주니까 내가 했다. 봐라, 이렇게 하니 되지 않느냐는 걸 보여주고 싶었다. 일종의 퍼포먼스를 보인 거라고 할 수 있다. 프랜차이즈가 확실히 돈을 벌어다 줘야 그 돈으로 다양한 영화를 만들 거 아니겠는가. 할리우드의 경우 기본적으로 각 스튜디오의 핵심이 되는 라인업들은 전부 프랜차이즈다. 프랜차이즈가 산업적으로 튼튼한 기반을 받치고 있어야 예술영화, 다양성 영화도 기회를 얻을 수 있다. 스튜디오 입장에서는 〈어벤져스〉를 하나씩 가져야지 이들도 다른 산업을 돕는 거 아니겠냐. 그런 면에서 이제 우리나라 각 스튜디오들도 프랜차이즈를 기획해야 한다고 생각한다. 예를 들면 롯데가 〈배트맨〉을 제작하고, CJ가 〈스파이더맨〉을 가지고 있고, NEW가 〈어벤져스〉가지고 있는, 이런 구조가 되어야 한다고 본다. 그런 매력적인 아이템을 가지고 있어야 투자자들도 주머니를 열 수 있다. 프로듀서와 스튜디오의 역할은 스스로 믿음을 가지고 아이템을 개발해, 투자자와 관객들에게 믿음을 전달하는 것이다.

프랜차이즈는 장기적인 계획과 호흡이 필요하다. 설사 계획을 세운다고 해도 그렇게 진행되지 않는 게 다반사이니 그에 따른 상황분석과 빠른 대처도 요구된다.

아까도 말했듯 저작권을 샀을 땐 장기적인 계획이 없었다. 이후에 이승편, 신화편 연재되는 걸 보고 이건 무조건 프랜차이즈로 갈 수 있겠다는 판단이 들었다. 중요한 건 구체적인 계획이 아니라 하이컨셉이다. 〈신과함께〉는 세계관이 매력적이고 캐릭터도 잘 구축되어 있다. 그래서 그때부터 언론에다가 한국에서 제대로 된 프랜차이즈를 내가 하겠다고 공표하고 다녔다. 일종의 각오와 다짐이랄까. 말을 하고 다니긴 했지만 실은 동시에 찍을 생각이 처음부터 있던 건 아니었다. 어쨌든 시나리오 두 개를 썼다. 그런데 써놓고 보니까 예산이 너무 커서 따로따로 찍으면 정말 답이 안 나오더라. 그래서 같이 찍었다. 1, 2편 동시 제작은 현실적인 판단이었다. 같이 찍으면서 세트와 그 밖에 비용을 상당부분 아낄 수 있었다. 언젠가 〈명량〉의 김한민 감독이 지나가는 말로 내게 그렇게 이야기했다. 자기도 노량, 한산대첩 같이 찍을 걸 그랬다고. (웃음) 얼핏 보기엔 제작비가 불어나니 리스크가 커 보이지만 실은 리스크를 줄일 수 있는 전략이었다. 물론 난관도 있었다. 해외에서도 〈반지의 제왕〉처럼 특수한 경우를 제외하곤 1, 2편을 같이 찍은 예는 거의 없다. 1편이 어떻게 될지 모르기 때문이다. 되돌아보면 무모한 도전이긴 했다. 하지만 결과적으로 그 덕분에 2편까지 나올 수 있었다고 생각한다.

<신과 함께>의 기록적인 흥행이 많은 것을 바꿔 놓았다.

일단 투자를 결정해준 롯데엔터테인먼트 입장에서는 대표영화를 만들고 싶었던 숙원을 푼 셈이다. 물론 공격적인 투자와 도전에는 매몰비용이 필수적으로 동반된다. 실패가 있을 수도 있다. 하지만 프랜차이즈는 5개 중에서 1개만 성공해도 나머지 매몰한 거를 다 막을 수 있다. 확률이 나쁜 게임이 아닌 셈이다. 그동안 한국영화에는 프랜차이즈가 없었다. 매몰비용이 겁이나 시도도 못했다. 물론 흥행이 잘 되는 시리즈는 있었다. 본격적인 프랜차이즈는 〈신과 함께〉가 처음이라고 생각한다. 30년간 영화 일을 하면서 영화 산업에 대한 고민을 왜 안 하겠나. 나는 "영화 하면 배고파요."라는 소리가 제일 듣기 싫다. 영화를 하려면 돈이 있어야 하고, 그러기 위해선 영화가 성공해서 돈이 되어야 한다. 성공할 수 있는 영화를 하기 위해 프랜차이즈를 하는 거다. 다만 감독 개인이 새로운 각본을 써서 프랜차이즈로 만드는 건 위험한 기획이라고 생각한다. 이미 검증 받은 원작이 있는 걸 프랜차이즈화 하는 이유는 단순하다. 리스크를 줄이기 위해서다. 그런 의미에서 다른 플랫폼에서 가지고 오는 게 너무나 당연한 거라고 생각한다. 〈신과 함께〉는 그렇게 시작됐다. 다행히도 결과가 긍정적이어서 앞으로 한국영화 프랜차이즈 도전의 도화선이 될 수 있다고 본다.

프랜차이즈화를 위해선 국내시장만 바라보고 있을 수만은 없다. 실제로 <신과 함께>는 해외 시장에서 상당한 수익을 거둔 것으로 안다.

규모의 경제로 넘어가려면 이제 해외 시장은 필수적이다. 솔직히 〈신과 함께〉 성공 후 한국형 판타지, 한국형 프랜차이즈라는 수식어를 자주 듣는데 나는 '한국형'이란 단어 자체를 안 좋아한다. 30년 가까이 일하면서 '가장 한국적인 게 세계적이다.'는 말 하나도 안 믿는다. 한국적인 건 그냥 한국적인 거다. 〈부산행〉(감독 연상호, 2016)은 좀비로부터 딸을 구하려는 아버지의 마음이 메인 정서다. 그건 결국 '부정(父情)'이다. 그러니까 어느 나라에서도 다 통용되는 생각이기 때문에 해외에서도 잘 통한 거다. 〈신과 함께〉는 필연적으로 해외로 갈 수밖에 없었다. 제작비가 너무 많이 들었기 때문에. 5년 동안 CJ에서 이걸 인큐베이팅 했을 때도 국내 시장만으로는 리스크를 극복하기 어렵다고 판단했기 때문에 좌초된 거다. 이 정도 규모의 영화가 망하면 관련된 직원들 다 그만둬야 된다고 했을 때 내가 할 말이 없더라. 맞는 말이니까. 그러면 시장을 다변화할 수밖에 없다. 결과적으로는 리스크를 줄이기 위해 1, 2편 동시 제작을 제안했는데 그걸 최종적으로 롯데엔터테인먼트에서 받아줘서 진행할 수 있었다.

기획단계에서 예상했던 해외시장의 반응과 실제 반응의 온도 차가 상당한가. 실제로 해외 시장을 공략하려 했을 때 어떤 어려움을 겪었는지.

기본적으로는 아시아 시장을 늘 염두에 두고 있다. 〈부산행〉의 해외시장 흥행 이후 꽤 많은 환경이 변화한 것으로 안다. 다만 〈신과 함께〉의 경우 〈부산행〉 흥행을 하기도 전에 계약이 이미 되어 있는 것들이 많아서 내가 많이 관여할 수 없었다. 〈신과 함께〉 1편이 끝나고 2편의 상황을 살펴보니 과도하게 에이전시 비용과 수수료가 많이 잡혀 있다는 걸 알게 됐다. 각 국가마다 늘 해오던 대로, 관행처럼 하던 것들이 있다. 작게 개봉할 때는 일단 개봉 자체가 목적이라 큰 문제가 없지만 시장이 커지면 상황이 달라진다. 투자사들도 해외에서 이 정도로 돈을 벌어본 적이 없어서 잘 모른다. 특히 해외배급은 통합 전산망을 통해 데이터를 직접 받아볼 수 없는 경우가 대부분이다. 이젠 상황이 바뀌었다. 해외 배급 수입업자들도 이제 한국영화가 돈이 된다는 것을 안다. 이제는 서로 신뢰 관계를 맺어야 한다는 것도 그들이 알고 있다. 이 시점에 필요한 것이 공공영역의 지원이다. 영화진흥위원회에서 해외 판권과 수익에 대한 표준화 데이터를 만들어 줬으면 하는 바람이 있다. 지금 오는 데이터에는 만약 누수가 생기더라도 확인할 방법이 거의 없다. 그래서 모두가 맨땅에 헤딩하는 상황인데 객관적인 지표와 룰을 만들어야 할 시점이 왔다. 고육지책으로 하고 있는 게 P&A(Print & Advertisement)의 최대치에 제한을 두는 정도다.

한국영화의 해외시장 진출이 지속적으로 확대될 것이라고 전망하는 건가.

필수이자 필연이다. 내가 보기에 자국 콘텐츠를 지속적으로 해외에 수출할 수 있는 나라는 4개밖에 없다. 영국, 미국, 일본의 애니메이션, 그리고 한국이다. 특히 한국 콘텐츠는 아시아 시장에서 확장성이 있다. 가령 대만에서는 한국영화가 개봉하면 박스오피스 5위 안에는 든다. 안정적으로 진출할 수만 있다면 영화를 기획할 때 그 부분까지 고려해 규모를 늘릴 수 있다. 어마어마한 시장이 열리는 거다. CJ나 롯데 등의 대기업이 극장 거점을 만들고 있으니 언젠가는 직배사를 만들 수도 있을 것이다. 각국에서 흥행하는 한국영화가 그 나라 시장의 10%의 비율만 확보되어도 직배사가 생길 것 같다. 개별로 하면 비용 감당이 어려우니 롯데나 CJ가 연합으로 만들면 한국영화 직배사를 만들 수도 있을 것이다. 솔직히 대기업에

〈신과 함께〉 해외 수익

	국가		배급사	1편 B.O.	2편 B.O.	계	주요 사항 1편	주요 사항 2편
1	대만		Cai Chang International	$15,893,922	$14,658,545	$30,552,467	· 연속 4주간 박스 오피스 1위 달성 · 역대 한국영화 흥행 1위	· 역대 한국영화 오프닝 1위 · 역대 한국영화 흥행 2위
2	북미	미국, 캐나다	Wellgo USA	$1,908,823	$1,200,246	$3,109,069		· 2018 개봉 한국영화 흥행 1위
4	베트남		Lotte Entertainment Vietnam	$1,029,565	$1,095,125	$2,124,690		
5	태국		Sahamongkol film International	$541,512	$522,052	$1,063,564		· 2018 개봉 한국영화 흥행 1위
6	인도네시아		Purple Plan	$328,237	$379,564	$707,801		· 역대 개봉 한국영화 오프닝 1위
7	홍콩	홍콩, 마카오	Edko	$7,319,221	$6,592,176	$13,911,397	· 역대 최대 개봉관 (51개/53개 중) · 연속 2주 1위 (2주차 25% 상승) · 역대 한국영화 흥행 2위 (1위 부산행)	· 역대 한국영화 오프닝 1위 · 2018년 자국영화 외 아시아영화 오프닝 1위 · 역대 한국영화 흥행 3위
9	라오스		Westec Media	$7,725	$4,464	$12,189		
10	캄보디아		Westec Media	$73,569	$64,702	$138,270		
11	싱가폴		Purple Plan	$816,014	$722,479	$1,538,493	· 2018 개봉 한국영화 흥행 1위	· 역대 한국영화 오프닝 데이/주말 1위
12	호주	호주, 뉴질랜드, 피지, 뉴칼레도니아, 통가 등 오세아니아 34개국	China Film Worldwide Distribution	$409,741	$424,524	$834,265		· 역대 한국영화 오프닝 1위
13	뉴질랜드			$39,222	$65,498	$104,720		
47	미얀마		Colorful Garden	$42,957	$40,300	$83,256		
48	말레이시아	말레이시아, 브루나이	Purple Plan	$1,309,827	$927,550	$2,237,377	· 2018 개봉 한국영화 흥행 1위	
50	필리핀		Viva Communication	$112,493	$36,422	$148,915		
51	영국		Purple Plan	$3,214	$3,804	$7,018		
52	중남미	멕시코, 브라질 등 45개국	Sun Distribution	$8,816	$5,757	$14,572	15개 국가에서 개봉	
96	스페인	스페인, 카나리아 제도 등 6개국	Sun Distribution	$305	$369	$674		
102	이탈리아	이탈리아, 말타, 모나코 등 6개국	Sun Distribution					
108	일본		Twin	609,131	468,497	$1,077,628	· 박스오피스 : 66,251,900엔 (49,742명) · 2019 한국영화 박스오피스 1위	· 박스오피스 : 50,955,900엔 (39,510명) · 2019 한국영화 박스오피스 2위
	전세계 기내		Emphasis	–	–			
계 (총 108개국 수출 / 총 35개국 극장 개봉)				$30,454,294	$27,212,072	$57,666,366		

여러 번 아이디어를 제안하기도 했다. 현실적으로는 넘어야 할 벽이 많지만 〈신과 함께〉의 경우처럼 문을 두드리다 보면 열릴 것이라고 확신한다.

아시아 시장 공략의 중심에 <신과 함께>의 드라마가 있다고 알고 있다. 제작은 어떻게 진행되고 있는지.

한국시장에서 동원 가능한 규모를 좀 더 키워서 미국드라마 스타일로 가려고 한다. 아시아에서 이미 브랜드화가 되어 다들 관심이 많다. 얼마 전 뉴스를 보니 할리우드 사모펀드가 한국에 상륙한다고 하던데 그런 곳들의 문을 두드려 볼 생각이다. 일단 50분짜리 10편 정도를 생각하고 있다. 영화 〈신과 함께〉가 대만, 홍콩, 말레이시아 등에서 좋은 성적을 거뒀기 때문에 그 시장들을 염두에 두고 있다. 그래서 플랫폼의 선정도 중요하다. 중국은 사드 관련한 문제로 아직 심의도 못 받았고 일본은 개봉이 다소 늦어진 관계로(〈신과 함께-죄와 벌〉이 2019년 5월에 개봉했다.) 아직은 지켜보고 있다.

프랜차이즈가 영화산업의 관점에서 필요한 작업이라는 건 알겠다. 하지만 먼저 시작하긴 쉽지 않은 일이다. 말씀처럼 이건 의지의 문제이기도 하다. 그럼에도 불구하고 이게 필요하다고 생각하고 목적의식을 가지고 시작하게 된 계기가 있었던 건가.

세상에서 목적의식과 가장 거리가 먼 사람이 아마도 내가 아닐까 싶다. (웃음) 나는 사실 사명감이 하나도 없는 사람이다. 그래서 선배들에게 욕도 많이 먹었다. (웃음) 나는 할리우드 키드도 아니고, 영화를 사랑하지만 영화가 내 인생보다 중요했던 적 한 번도 없었다. 프로듀서는 어디까지나 직업으로 '선택'한 것이다. 나의 직업이기 때문에 잘하고 싶은 거지 한국영화의 발전을 위해서 이 일을 하는 게 아니다. 나는 누구인가 자주 자문한다. 나는 상업영화를 제작하는 사람이다. 좋은 상업영화를 계속, 잘 만들기 위해서는 시장 자체를 키울 필요가 있고 프랜차이즈는 영화 생태계를 순환시킬 아주 좋은 아이템이다. 그런데 한국에서는 이 좋은 아이템을 아무도 시도하지 않는다. 그래서 했다. 내가 먼저 해봐서 성공시키면 후배들 누구나 할 수 있는 환경이 만들어지는 거 아닌가. 길을 개척하는 것. 한 해라도 영화계에 먼저 발을 디딘 사람으로서 내 역할이 있다면 그런 게 아닐까 싶다.

규모를 키우고 프랜차이즈를 시도 하려면 안정적인 아이템 개발이 필수적이다. 요컨대 기획개발비가 중요한데, 최근 영화계의 분위기를 보면 그 부분을 간과하고 있다는 생각이 든다.

영화의 R&D(Research & Development)가 바로 기획개발이다. 이건 사실은, 정부 차원에서 해주는 게 제일 좋지만, 정부 예산에도 한계가 있는 거니 산업 내에서 해결해 줘야 된다. 장기적인 안목이 필요하다. 프로 스포츠에서도 2군 및 유망주들을 계속 투자해서 육성하는 것처럼 산업 내에서 시스템을 구축하고 인식을 개선해야 한다. 사실 투자사들 입장이 이해 가지 않는 것도 아니다. 기획개발비가 회수율이 제일 낮기 때문이다. 100억을 내면 10%도 회수가 안 된다고들 한다. 쏟아 붓기만 하고 회수가 안 되니까 이들에게도 무조건 투자를 강요할 순 없다. 그럼에도 불구하고 스튜디오는 산업을 유지하려는 의지를 가지고 신인 감독들에게 기회를 줘야 할 필요가 있다. 국가와 산업 모두 인식의 전환이 필요한 이유다.

이야기에 빠진 남자, 선순환의 생태계를 꿈꾸다

말씀을 듣고 있으면 처음부터 프로듀서를 꿈꿨을 것 같지만 실은 1995년 <돈을 갖고 튀어라>의 시나리오 작가로 영화계에 첫발을 디뎠다. 어떤 계기로 프로듀서 쪽으로 방향을 바꾸게 되었는지 과정이 궁금하다.

나는 경희대학교 신문방송학과 83번이다. 개인적으로 굉장히 복 받은
세대라고 생각한다. 그땐 88올림픽을 앞두고 있었고 경제가 한창 호황일
때라 우리 세대는 취업을 못 한다는 게 불가능한 시절이었다. 당시 나는
광고회사에 들어갔다. 대학교 4학년 때 광고회사에서 공모전 수상을 했고
3개월 인턴 하다 보니 CF 감독이 너무 되고 싶은 거다. 그래서 이직을 했
는데 내가 생각한 것과 달라서 퇴사했다. 이후 아버지가 건설 관련 골재
(모래) 사업을 했다. 아버지 회사를 3년 정도 다녔다. 영화를 하겠다는 생
각은 없었지만 취미 삼아 이런저런 것들을 해보긴 했었다. 그러던 중에
〈돈을 갖고 튀어라〉(감독 김상진, 1995) 시나리오를 썼는데 광고회사 선
배에게 보여줬더니 재밌다고 하는 거다. 사촌 동생이 김상진 감독인데 강
우석 감독의 조감독 출신이다. 그때 김상진 감독이 데뷔를 준비하고 있을

때였는데 이거 한번 읽어보라고 해서 줬더니 그걸로 입봉을 하겠다는 거다. 그리곤 차승재 대표를 데리고 왔다. 차승재 대표는 당시 대우에서 비디오 영화를 찍고 있었던 시기였는데 이걸 우노필름 창립작으로 만들겠다고 제안했다. 그러면서 삼성영상사업단을 끌고 들어온 거다. 뭔가 일이 시작되려니 일사천리로 진행이 됐고 나의 시나리오 작가 데뷔작이 됐다.

보통 그런 경우 시나리오 작가의 길을 쭉 걷거나 또는 본인이 쓴 시나리오로 연출 데뷔를 생각하기 마련인데.

나는 평생을 계획하며 산 적이 없다. 뭐가 되어야지, 해야지 생각한 적 없고. 내 마음을 흔드는 것, 재미있는 것을 해왔을 뿐이다. 그렇게 차츰 영화쪽 일을 하다가 선우 프로덕션 영화팀에 들어가서 〈싸이렌〉(감독 이주엽 · 강한영, 2000)이라는 영화를 했다. 지금은 CJ E&M에서 근무 중인 정태성 본부장이 당시 백두대간에서 영화를 수입하고 있었다. 그가 내게 영화사 만들자고 해서 둘이서 2001년에 영화사 제네시스 픽처스를 차렸다. 그렇게 해서 제작했던 영화가 〈마지막 늑대〉(감독 구자홍, 2004)다. 그해 5월에 노은희 프로듀서가 같은 학교 선배가 쓴 시나리오라며 가져 왔는데 이야기가 정말 괜찮았다. 흥행 결과는 썩 좋지 않았지만 즐거운 작업이었다. 구자홍 감독도 연출 데뷔였는데, 당시엔 처음부터 연출을 맡길 생각은 없었다. 그런데 이 감칠맛 나는 이야기를 소화할 수 있는 사람이 구자홍 본인 밖에 없을 것 같았다. 그래서 1년 동안 계속 부탁했고 결국 승낙을 받아서 감독을 맡겼다. 이야기와 잘 맞는 사람을 발견하고 연결시키는 재미를 그때 느낀 것 같다.

〈마지막 늑대〉가 부진한 성적을 거둔 이후 한동안 힘들었을 것 같다.

원래 이 일이 굴곡도 심하고 일희일비 하고 있으면 아무것도 못한다. 물론 한동안 투자를 못 받고 부침을 겪긴 했다. 정태성 대표가 새로운 길을 모색하다가 쇼박스로 이직을 하기도 했고. 당시 〈미녀는 괴로워〉 판권을 가지고 있었고 그걸 개발 중이었는데 김용화 감독이 초기에 시나리오 각색 중이었다. 그런데 투자가 잘 안 돼서 잠정 중지된 상태였다. 이후에 〈오! 브라더스〉(감독 김용화, 2003)로 성공한 김용화 감독이 다시 돌아와 시나리오를 다시 고쳐 써서 결국 〈미녀를 괴로워〉를 완성시켰다. 그때도 모두 잘 안 될 거라고 했지만 그런 이야기는 뭘 만들어도 늘상 듣기 마련이니까. 이렇게 말하면 사람들이 욕할지도 모르겠지만 무계획으로 살았다. 어차피 계획해봤자 계획한 대로 안 된다. 그렇다면 현실적인 계획에 나를 맞추기보다는 하고 싶은 걸 해야지.

시나리오 작가 출신이라서 그런지 이야기를 만지고 다루는 데 익숙하다. <미녀는 괴로워>, <신과 함께>처럼 원작을 발굴하는 탁월한 안목이 있는 것 같다.

아무래도 각본가로 첫발을 들이다 보니 그런 부분이 없지 않아 있는 것 같다. 이야기가 항상 제일 중요하다. 북미 대형 스튜디오의 CEO들도 각본가 출신이 많다. 프로듀서마다 각자 잘 하는 분야와 특화된 역량이 있겠지만 내 출발은 언제나 재미있는 시나리오다. 그러다 보니 리얼라이즈픽쳐스가 직접 감독을 데리고 있는 회사가 아님에도 나는 작품마다 크레이티브 영역에 많이 관여하는 편이다. 〈신과 함께〉도 초고를 김용화 감독에게 줬고 거기서 감독이 다시 각색했다. 나는 일단 각본가 출신이다 보니 내가 직접 쓰지는 않더라도 최소한 옥석을 가려낼 수는 있다고 본다. 감독들이 외로워지는 게 프로듀서들이 크리에이티브 영역에서 도움을 받지 못하기 때문이기도 하다. 적지 않은 프로듀서들이 비즈니스적인 영역은 돕지만 크리에이티브 영역에는 소홀할 수 있다. 이러다 보면 외로워져서 감독들이 독립을 해버리게 되는 경우를 적지 않게 봤다. 할리우드는 프로듀서들이 크리에이티브 영역에서도 도움을 주기 때문에 감독들과 함께 붙어 있는 거라고 생각한다. 지금 프로듀서를 하려는 이들은 비즈니스뿐만 아니라 크리에이티브 영역에 도움이 될 수 있는지도 생각을 하고 고민을 해야 할 시기다.

<신과 함께>는 김용화 감독 각본에 각색에 참여한 사람만 해도 3명(이정욱, 김창훈, 박정수)이다. 프로듀서로서 어느 정도 전체 흐름도 잡고 조정도 해야 하는데 크리에이티브 영역에서 어떤 도움을 주었나.

　〈신과 함께〉 판권을 사고 나서 김용화 감독에게 제일 먼저 이야기를 건넸다. 판권 사고, 읽어보라고 책을 보냈는데 이야기가 너무 방대해서 영화보다는 드라마로 써야 할 거 같다고 했다. 나중에 한참 지난 뒤 새롭게 영화용으로 집필된 초고를 보내줬더니 그때 한번 해볼 수 있을 것 같다고 하더라. 제일 크게 바뀐 부분은 자홍과 수홍의 형제, 그리고 어머니의 이야기를 기둥 삼아 전체적인 틀을 세운 지점이었다. 그렇게 중심을 잡고 가는 이야기가 세워진 뒤에 새로운 이야기를 쓸 수 있을 것 같다고 말했다. 보시면 알겠지만 원작에서는 세계관과 틀, 캐릭터를 빌려왔고 메인 스토리는 거의 재창작에 가깝다. 일단 시나리오가 나온 뒤에도 조감독과 작가들 불러서 계속 브레인스토밍(brain-storming)을 한다. 나도 그 중 한 명이다. 브레인스토밍의 중심에는 김용화 감독이 있었다. 내가 초고를 주긴 했지만 김용화 감독이 본인의 비전으로 색을 입히고 완전히 바꾸었다. 그래서 김용화 크리에이터가 된 거다. 나는 창작자가 자신의 크리에이티브를 발휘할 수 있게 판을 깔아주고 대화를 받아주는 역할이다. 야구의 포수에 가깝다고 해야 할까. 호흡을 맞춰나간다는 게 중요하다.

재미있는 이야기가 중요하다고 말씀하셨는데 동시에 시장에 대한 선도적인 분석에도 공을 들인다. 소재는 어떻게 출발하는 편인가. 목표로 한 시장에 적합한 아이템을 찾는가, 아니면 재밌다고 생각되는 아이템을 발견하고 공략할 만한 포인트를 개발하는가.

　둘 다 해당된다. 이건 닭이 먼저냐, 달걀이 먼저냐 하는 문제 같다. 가령 어떤 이야기가 매력적이라 그걸 고르고 나면 대충 어느 정도의 예산이 나올지 보인다. 그것이 국내시장에서만 가능한 이야기라면 국내용으로 맞춰서 각색하는 거고, 그 이상이 넘어가면 아시아용으로 재가공 되는 거다. 아이템의 특성에 맞춰서 가공 방식을 정하는 거다. 다만 나는 현재는 아이템을 픽업할 때 큰 시장에서 놀고 싶다는 욕망이 있다. 최소 아시아 시장에서는 먹혀야 한다는 걸 생각하고 나도 모르게 그쪽으로 끌린다. 한편으론 괜히 만용을 부려 기획을 잘못했다간 한국에서도 아시아에서도 다 안 된다는 것도 알고 있기에 스스로 끊임없이 점검하고 의심한다. 어쩔 때 보면 굉장히 무모해 보이다가도 때로는 지나치게 신중해 보이기도 하고. 그게 나다. 결국 프로젝트마다 밸런스를 유지하는 게 중요하다.

시장 개척의 선두에 선 입장에서 현재 한국영화의 상황을 어떻게 진단할 수 있을까. 우선 부각되는 문제 중 하나가 쏠림 현상이 확실히 심해져서 점점 큰 규모의 영화를 지향하고 허리를 받쳐줄 영화가 사라지고 있다는 지적이 있다.

자본의 입장에서 보면 시장에서는 1000만 영화만 계속 나오는 게 중요한 게 아니다. 그 시장이 얼마나 예측 가능한 영역에 있는지가 훨씬 더 중요하다. 그래야 크든 작든 수익률을 계산할 수 있기 때문이다. 예측이 되어야 기본적인 자본을 확보할 수 있고 산업이 안정적으로 유지된다. 앞서 설명한 것처럼 할리우드 영화산업에서 이 역할을 담당하고 있는 것이 프랜차이즈화 된 프로젝트들이다. 몇 편은 실패할 수 있지만 그걸 상회할 안정성이 있는 거다. 우리나라도 그렇게 산업을 이끌어가는 영화가 필요하다. 점점 영화의 개봉 사이클이 짧아진다고들 하지만 반대로 이젠 플랫폼의 다양성으로 영화의 수명이 길어진 측면도 있다. 꼭 극장이 아니더라도 내 물건을 계속 전시할 수 있는 환경이 조성되고 있다는 말이다. 결국 장기적인 비즈니스가 됐다고 볼 수 있다. 극장으로 갈 영화와 OTT(Over The Top)로 갈 영화가 나뉘고 있는 게 그 대표적인 현상이다. 때문에 전체적인 생태계를 바라보면서 조정할 필요가 있는데 아무도 그걸 못하고 있다는 게 가장 안타까운 지점이다.

중심은 영화지만 얘기를 듣다 보면 다른 플랫폼으로도 콘텐츠를 확장하는 것에 지대한 관심이 보인다.

　뉴 미디어에 대한 관심이 크다. 이야기를 중심에 두고 다양한 채널을 활용해보고 싶다. 지금 '리얼라이즈 채널'을 만들려고 준비 중이다. 신예 감독들 10명 정도와 함께 10분 안쪽으로 짧은 콘텐츠를 지속적으로 만들 예정이다. 그것 자체가 일종의 트레이닝을 겸한 작업이기도 하다. 그 중에 괜찮은 연출자를 발굴하고 메인 스트림에서 좀 더 큰 예산의 영화 연출도 시키는 거다. 원천 콘텐츠를 만드는 창작자들에게도 일종의 통로를 마련해줄 수 있을 것이다. 예를 들어 제2, 제3의 주호민을 꿈꾸는 이들에게 좋은 이야기를 만들어주면 내가 영화화하겠다고 적극 어필하고 싶다. 그렇게 하나의 생태계를 꾸려나가는 게 궁극적으로는 한국영화, 아니 한국 콘텐츠의 선순환 구조로 이어질 수 있을 것이다.

영화가 스크린에만 매달리는 게 아니고 디바이스 전쟁이 있는 중이라고 해도 될까. 실제로 20, 30대 관객층을 잡기 위해 중요한 부분이기도 하다. 창구의 다변화를 위해서라도 중심을 잡아줄 프랜차이즈가 필요하다는 이야기로 들린다.

　그렇게 해야 산업을 겨냥할 수 있다. 나 같은 사람들을 CP(Content provider)라고 하더라. 이제 플랫폼의 시대가 도래했다. 대표적으로 전통적인 플랫폼 중 하나인 네이버가 위기를 맞고 유튜브가 뜨고 있지 않나. 솔직히 네이버가 이렇게 빨리 위기가 올 줄 몰랐다. 콘텐츠는 갈수록 얇고 가벼워질 것이다. 아이들이 최초로 넷플릭스에 접속하는 시간이 7분에서 11분이라고 한다. 내가 지하철, 버스를 탄 시간, 친구를 기다리는 시간 동안 콘텐츠를 접하겠다, 무료함을 달래겠다는 게 가장 큰 사용 동기다. 일부러 시간을 내서 찾아가는 게 아니라 짬이 난 김에 잠깐 보는 거다. 어떤 식으로든 콘텐츠 산업은 변화하고 확장될 것이고 소비층, 소비 패턴 역시 다변화될 것이다. 지금이 크리에이티브한 콘텐츠를 만들 이들에게 기회인 셈이다.

그렇다면 영화는, 그리고 영화관은 어떻게 바뀔 수 있을까. 여전히 원천 콘텐츠들의 최종 단계로 남을 수 있을까.

지금은 극장에서 영화 보는 게 하나의 이벤트처럼 바뀌고 있다고 본다. 극장에 간다는 행위 자체에 정서적 보상이 필요하다. 극장에서만 볼 수 있는 영화들은 결국 규모와 볼거리를 늘릴 수밖에 없다. 극장에서 상영될 영화들은 '이건 꼭 극장에서 봐야 해.'라고 관객이 생각할 수 있는 이유를 심어줘야 한다. 기획자라면 그런 분명한 목표를 가지고 방법을 고민할 필요가 있다. 내 기획이 소비자가 바라는 '무언가'를 제대로 주고 있느냐를 고민하면서 방향을 잡아나가야 하는 것이다. 만약 자신이 하고 싶은 영화가 그런 종류의 영화가 아니라 판단되면 굳이 극장을 고집할 게 아니라 OTT 등 다양한 플랫폼을 돌파구로 삼을 수 있다. 공급 과잉인 시장의 정해진 파이 안에서 공멸하듯 경쟁할 필요가 없는 것이다.

프로듀서는 시작도, 끝도 크리에이터가 되어야 한다.

<신과 함께>의 성공이 많은 길을 열어줬지만 사실 <마지막 늑대>를 비롯해 흥행적으로 실패도 꽤 경험했다.

'꽤'라니. 엄청 실패했다. (웃음) 보통 실패가 성공의 어머니라고 하지 않나. 하지만 나는 실패한 것을 절대 복기해본 적이 없다. 증조할아버지가 어릴 때부터 천자문(千字文)을 가르쳐주시고 이어 동몽선습(童蒙先習)

을 가르쳐주셨는데 아직도 기억하는 게 있다. '변경 가능한 것만 후회하라.' 그것만큼은 늘 가슴속에 계속 새기고 있다. 이미 지나간 걸 붙잡고 있는다고 바꿀 수 없지 않나. 나는 그런 걸로 스스로를 괴롭히고 싶지 않다. 예컨대 〈신과 함께〉 개봉 전 2017년 〈대립군〉이 흥행에 실패하고 나선 정말 힘들었다. 나름 자신이 있는 이야기였고, 〈광해, 왕이 된 남자〉에서 못다 한 광해군의 성장 과정을 제대로 그릴 수 있다고 생각했기 때문이다. 덧붙이면 나는 제작할 때 영화에 일정 부분 투자를 꼭 하는 편이다. 내가 만드는 영화라고 꼭 자기 돈을 투자할 의무가 있는 건 아니지만 내가 돈을 집어넣으면 다들 어느 정도 안심을 하는지라 설득 차원에서도 안 하기 힘들다. (웃음) 그래서 작품이 잘 되지 않으면 빚도 많이 진다. 솔직히 〈대립군〉이 끝나고 나선 우울증도 왔다. 하지만 영화가 또 좋은 게 고통을 받긴 받는데 혼자가 아니다. 감독, 투자자, 동료 배우들 전부 함께하고 있지 않나. 서로가 얼마나 힘들지 아니까 그게 한편으론 위로가 되는 것 같다. 영화가 잘 안되고 나면 모든 감독이 미안하다고 하지만 그럴 때마다 내가 좋아서 만든 거니 미안해할 필요 없다고 말했다. 잘됐든 안됐든 상관없이 지나간 결과에 매달리는 시간에 다음 걸 고민하는 게 좋다.

프랜차이즈에 대한 구상 등 명확한 비전을 가지고 달려가는 것 같다가도 한편으론 불확실한 미래보다 확실히 손에 잡을 수 있는 현실에 충실한 것처럼 보인다.

솔직히 말하면 나는 목표 같은 거 안 세우고 산다. 롯데에서 〈신과 함께〉 개봉했을 때 분위기가 너무 좋다고 적어도 1200만 명은 갈 것 같다고 한창 들떴던 적이 있다. 손익분기 650만이니 650만까지만 생각하라고 답했다. 그러면 650만 이상부터는 행복해지지 않겠냐고. 1200만이라고 목표를 잡아두면 그때까지 계속 신경 쓰일 게 아닌가. 목표를 잡으면 쓸데없이 나를 고통에 몰아넣는 것 아닐까 싶어 가능한 피하고 싶다. 이건 마음가짐에 대한 문제고 계획을 세우는 건 별개다. 계획은 미래를 위해서라기보다는 방향 설정에 가깝다. 당장은 다섯 편에서 많게는 일곱 편까지 꾸릴 수 있는 프랜차이즈, 그거 생각만 하고 있다.

<신과 함께> 이후 여러 매체를 통해 K-필름에 대해 자주 언급했다. 원작을 바탕으로 한 좋은 콘텐츠를 발굴해 세계관을 확장시키는 것을 지향점이라고 봐도 좋을까.

앞서 말한 것처럼 원천 콘텐츠까지 포함한 하나의 생태계를 구축하고 싶다. 웹툰, 웹소설 등 우리가 원천 소스를 취득할 수 있는 곳은 얼마든지 있다. 좋은 원작을 가지고 와서 문화산업의 최종심급에 해당하는 영화로 가지고 오면 다른 산업이 다 같이 커질 수 있다. 그래서 해외에서 마케팅할 땐 항상 'K-Webtoon, K-Technology, K-Film'을 이야기한다. 내가 볼 때 이 세 가지는 늘 함께 가야 한다. 웹툰 〈신과 함께〉의 주호민처럼 좋은 작가들이 함께할 수 있는 장을 마련하는 것이 내 몫이라고 본다. 물론 오리지널 각본을 사랑하시는 분들도 있다. 그것도 좋다. 있어야 한다. 하지만 그것만이 영화예술의 핵심이라고 말하고 싶진 않다. 영화를 영화에만 머무르게 하지 않고 하나의 흐름을 순환시키는 것이 나의 최대 관심사다.

시장 전체의 활성화가 필요한 일이다. 한때는 너도나도 다 웹툰의 판권을 샀던 시기가 있었는데 이제 어느 정도 정리가 되면서 판권을 사는 데도 점차 신중해지는 추세다. 영화화 할만한 원작을 고르실 때 기준이나 노하우가 있는지.

나는 메시지에 대한 강박이 없는 사람입니다. 다들 유의미한 영화를 만들려고 노력을 많이 하지 않나. 나에게 중요한 의미는 나와 관객의 즐거움이다. 내가 좋아하고, 대중도 좋아할 만한 이야기를 찾고자 한다. 간혹 영화를 너무 사랑하다 보면 영화를 특별한 영역으로 추켜올리는 경우가 있다. 좋은 영화, 훌륭한 영화가 따로 있고 대중의 니즈(needs)를 별로 고민 안 하는 거 같다고 느낄 때 말이다. 내 관심사는 관객들이 뭘 보고 싶어 하는지에 항상 맞춰져 있다. 예술적이고 작품성이 뛰어난 영화와 관객들에게 사랑받는 영화가 반드시 일치하진 않는다는 걸 인정해야 한다. 나는 위로가 되는 이야기가 좋다. 뭔가를 전달하고 가르치려는 생각보다 '와서 즐기고 위로 받으세요.'라고 편안하게 초대하는 영화를 만들고 싶고, 그렇게 해왔다. 내게 있어 가장 큰 가치는 영화가 '정서적 보상(Emotional Rewards)'을 주느냐 그렇지 못하냐에 달렸다. 영화를 보고 울고 웃고 감동 받을 수 있는 아이템, 그게 최우선이다.

정서적 보상과 재미는 다른 개념인가. 첫 번째 가치가 정서적 보상이라면 그 외 예산이나 현실적인 조건 등은 크게 따지지 않는 편인지. 예컨대 <신과 함께> 같은 판타지는 재미는 있지만 그만큼 큰 예산이 필요한 장르 아닌가.

군이 말하자면 정서적 보상이 좀 더 포괄적이다. 이건 스스로 생각해도 복 받은 부분이긴 한데 나는 기본적으로 제작비가 큰, 사이즈가 큰 영화를 선호한다. 성사시키기 어렵지만 그런 영화들이 더 도전욕을 자극한다. 중저예산 규모의 영화에는 크게 흥미를 느끼지 못한다. 이건 좋아하는 영역이 그냥 다른 거다. 아마도 내가 다양성 영화를 만들 일은 없을 것이다. 나는 철저하게 상업영화 프로듀서다. 그렇다고 200억대 영화만 하겠다는 건 아니다. 예를 들어 〈극한직업〉(감독 이병헌, 2018)이 〈신과 함께〉 두 편 합친 것보다 수익률이 높다. 프로듀서로서 이런 효율 좋은 작업을 당연히 하고는 싶다. 다만 내가 현재 처한 위치에서 나만 할 수 있는, 아니 내가 좀 더 수월하게 할 수 있는 프로젝트들이 있고 거기에 집중하겠다는 거다. 한국영화의 외연을 넓히려는 생각은 있다. 해외로 진출을 한다든지 기술적인 진보를 한다든지 금기시되었던 장르를 개척한다든지 그런 것에 오히려 의미를 두고 있다. 나에게 의미 없는 영화를 하고 싶진 않다. 한국 상업영화를 10편을 만들었는데 개척자로서 후배들이 따라올 수 있도록 치고 나가서 길을 만들어주는 선배 역할은 해야 하지 않겠나. 사명감까진 아니라도 할 수 있는 일은 해야 한다고 생각한다.

선배로서 프로듀서에게 필요한 자질이 무엇이라고 생각하나.

영화계 속설 중 '영화는 만들면서 운명이 정해진다.'는 말이 있다. 기획 개발은 사실 주관적인 통찰이 필요한 분야다. 수치가 반드시 동반되어야 하지만 계량화할 수 없는 부분도 많다. 출발은 언제나 크리에이터의 직관과 통찰에서 이뤄진다. 정해진 규칙이나 요령을 조언하는 건 사실 유연하고 창의적인 발상과 대치되는 이야기라 단정 짓기 더 애매하다. 다만 한가지 강조하고 싶은 건 대중의 마음을 상상해볼 필요가 있다는 거다. 내가 좋아하는 것과 관객에게 필요한 것 사이의 간극을 항상 고민할 필요가 있다. 수많은 돈과 시간을 들였는데 결과물이 범용성이 없고 대중적이지 못하다면, 그간의 시간이 매몰되어 버리는 것이기 때문이다. 영화 한편을 만드는데 짧게는 2~3년, 길게는 5년 넘게 고생한다. 나뿐만 아니라 감독, 작가, 스태프 등 모두의 소중한 시간이 투입되는 건데 그렇게 나오는 결과물이 시장에 선보일 만한 이야기여야 하지 않겠나. 무모한 가능성을 구체적인 현실로 만드는 것이 프로듀서의 역할이다.

바깥에서 볼 때 당신은 상업적인 감각이 뛰어난 대중상업영화의 성공적인 프로듀서 중 한 명이다. 프로듀서로서 가장 중심에 두는 가치가 무엇인가.

일단, 이건 직업이다. 동시에 좋아하는 일이여야 한다. 대중상업영화라고 했지만 나라고 영화에 대한 애정이 왜 없겠나. 해외시장에 나가는 것도 중요하고 한국영화의 외연을 넓히는 것도 중요하다. 하지만 나는 '이야기 중심의 이야기'가 가장 중요하다고 생각한다. 말하자면 창의적인 영역이 핵심이 되어야 한다. 앞에서도 말했지만 가능하다면 후배들이 나를 이정표 삼아서 저 사람이 앞서서 걸어가 길이 있음을 확인해줘서 우리에게 도움이 됐다는 얘기는 듣고 싶다. 그리고 그 비결은 안 가본 길로 가고자 하는 호기심과 대중을 이해하려는 상상력, 그리고 이 모든 걸 아우르는 창의성이다. 앞으로 한국영화를 짊어질 예비 프로듀서들도 크레이터 마인드를 가지고, 그런 능력을 꼭 확인해봤으면 좋겠다. 투자를 받는 능력, 스태프들의 화합을 이끌어내는 조정자로서의 역할 모두 중요하다. 하지만 가장 큰 비즈니스는 결국 스토리 개발이라는 기초를 잊지 않았으면 한다.

아이템을 개발할 때 기본적으로 이건 된다는 것을 확신하고 들어간다고 했다. 하지만 진행하다 보면 하기 힘든 아이템이라는 것도 인정해야 될 때가 있는데. 그럴 땐 어떻게 대처하나.

예전에 차승재 대표님께 들은 말 중에 좋아하는 말이 있다. "엎는 것도 기획이다." 제일 중요한 자원은 어찌 보면 시간이다. 아이템이 별로라는 걸 확인할 당시는 아프지만, 아니다 싶으면 빨리 엎는 게 능력이고 감이라고 생각한다. 그래야 이후에 다음 스토리를 그들도 만들 수 있다. 같은 이야기지만 결국 현재 내 손에 들고 있는 아이템이 가장 중요하다. 모순되는 이야기 같지만 스스로의 감을 믿고 끝까지 밀어붙여야 할 때가 있고, 시장의 판단과 분위기를 빨리 읽고 받아들여야 할 때가 있다. 결국 그걸 판단하는 감각을 키우는 건 경험이다.

지금 답변처럼 일을 하다 보면 모순된 상황에 자주 처할 수밖에 없을 텐데, 경험이란 부분을 조금 더 구체적으로 표현한다면.

나는 일관성 있게 일관성 없는 사람이다. 그래서 매번 바뀐다. (웃음) 매번 바뀔 수 있는 유연함도 중요하다고 생각한다. 프로듀서는 늘 모순적인 상황에 놓인다. 양날의 검을 쥐고 있다고 할 수도 있다. 기본적으로는 비즈니스 마인드 투자사와 마케팅 홍보 배급을 할 수 있다. 동시에 한편으로는 아티스트의 영역, 크레이터로의 역량도 가지고 있어야 한다. 나의 기반은 솔직히 크리에이티브한 영역에 있다고 본다. 기획, 아이템 픽업, 시나리오 쓸 때의 전반에 대해서는 생각을 많이 하는 편이다. 최소한 어떤 것이 좋다는 걸 고를 수 있는 재능이 있어야 한다. 솔직히 비즈니스 영역은 몇 년 이 판에 있고 사람들과의 관계를 쌓다 보면 체득할 수 있다. 그게 경험일 것이다. 반대로 창의성은 그런 상황에서 타협을 하면 할수록 무뎌진다. 그걸 유지하고 갈고 닦는 건 오로지 본인의 의지와 노력에 달렸다.

창의력을 유지하기 위한 조언을 해준다면.

자신을 패턴화시키는 게 제일 나쁘다고 본다. 한번은 요즘 친구들은 모든 걸 포털 사이트에 물어보는 걸 보고 안타깝다고 생각했다. 그런 걸 볼 때 마다 어떤 강박에 시달리는 것 같다. 제한된 시간과 제한된 공간에서 가성비를 생각하는 건 알겠는데, 크리에이터가 되려는 사람이라면 주어진

걸 그대로 받아들이면 안 된다. 스스로 예측 못 할 상황을 일부러라도 계속 만들어서 창의적인 사고를 하도록, 종합적인 사고를 하도록 습관을 들여야 한다. 주어진 답을 받아들이기 시작하면 사고가 경직되기 마련이다. 자기를 규격화하려는 것들에서 벗어나서 다양한 경험들을 쌓길 바란다. 계획하거나 준비하지 말고 자신을 새로운 환경에 던져보면 전에 보이지 않던 것들이 보이기 시작할 것이다.

한국영화 시장에서 본격적인 프랜차이즈의 구축 이외 하고 싶은 일이 있다면.

늘 안 해본 걸 해보고 싶다. 물론 재미있는 걸로. (웃음) 기회가 닿으면 애니메이션을 하려고 한다. 한국영화 시장에서 가장 취약한 부분이 애니메이션이니까 내게는 도전해볼 만한 의미가 있다고 본다. 애니메이션과 프랜차이즈. 그리고 리얼라이즈 스타일의 드라마. 이것 세 가지가 지금 가장 신경 쓰고 있는 새 계획들이다. 사이 사이 아기자기한 것들도 준비 중이다. 〈인비저블 게스트〉(감독 오리올 파울로, 2016)라고 스페인영화를 리메이크한 작품을 만들고 있다. 〈궁녀〉(2007)를 만든 김미정 감독과 또 다른 원작 소설을 가지고 제작 중인 영화도 있다. 만화랑 웹툰으로는 해봤는데 소설은 또 처음이라 내겐 나름대로 도전이랄 수 있다. 물론 핵심은 7편짜리 프랜차이즈다. 〈어벤져스〉나 〈해리포터〉 같은, 진짜 제대로 된 프랜차이즈에 도전한다. 〈신과 함께〉의 종착지는 아시아였지만 이번 프로젝트는 세계로 가보려고 한다. 최종적으로는 북미에서 도전하게 될 것이다. 메이저리거 박찬호나 추신수처럼 개척자가 되어 시도하고 과감하게 은퇴하려고. (웃음)

<어벤져스>도 최근 페이즈3로 문을 닫기까지 10년이 걸렸다. 꽤 오랜 시간이 필요한 프로젝트가 되겠다.

말해 뭐하나. 죽을 때까지 하고 싶다. 현장에서 죽겠다는 얘기지. (웃음)

윤기호
프로듀서

———

한양대학교 국어국문학과 졸업
현, 영화사 이디오플랜 대표이사

| 필모그래피 |

영화
〈보고타〉 (2020) 공동제작
〈결백〉 (2019) 기획/제작
〈재심〉 (2017) 기획/제작
〈또 하나의 약속〉 (2014) 기획/제작
〈페이스메이커〉 (2012) 기획/공동제작
〈철암계곡의 혈투〉 (2012) 프로듀서
〈친정엄마〉 (2010) 프로듀서
〈마린보이〉 (2009) 라인 프로듀서
〈기담〉 (2007) 제작실장
〈혈의누〉 (2005) 제작부장
〈묻지마 패밀리〉 (2002) 스크립터
〈해안선〉 (2002) 투자사 PS
〈피도 눈물도 없이〉 (2002) 제작부

"요즘 프로듀서는 예전의 제작실장이나 다름없다." 2000년대 후반, 선배 제작자들이 후배 프로듀서들에게 심심찮게 던지던 경고다. 투자배급사의 힘이 절대적으로 강화된 지금, 이 말은 선배 제작자들의 폄하가 아니라 후배 프로듀서들의 자조가 되어가고 있다. 짜인 제작 일정을 능숙하게 진행하고, 정해진 제작 예산을 꼼꼼하게 집행하면 유능한 프로듀서일까. '기획부터 배급까지 영화제작의 전 과정을 책임지고 통제하는' 프로듀서는 현실적으로 얼마나 될까. 윤기호 프로듀서는 매 작품에 임할 때마다 끊임없이 자문한다. 시장이 요구하는 기능적 프로듀서가 아니라 자신이 추구하는 창의적 프로듀서로서 살아남으려면 무엇을 해야 하는가.

　〈또 하나의 약속〉(감독 김태윤, 2014)은 윤기호 프로듀서의 오랜 고민이 작은 결실로 이어진 첫 사례다. 삼성전자 반도체 공장에서 일하다 목숨을 잃은 고 황유미 씨와 그녀의 아버지 황상기 씨의 사연을 바탕으로 한 이 작품은 민감한 소재로 인해 모두가 고개를 저은 프로젝트. 하지만 그는 지레 포기하지도, 주춤 물러서지도 않았다. 기존의 방식이 어렵다면, 새로운 방책을 찾으면 될 일이었다. 윤기호 프로듀서와 오랫동안 인연을 맺어 온 김성제 감독은 "〈또 하나의 약속〉은 그가 아니었으면 절대로 세상에 나올 수 없었다.”면서 “결정을 내리기까지는 예민하고 까다롭지만, 한번 맘먹으면 기어이 끝을 보는 성격의 소유자”라고 전한다.

윤기호 프로듀서의 놀라운 추진력은 선배 제작자들에게도 귀한 본보기다. 영화사 도로시의 장소정 대표는 “다른 아이템이 많은데도 〈또 하나의 약속〉을 선택해서 놀랐다. 나라면 할 수 있었을까 되물었을 정도”라면서, “홍보 마케팅을 맡은 것도 아낌없이 응원해주고 싶어서였다.”고 덧붙인다. 남다른 용기가 타고난 기질 때문만은 아니다. 드림캡쳐 김미희 대표는 〈재심〉(감독 김태윤, 2017)을 언급하며 “윤기호 프로듀서는 훌륭한 기획자다. 하지만 그의 작품은 트렌드를 좇는 기획영화가 아니다. 사람에 대한, 사회에 대한 문제의식을 바탕으로 그만의 콘텐츠를 만들어낸다. 앞으로는 이런 프로듀서가 살아남을 것이고, 그래야만 한국영화에 미래가 있다.”고 말한다. 누군가는 프로듀서의 역할을 감독의 조력자로 한정한다. 윤기호 프로듀서는 이에 흔쾌히 동의하지 않는다. 영화가 순전히 감독의 것이라고? 그렇다면 아마도 제작의 길을 걷지 않았을 것이다. 〈피도 눈물도 없이〉(감독 류승완, 2002)를 끝내고 연출부 스크립터에 지원한 것도, 〈혈의 누〉 제작부장 시절 눈총 받으며 각색에 참여한 것도, 제작자가 된 뒤 시나리오 스쿨에 다닌 것도, 다 그런 이유에서다. 윤기호 프로듀서와 함께 이디오플랜을 이끄는 박성일 프로듀서는 “각색할 때 다른 프로듀서처럼 ‘이런 느낌으로 써주세요.’ 하고 마는 것이 아니다. 때론 본인이 직접 해당 장면을 써서 작가에게 명확하게 의도를 전달한다.”고 귀띔한다.

〈재심〉 이후 한동안 기획개발에 매진했던 이디오플랜은 누구나 부러워할 도약을 준비 중이다. 후반작업 중인 〈결백〉, 영화사 수박과 공동 제작하는 〈보고타〉를 비롯해 프로덕션을 진행 중인 작품만 7편에 달한다. 그

러나 윤기호 프로듀서가 바라는 이디오플랜은 흥행만을 뒤좇는 거대한
제작사가 아니라 누구에게나 열린 꿈꾸는 창작집단이다. 인터뷰가 진행되
는 동안 그는 영화가 특정 누군가의 소유가 아니며, 모두가 같이 맛보는
기쁨이라고 여러 번 강조했다. 영화의 마력에 사로잡힌 지 어느덧 20년.
윤기호 프로듀서는 자신을 영화로 인도한, 〈죽거나 혹은 나쁘거나〉(감독
류승완, 2000)의 열정과 기적을 다시 한 번 재현하고 싶은 마음으로 충만
하다.

글 · 이영진

요즘 어떻게 지내고 있나.

내년 2월에 개봉하는 박상현 감독의 〈결백〉(2019) 후반작업을 진행 중이다. 원래는 10월에 개봉하려고 했는데, 영화가 너무 많아서 미뤘다. 하반기부터서는 김성제 감독의 신작 〈보고타〉 제작준비를 돕고 있다. 〈보고타〉는 영화사 수박 신범수 대표의 제안으로 공동제작을 하게 됐다. 메인 진행은 이디오플랜의 공동 대표인 박성일 프로듀서가 맡는다. IMF 터지고 콜롬비아로 넘어간 남자가 지역 보스가 되는 이야기다.

<결백>은 이디오플랜이 직접 개발한 작품인가.

아니다. 배우를 통해서 시나리오를 건네받은 케이스다. 처음엔 굉장히 작은 규모의 이야기였다. 그런데 요즘 10억 원대 영화 시장이 없지 않나. 제작비가 최소 30억 원은 돼야 해서 박상현 감독과 함께 6개월 정도 시나리오를 수정한 뒤에 촬영에 들어갔다. 박상현 감독은 명필름에서 오래 일한 분이다. 〈그때 그 사람들〉〈사생결단〉〈우리 생애 최고의 순간〉 등에서 조감독을 맡았고 〈빅매치〉에서는 프로듀서로 참여했다.

<보고타>는 송중기의 출연작으로 알려지면서 많은 이의 관심을 끌었다. 촬영 지역은 어디인가.

보고타 의류시장이 주요 배경이고 콜롬비아에서 대부분 촬영한다. 실제로 이곳 시장의 70% 이상을 한국 상인들이 차지하고 있고, 이들은 대개 밀수 카르텔을 통해서 현지에 자리를 잡았다고 들었다. 중남미로 건너간 한국의 스페인어 전공자들이 그곳에 붙박이로 남은 경우 또한 많다고 하더라. 내년 1월에 크랭크인 할 예정이다.

총기 사고 등이 빈번한 곳 아닌가. 안전이 걱정될 텐데. (웃음)

7월에 콜롬비아에 다녀왔는데 그 정도는 아니다. (웃음) 10월 말에는 김성제 감독이랑 박성일 프로듀서가 다시 현지에 가서 얼마간 머물다 돌아왔다. 실제 가서 보면 누구나 이국적인 풍광에 흠뻑 빠질 정도로 매력적이다. 최근 몇 년 동안 할리우드 영화들이 남미 쪽 특히 콜롬비아에서 많이 촬영한 이유를 알겠더라. 〈나르코스〉도 거기서 찍었고. 덧붙이자면 해당 지역이 6구역으로 나뉘는데, 생활환경이 완전히 천양지차다. 1구역 물세가 1백 원이면, 6구역은 3천 원 정도 된다. 6구역은 최상층이 살고 치안과 환경 등 모든 게 완벽하다. 영화에서 주인공은 1구역에서 6구역까지 올라서는데, 우리 제작진은 4구역에 머물면서 촬영한다. (웃음) 안전 등에 대한 우려보다는 〈소수의견〉(2013) 이후 오랜만에 연출하게 된 성제 형과의 작업이라 기대된다.

<소수의견>은 제작부 시절 사수였던 김성제 프로듀서의 연출 데뷔작이다. 그런데 실제로는 제작 파트에 참여하지 않았다.

그때는 서로 힘이 되어주기 어려운 상황이었다. 〈페이스메이커〉(감독 김달중, 2012)를 말아먹어서. (웃음) 내가 들어간다고 해도 큰 도움이 되지 않았을 것이다.

<페이스메이커>는 드림캡쳐 김미희 대표와 공동 제작했다.

작가랑 같이 기획하고 시나리오까지 뽑은 작품이다. 감독도 정해져 있었다. 그때가 31살이었는데, 아무래도 혼자 힘으로 캐스팅을 해낼 수 있을까 걱정되더라. 주변에서도 "대본은 괜찮은데 투자사가 너희를 고를까?"라고 우려했다. 그러던 차에 김미희 대표님이 캐스팅과 투자 부분을 정리해 주시고, 나는 기획과 현장 프로듀싱을 맡는 것으로 이야기 됐다. 그렇게 도움 받아 시작했는데 여러 사건이 발생하면서, 결국 첫 제작 영화를 대차게 말아먹었다.

당시 운영하던 회사는 이디오플랜이 아니라 에이트볼픽쳐스였다.

　이디오플랜 전이다. 이원재 작가(⟨혈의 누⟩ ⟨짝패⟩), 박성일 프로듀서(⟨후궁: 제왕의 첩⟩), 이상현 프로듀서(⟨4등⟩)와 함께 만든 회사다. 아무래도 사람이 많다 보니 일을 진행할 때 결정이 어려웠다. 각자의 작업으로 인해 공동작업 진행이 더디기도 했고. 그래서 ⟨또 하나의 약속⟩을 개봉하고 난 뒤에 성일 형이랑 나와서 이디오플랜을 창립했다.

원래는 회사명을 '이디엇플랜'으로 지으려 했다고 들었다.

　처음에는 '십장생'으로 지으려고 했다. 그런데 성일 형이 "나중에 시나리오 늦게 보내면, 투자사에서 '이 십장생들이!' 그럴 거다."라고, 좀 무게감 있게 가자고 하더라. (웃음) 바보보다는 괴짜라는 의미에서 '이디엇'이라는 단어도 좋아했는데, 회사 이름으로는 안 어울린다고 해서 결국 독자적인, 고유한, 이라는 뜻을 지닌 이디오(idio)와 플랜을 합성해 만들었다.

박성일 프로듀서와 함께 회사를 차린 이유가 궁금하다.

외로워서. 혼자 고민하고, 결정하고, 책임지는 건 되게 외로운 일이다. 누군가는 혼자 일하면 혼자 버는 것 아니냐고 하는데, 되게 바보 같은 이야기다. 이 일을 하다 보면 같이 고민하고, 함께 대화할 사람이 필요하다. 20년간 신뢰를 주고받았으니 동업자로서 적격이고.

두 사람의 영화적 취향은 비슷한가.

정 반대다. 나는 켄 로치를 제일 좋아한다. 반면, 성일 형은 〈다이하드〉 같은 장르영화를 만들고 싶어서 영화판에 들어온 사람이다. 둘 다 〈어벤져스〉 시리즈를 좋아하긴 하지만. (웃음) 내가 좀 딥하게 들어가서 이야기를 풀면 그때마다 성일 형은 일반 관객의 시각을 제시해 준다. 내게는 굉장히 유의미한 안전핀이다. 교집합이 전혀 없는 건 아니다. 이디오플랜은 둘 다 오케이 해야 일이 진행된다. 솔직히 〈또 하나의 약속〉은 무서워서 안 하고 싶었다. 내심 성일 형이 하지 말자고 해주기를 바랐고, (웃음) 그런데 시나리오 보더니 성일 형이 재미있다고 하더라. 성향이 달라도 충돌은 없다. 오히려 대부분 비슷하게 결정을 내린다.

박성일 프로듀서를 비롯해 김성제 감독, 김미희 대표, 이원재 작가 등 지금까지 계속 인연을 맺어온 이들 모두 류승완 감독의 영화를 통해 만났다. <피도 눈물도 없이>로 영화 일을 시작하게 된 계기가 궁금하다.

영화 쪽에 끈은 전혀 없었다. 다만, 군대에서 〈죽거나 혹은 나쁘거나〉를 너무 재밌게 봤다. 비디오로 봤는데, 되게 인상적이었다. 다들 이야기했던 것처럼, 그 '날 것'의 느낌이 너무 좋았다. "나도 류 감독처럼 영화과 출신이 아닌데, 영화를 할 수 있는 건가?" 하는 생각도 들었고. 그래서 모집 공고에서 류승완 감독 작품이라는 걸 확인하고 곧바로 제작사 좋은영화에 찾아갔다.

좋은영화는 전통적인 멜로드라마와 코미디 제작에 주력하던 영화사였는데 <선물>(감독 오기환, 2001), <신라의 달밤>(감독 김상진, 2001) 개봉 전후로 류승완, 김대승, 변영주 등 젊은 감독들을 영입하고 전에는 볼 수 없었던 새로운 프로젝트를 벌였다. 그러면서 동시에 제작사 사무실도 활기찬 젊은이들로 넘쳐났다.

류승완 감독을 비롯해 스태프 대부분이 30대 전후로 젊었다. 그때 스태프들이 이후에 다 잘됐다. 조용규 · 최영환 촬영감독, 류성희 미술감독, 조상경 의상감독 등이 이제는 다들 메인 스태프가 됐다. 당시 사무실이 충무로 코끼리빌딩 2층이었는데 맨날 연출부, 제작부들이 모여서 담배 피우고. 그때 거기서 나눴던 이야기들이 실제로 이후에 영화 만들 때 도움이 됐고 인연으로도 이어졌다. 어떤 사람들과 만나서 호흡하느냐가 무엇보다 중요하다는 걸 깨달았던 작품이다.

평생 함께 영화할 친구들을 첫 작품에서 만나기가 쉽지 않은데.
나도 신기하다. (웃음) 당시 김성제 프로듀서의 영향이 되게 컸다. 성제 형한테 어떤 플랜이 있었다. 우리를 한데 모이게 하고, 나중에 자신은 연출로 쓱 빠지려는 심산이었고, 실제로 그렇게 됐다. (웃음) <피도 눈물도 없이> 때도 제작부 매뉴얼을 만들어서 따로 공부시키고 그랬다. 난 다른 현장에서도 다 하는 줄 알았는데 나중에 보니 그게 아니더라. (웃음)

<묻지마 패밀리>(감독 박상원·박광현·이현종, 2002) 때는 제작부가 아닌 연출부로 일했다.

연출이냐, 제작이냐. 많이 고민했다. 근데 연출부 형들의 삶이 너무 힘들어 보였다. 그때는 필름 시절이었으니까, 돈을 마련하기도 만만치 않고. 자기 작품 하려면 너무 필요한 게 많아 보여서 제작파트 쪽으로 마음을 정했다. 하지만 좋아하는 글을 계속 쓰면서 기획 프로듀서로서 일하려면 연출파트 경험이 필요할 것 같았다. 그래서 〈피도 눈물도 없이〉를 끝낸 뒤에 성제 형한테 부탁했다. 성제 형이 당시 필름있수다 대표이자 〈묻지마 패밀리〉 제작자였던 장진 감독과 잘 아는 사이였고, 결국 이형종 감독이 연출한 에피소드 〈교회누나〉의 스크립터 일을 얻을 수 있었다.

처음에는 감독을 꿈꿨던 건가.

보통 영화 들어가면 파트를 정한다. 제작을 하고 싶은지 연출을 하고 싶은지 물어보는데, 나는 딱 프로듀서로 정했다. 근데 당시 다른 현장에 도와주러 가서 보면, 연출자와 프로듀서 사이의 간극이 너무 큰 것 같더라. 어린 눈에도 '프로듀서가 작품에 대한 이해도가 있나?' 그랬으니까. 그런 차이가 감독과 프로듀서 사이의 갭을 만드는 게 아닌가 싶었다.

스크립터 일은 만족스러웠나.

화면이나 앵글을 눈앞에서 직접 보고 싶어서 스크립터 일을 하겠다고 했다. 사실 〈묻지마 패밀리〉 연출부를 하면서 가장 좋았던 건 김상범 편집기사를 만난 일이다. 당시에 스크립트를 준비해가면 이야기를 많이 들려주셨다. 사실 영화가 옴니버스라서 세 파트로 나뉘어서 진행되고, 또한 현장에 어린 친구들이 많다 보니, 준비가 미흡하거나 안 좋은 콘티들이 많았다. 그럼 김상범 기사님이 현장 가서 전달해야 할 이야기들을 따로 일러주셨다. 그게 엄청난 재미였고, 크나큰 도움이었다.

후반 작업 스태프는 1년에 여러 편을 작업한다. 경험을 많이 갖고 있어서인지 후반 작업 스태프를 멘토로 꼽는 프로듀서들이 의외로 많다.

김상범 편집기사가 내게는 스승이다. 〈피도 눈물도 없이〉부터 같이 했고, 지금도 내가 들어가는 작품들을 봐주신다. 영화에 내가 하고 싶은 이야기와 관객이 보고 싶은 이야기가 있다면, 김상범 편집기사는 관객이 뭘 보는지를 계속 체크해주신다. 관객이 이야기를 따라오기 위해서 필요한 것들을 객관화해서 얘기해주시고. 〈또 하나의 약속〉 때는 돈까지 보내주셔서, 영화 마치고 다시 돌려드리려고 전화했다가 욕만 먹었다. 3% 수익이 나서 돌려드리려고 한 건데. "내가 좋아하는 너희가 이 영화를 만들어줘서 그냥 좋다."고 하시더라. 〈페이스메이커〉 망했을 때도 소고기 사주면서 힘내라고 다독여주셨다. 그날은 진짜 펑펑 울었다. (웃음)

연출부 생활이 프로듀서 생활을 하는데 있어 실질적 도움을 줬나. 후배들에게 권유할 만한 경험인가.

프로듀서가 되고 나서도 나는 시나리오 스쿨을 다녔다. 연출부와 시나리오 스쿨, 이 두 가지를 경험했기 때문에 내가 지금 기획을 할 수 있는 것이라고 생각한다. 현장에서 감독과 작품에 관한 이야기를 나눌 때, 세부적으로는 컷에 관한 이야기를 나눌 때 큰 도움이 된다. 감독만큼 작품에 대한 이해도가 없으면 프로듀서로서 이야기를 어디까지 진행할 수 있을까 싶다. 더 좋은 프로듀서가 되기 위해서는 연출파트 만큼이나 시나리오 분석과 작품 이해에 집중하려는 노력이 필요하다. 성제 형은 "너랑 나랑은 너무 닮아서 안 된다. 너 이쪽으로 오지 마."라고 하지만. (웃음) 감독이 얼마나 중압감을 갖는지 빤히 아는데, 내가 왜 연출을 하겠는가. 제작자가 훨씬 편한데. (웃음) 어쨌거나 지금 같이 일하는 제작부 친구들은 한 번씩 연출파트 경험을 하고 왔다. 〈재심〉 마치고 나서 제작파트 친구들한테 "영화 끝나고 해줄 수 있는 건 없는데, 만약 시나리오 스쿨에 간다고 하면 비용을 내줄게."라고 했다. 실제로 한 명이 시나리오 스쿨에 가서 돈을 냈다. 결국 지켜보면 나중에 그런 친구들이 곁으로 돌아온다. 돌아왔을 때 더 잘 써먹겠다는 큰 그림이다. (웃음)

제작을 잘 하려면 연출을 알아야 한다고 했지만, 실제로 창작에 대한 열망이 있었던 것 아닌가. 국문과를 졸업하기도 했고.

어릴 적 꿈이 소설가이긴 했다. 글 쓰고 싶어서 국문과에 갔는데 재능이 부족하다는 생각을 많이 했다. 내가 문장을 쓰는 재능이 있나? 글은 앉아 있는 시간에 비례해서 나오는데, 워낙 밖에 나가서 노는 걸 좋아하다 보니. 그러다 영화를 좋아하니 시나리오 작가가 되어야겠다고 마음먹었다. 근데 군대 가서 생각해 보니까 그것도 어쨌든 오래 앉아있어야 잘 하겠더라. (웃음) 그 즈음에 프로듀서나 제작자 직종에 관한 이야기가 언론에 많이 나왔고, 밖에서 보기엔 그 일이 재밌어 보였다. 잘 하면 돈도 벌 수 있을 것 같고.

문학을 꿈꾸던 시절 어떤 작가를 가장 좋아했다.

황석영. 지금도 여전히 좋아한다. 이걸 이야기해야 하나 말아야 하나. (웃음) 더 어린 시절에는 이문열을 좋아했다. (웃음) 한수산도 좋아했고, 『대망』 같은 대하소설에 빠져서 전집을 사 모으기도 했고.

황석영과 이문열에 관해 그렇게 말하는 걸 보니 대학시절을 어떻게 보냈는지 짐작된다.

97학번인데, 대학 때 학생회 일을 조금 했다. 2학년 때 과 학생회장이 잡혀가는 바람에, 대신 회장을 맡았다. 학생회 일을 하면 좀 심각하고 그래야 하는데, 나는 밤에 나이트클럽 다니고 그랬다. (웃음)

함께 대학을 다녔고, 한때 영화 일을 했던 이에게 윤기호 프로듀서의 대학시절이 어땠냐고 물어보니 첫마디가 '꼴통'이었다. (웃음) 그런데 <철암계곡의 혈투>(2012) 지하진 감독과도 학교 선후배 사이인가. 블로그에 두 사람이 영화계에서 다시 만난 일을 회고하면서, "학교 다닐 때 저 형이 영화를 할 거라고는 꿈에도 생각 안 했다." 고 적어놨더라.

지하진 감독은 같은 과 후배다. 나는 제대하고 복학하지 않은 채 충무로로 넘어왔고, 그 친구는 군대 가서 학교를 그만두고 한국예술종합학교 영상원에 다시 들어갔다. 지금도 같이 작품을 준비하고 있다. 나보고 꼴통이라고 한 형이나 지하진 감독 같은 경우는 한양대 재학 당시 인문대에서 영화 동아리 활동을 했다. 그 시절만 해도 인문대에 연극영화과가 있어서 같이 어울리는 분위기가 있었다. 반면 나는 꼴통이긴 하지만, 친화적이어서인지 학생운동 하는 선배들이 좋아했다. 1학년이 끝나갈 무렵에는 단대별로 꾸려진 학습조에 불려가기도 했다. 물론 재미없어서 못하겠다고 도망쳤지만. (웃음) 부모님도 아들이 영화 일을 할 거라고는 전혀 생각지 않으신 터라 내가 군 제대하고 나서 이틀 만에 영화하겠다고 서울로 가 버리자 되게 당황하셨다. 내 기질이 원래 좀 이렇다. 마음먹으면 바로 가 버리는 성격이다. 정신 차려 보니 어느 순간 나도 영화하는 사람이 되어 있더라.

예상과 달리 조수급 스태프로 이름을 올린 작품이 많지 않다.

성제 형과 계속 같이 일했던 영향이 크다. 김성제 프로듀서와 이원재 작가가 기획을 해서 정리가 끝난 다음에, 감독이 오는 케이스로 일했으니까. 〈혈의 누〉(감독 김대승, 2005)도 마찬가지다. 사실 김대승 감독님보다도 더 오래 일했다. 시나리오 회의도 같이 들어가고, 원재 형이 대본 주면 같이 리뷰하고. 그래서 〈혈의 누〉까지는 작품 수가 많지 않다.

<혈의 누>는 제작부장으로 참여했다. 프리 프로덕션 단계부터 준비한 작품이라 시나리오 수정 등에 있어서도 많은 아이디어를 냈을 것 같은데.

김대승 감독님은 지금도 고마운 분이다. 김 감독님은 보통 각 파트들을 불러 모은 다음에 시나리오 회의를 하는 스타일인데, 영화의 키(key) 장면에 관해 내가 계속 이야기를 하니까 직접 써 보라고 하셨다. 범인이 누구인지 알게 되는 한시가 나오는 장면이었다. 제작부장인데 일주일 쉬면서 시나리오를 썼다. 나중에 감독님이 쓴 것과 비교하면서 함축하고 정리했고. 이 장면을 만들기 위해서 한시의 권위자인 모교 교수님을 찾아가기도 했다.

그렇게 참여하면서 연출파트가 좀 더 생산적인 일을 한다는 생각이 들었을 것 같다.

김대승 감독님이 나를 좀 편애했다. 그 시절에 제작부장이 대본을 고친다는 것 자체가 말이 안 되지 않나. 연출부 막내였던 친구에게 나중에 들었는데, 연출부가 되게 나를 싫어했다더라. (웃음) "너는 연출파트가 맞는 거 같은데, 그냥 이쪽으로 넘어와서 조감독을 하는 것이 어떻겠느냐."는 김 감독님의 제안을 듣고 심각하게 고민하기도 했다.

연출에 마음이 있는데 왜 지르지 않았나. (웃음)

연출파트에는 똑똑한 애들이 너무 많고, 제작파트에는 너무 부족하다고 생각했다. (웃음) 제작파트에서는 작품 이해도나 분석 능력이 뛰어난 장점이 되겠지만, 과연 연출파트에서도 내가 가진 것이 여전히 장점일까 싶었다. 둘째로 당시 시스템이 정말 안 좋았다. 체계랄 것이 없었고, 처우도 형편없었다. 시스템을 바꾸는 사람이 되고 싶은 마음이 더 컸고, 제작자와 프로듀서가 되는 것이 그 지름길이라고 생각했다. 그때나 지금이나 연출과 제작을 나눈다는 것 자체가 좀 무의미하다고 생각한다. 실제로 프로듀서를 오래 하다 보면, 누구보다 연출 수업을 충실하게 받을 수 있다.

어느 감독이 입봉하기 전에 배우들과 이야기하고, 편집에 관여하고, 음악 감독과 논의하는 경험을 해보겠나. 그런 면에서 여전히 연출 수업을 성실히 받고 있다. 성일 형하고도 얘기했다. 내가 꼭 하고 싶은 이야기가 있는데, 50살 정도 되면 연출하고 싶다고. 성일 형도 응원해주더라. "그때쯤이면 우리 영화 하나 말아먹어도 되지 않을까?"라면서. (웃음)

<혈의 누>를 끝내고 김성제 프로듀서가 차린 로켓플라워에 합류했다가 <기담>(감독 정식·정범, 2007)에서 제작실장을 맡았다.

성제 형이 나랑 성일 형, 원재 형에게 지분을 10%씩 주고 같이 해보자고 제안했다. 성제 형이 리더 역할을 하는 사람이 아닌데, 식구라고 생각하다 보니까 그렇게 된 거다. 〈기담〉은 학교 선배의 연락을 받고 하게 된 작품이다. 당시 장소정 대표님도 그렇고 선배 형도 그렇고 마케팅 일을 오래 한 분들이라서 현장에 대해서 잘 모르는 부분이 있어서 도움을 요청해왔다.

<피도 눈물도 없이>는 제작진행, <혈의 누>는 제작부장, <기담>은 제작실장, <마린보이>(감독 윤종석, 2008)는 라인 프로듀서. 한 작품씩만 하고 곧바로 윗자리로 올라섰다. 능력이 출중해서인가. 운이 좋아서인가. (웃음) 아니면, 영화계의 상황 때문인가.

머리를 좀 썼다고 해야 하나. 당시는 제작부장이나 제작실장이라고 하면 드센 사람이 맡아야 한다고 여기던 때다. 나는 아니라고 생각하면 세게 부딪치는 스타일이다. 막내일 때부터 퍼스트와도 싸우고 그랬다. 이런 일도 있었다. 한번은 워크숍을 갔는데 미술감독이 사람들 앞에서 동의도 구하지 않고 대뜸 말을 놓더라. 그래서 나도 반말했지. 되게 놀라기에 앞으로 나한테 말 놓지 마시라고, 했다. 깽판 났지, 뭐. 나중에 감독이 와서 "너는 아직도 이러냐?"고 하더라. 내 입으로 말하기 창피한데, (웃음) 이런 행동들 때문에 한편으론 똘똘해 보였는지도 모르겠다.

<기담>은 어렵게 완성된 영화다. 제작실장이 되면서 예산 운용에 참여하게 됐으나, 단지 자금을 집행하는 수준은 아니었을 것 같다.

〈혈의 누〉 때 제작부장으로 일했지만 예산 관리를 맡았다. 그래서 업무 자체는 큰 어려움이 없었다. 다만, 〈기담〉은 식구들 없이 혼자 간 현장이라 부담이 컸고, 프로듀서가 도중에 그만두면서 예산 전체를 관장해야 했다. 전체 그림에 대해 고민해야 했고, 실제로 프로듀서 업무를 경험했다. 예를 들면, 시나리오에서 이 장면은 돈을 더 써야 할지 말지를 같이 논의해서 결정했다. 중간에 촬영감독까지 바뀌었고, 심지어 투자사가 주저앉으면서, 나중에는 어음을 끊어서 영화를 진행하는 상황까지 내몰렸다. 지불 불능 상태다 보니 업체들은 장비를 못 내주겠다고 하고. 나중에 조명업체 사장님이 그러는데, 10년 만에 어음 받아본다고 하더라. (웃음) 영화를 어디까지 끌고 가고, 어떻게 밀고 갈지 배우게 된 고된 시간이었다. 무엇이든 결정하면 어떻게든 책임져야 한다는 것도 알게 됐고.

심사가 복잡했을 것 같다. 작품을 완성해야 하는 입장에서 굴욕이나 수모를 톡톡히 맛봤는데.

그렇게까지 생각하지는 않았다. 장소정 대표님은 지금도 친하고 좋아하는 분인데, 곁에서 보면서 되게 놀랐다. 진짜 대장부다. (웃음) 사실 대표가 그렇게 결정하지 않으면, 중간에 접을 수밖에 없다. 한데 제작자가 끝까지 책임지고 간다는 의지가 있었다. 나는 다만 해결책을 같이 찾으려고 애썼을 뿐이다. 조명업체를 설득하고 나서도 열패감보다는 성취감을 느꼈다. 안 그랬으면 〈기담〉이라는 영화는 세상에 못 나왔을 테니까.

<기담>은 프로젝트가 진행되는 도중에 참여했다. 기존 스태프와 갈등은 없었나.

그 전에는 감독을 잘 이해하지 못했다. 제작파트에 있을 때는 감독이 왜 저렇게 고집을 피우지 하는 불만도 많았다. 〈기담〉의 경우도 처음엔 꼭 찍어야 할 필요가 있을까 하는 장면이 있었다. 그래서 감독에게 의견을 전달했는데, 감독은 어떻게든 찍어야 한다고 했다. 결국 감독 의견대로 찍었는데, 나중에 편집을 끝내고 보니까 그 장면이 가장 좋은 지점에 놓여 있더라. 이전에는 느끼지 못했던 재미였다. 또 〈기담〉은 내가 예산 수립을 했으니까, 비용을 들여 만든 세트가 비주얼 적으로 어떻게 구현됐는지 두 눈으로 확인할 수 있어서 좋았다. 내 결정과 판단이 잘못되지 않았음을 확인하고, 또 안도하고. 스태프들과 어느 정도 소통할 수 있다는 자신감도 붙으면서 스스로 프로듀서로서의 자질이 있다고 생각했다. 이 어려운 영화를 내가 해냈구나, 하는 자신감 과잉이 얼마 뒤 〈페이스메이커〉에서 독이 됐지만. (웃음)

예산 초과, 흥행 부진을 말하는 것인가.

제작 과정에서 두 가지 큰 실수를 저질렀다. 첫째는 내가 제작자인지 프로듀서인지 롤을 착각했다는 것이다. 공동제작으로 진행했지만 프로듀서 업무에만 머물렀다. 〈페이스메이커〉에서 주인공인 만호(김명민)는 틀니를 끼고 나온다. 배우가 원했던 설정인데, 내가 없는 자리에서 결정됐다. 한데, 2회 차 촬영 때 현장에 가서 지켜보니 도저히 안 되겠더라. 발음도 안 좋아지고, 배우의 장점도 까먹는 느낌이었다. 처음에는 재촬영을 하자고 제안을 했지만, 기집행된 예산, 회차 등등의 문제로 인해 투자사의 반대에 부딪쳤다. 예산, 스케줄도 문제였지만, 이미 결정이 나서 촬영까지 한 상황에서 프로듀서의 판단으로 되돌린다는 게 겁이 나기도 했기에 포기했었다. 하지만, 나는 단지 제작 프로듀서가 아니라 작품의 기획자였고 공동제작자였다. 제작자라면, 자신의 실수가 있다고 할지라도 빨리 인정을 하고 다소 손실을 보더라도 전체 작품을 위한 결정을 했어야 했다. 반대가 있다면 설득을 하고 더 늦기 전에 작품을 위한 올바른 방향을 설정을 했어야 했다. 그때의 나는 책임에 대한 두려움 때문에, 타인의 결정 뒤에 숨어 버리는 비겁한 행동을 했다. 둘째는 결정되지 않은 상황을 결정됐다고 생각한 점이다. 애초 영화의 마지막 장면 배경은 베이징올림픽이었다. 그런데 답사를 다녀온 감독이 촬영하기 어렵다고 했다. 다들 알다시피 중국에서 촬영하려면 문서를 주고받는다고 되는 것이 아니다. 뒷거래가 필요하다. 감독이 중국처럼 불안정한 상황에서 연출을 못하겠다고 하면서 런던이 후보지로 떠올랐다. 그때가 촬영 들어가기 3~4개월 전이었다. 런던에 가는 예산을 따져 보니 방법이 없지 않았다. 한 기업에서 8억 원을 현금으로 지원하겠다고 나섰으니까. 문제는 투자가 미확정된 상태에서 돈이 들어올 것이라고 철썩 같이 믿었다는 거다. 런던에 가서야 지원이 어렵다는 사실을 알게 됐고, 결국 제작비 12억 원이 오버됐다. 그 이후로 나는 120%가 준비되어야 작품에 들어가겠다고 결심했다. 누구보다 상황을 부정적으로 바라보고, 돌파구와 해결책이 없으면 안 가기로 한 거다. 한데 가끔 이런 생각도 든다. 내가 얘기하는 120%가 다른 사람의 80% 정도가 아닐까. (웃음)

엔딩은 누가 정한 것인가. 올림픽 경기 장면은 당황스러웠다. 실화를 바탕으로 한 영화처럼 이야기가 진행되다가 갑자기 판타지 같은 엔딩으로 점핑하지 않나.

평범한 사람들이 꿈을 향해 달려 나가는 이야기를 하고 싶다. 이게 〈페이스메이커〉의 시작이었다. 사실 박태환 선수 사진에서 아이디어를 얻었다. 박태환 선수 뒤에 똑같은 옷을 입은 저 선수는 누굴까. 〈마린보이〉를 했으니까 수영은 안 되겠고, 그래서 작가와 함께 다른 분야 운동선수를 다 만나본 다음에 최종적으로 마라톤으로 정했다. 근데 마지막에 주인공이 1등 하는 장면은 내 의지가 너무 많이 반영됐다. 꿈을 향해 달려 나가는 이야기를 하자고 했는데, 왜 1등이라는 결말에 천착했는지 모르겠다. (웃음) 사실 작가도 반대했고, 김미희 대표도 아니라고 했다. 김상범 편집기사도 만류했고. 그럴수록 나는 "왜 이 사람은 1등 하면 안 되는데?" 하는 마음이 커졌다. 그냥 행복하게 살았습니다, 하는 식으로 끝내는 게 싫었다. 대부분의 마라톤 영화들이 완주에 초점을 맞추다 보니 차별성을 가져가고 싶었던 것일 수도 있고. 결국 그로 인해 기획의 의미까지 퇴색했고, 나중에 정말 많이 후회했다.

<시크릿>(감독 윤재구, 2009)에서는 로케이션 지원을 맡았다. 누군가의 부탁을 받아 참여한 것인가.

일이 없을 때 생활비 마련을 위해 뮤직비디오나 다른 작품에 참여하곤 했다. <마린보이>도 촬영 기간에만 라인 프로듀서로 일했다. <시크릿>도 마찬가지다. 내가 자청해서 장소를 찾아주겠다고 나선 거다.

그 시기가 영화 인력들이 대규모로 빠져나간 때다.

<마린보이>가 끝나고 나서 말 그대로 거품이 싹 빠졌다. 그런데 나는 반대로 이제 막 프로듀서 타이틀을 달고 왕성하게 일하는 상황이었다. 실은 <마린보이> 끝나고 프로듀서 제안을 세군데서 받았다. 스스로 잘났다고 생각했다. (웃음) 내가 영화 한 편 끝내고 나면 어디 깊숙이 들어가서 터 잡고 책 보는 루틴이 있다. 나름 문학청년 출신이고, 책을 되게 좋아해서. (웃음) <마린보이> 끝내고 나서는 이제껏 해외를 나가본 적이 없다는 생각이 들어서 도쿄로 한 달 동안 여행을 다녀왔다. 갔다 와서 다음 작품 결정해도 늦지 않겠다고 생각했다. 한데, 한 달 후에 돌아와 보니 그 세 편의 영화가 모두 엎어졌더라. (웃음) 그리고 그해 겨울까지 아무런 제안이 없었다. '내가 왜 집에서 이러고 있는 거지?' 시시때때로 화가 치밀어 올랐다.

당시에 OOO는 대리 기사 한다더라, OOO는 편의점에서 일한다더라, 별별 이야기가 많았다. 아르바이트를 하지는 않았나.

나는 영화 하던 선배와 함께 사업을 준비했다. '마법천자문'이 잘 나가던 시절이어서 스토리가 결합된 교육용 콘텐츠를 한 번 만들어보자고 했다. 마왕이 훔쳐간 알파벳을 찾으러 여행을 떠나는 내용의 시놉시스도 썼다. (웃음) 성일이 형에게는 돈 많이 벌어서 금의환향한다고 큰소리도 쳤다. "내가 투자자로 돌아올 수도 있어!" 이러면서. 그런데 국문과 출신 둘이서 영어 교재를 만드는 것이 말이 되나. 의도는 좋았으나 능력이 없었던 거지. 3개월 정도 그러고 나니 재미가 없더라. 별 수 있나. 여기저기 돌아다니면서 내가 아직 시장에서 버티고 있음을 알리는 수밖에. 그렇게 인사하고 다니다가 〈친정엄마〉(감독 유성엽, 2010)를 하게 됐다. 일단 시나리오를 보고 나서 제작을 총괄하던 곽중훈 프로듀서에게 "이번 주에 천만원 넣어주면 할게요." 그랬다. 그런데 돈이 진짜 통장에 들어오더라. 그렇게 우리의 신사업은 시작도 못하고 끝이 났다. (웃음)

지금 2009년을 돌아보면 어떤가.

그때 이후로 충무로가 크게 바뀌었다고 생각한다. 긍정적 변화도 없지 않다. 이전에는 슈킹, 그러니까 사기 치는 사람들이 너무 많았다. 시스템을 이해하는 이도 드물었고. 여전히 영화 현장은 낭만적이지만, 주먹구구식 진행은 더 이상 불가능해졌다. 지금은 현장 막내도 돈 받는 시절 아닌가. 나는 한 번도 못 받았지만. (웃음) 다만, 전만큼 다양한 영화를 볼 수 없는 상황이 된 것은 아쉽다.

<또 하나의 약속>과 <재심>은 실화를 바탕으로 한 영화다. 2000년대 들어서도 매년 10편 내외의 실화 소재 극영화가 꾸준히 개봉하고 있는데 그 이유가 무엇이라고 보나.

다들 하는 이야기지만, 픽션이 따라가지 못할 정도로 현실이 변화무쌍하니까. 실화를 소재로 삼거나 실존 인물을 다루는 영화들이 많은 건 제작

환경과도 어느 정도 관련 있어 보인다. SF나 판타지와 같은 픽션은 아무래도 제작비가 많이 들어가지 않나. 자원이 한정된 상황에서 드라마 장르에 몰리게 되고, 무엇보다 드라마는 리얼리티가 중요하니 실화에 이끌리는 것 같다.

실화 소재 시나리오에 대한 투자배급사의 반응은 어떤가.

  기본적으로 호의를 가지고 시나리오를 본다. 마케팅 등에 많이 도움을 받을 수도 있고 하니. 픽션이 주된 시나리오의 경우, 매번 나오는 이야기가 "이게 말이 돼요?"다. 적어도 실화 소재 영화라고 하면 그런 문제는 해결되니까. 샘플이 아주 많은 것은 아니라서 일반론으로 이야기하긴 어렵지만, 실화 소재의 영화의 흥행 성적은 개봉 시기의 사회적인 분위기와 어느 정도 관련이 있는 것 같다. 만약 〈1987〉이 정권이 바뀐 뒤에 개봉했다면 호응이 적었을 것이다.

실제 사건이나 인물을 극화할 때 맞닥뜨리게 되는 딜레마가 있지 않나. 대중에게 메시지를 효과적으로 전달하기 위해 전형적인 스토리를 택할 수밖에 없는데, 반대로 새로운 것을 원하는 관객 입장에서는 실화 소재 영화들의 이야기 구조가 별반 차이가 없다는 아쉬움도 있다.

  드라마를 충실히 따를 것인지 장르적 재미를 취할 것인지에 따라 좀 다를 것 같다. 나는 대개 드라마로 가는 영화들을 만들었는데, 제작하는 입장에서는 실화를 다룰 때 그런 딜레마에 앞서 고민하는 지점들이 몇 가지 있다. 하나는 실존 인물의 삶은 영화가 끝나도 계속 이어진다는 것이다. 영화가 그들의 삶에 영향을 미칠 수밖에 없다. 그렇다면 그들의 삶을 깨뜨리지 않고 영화를 해야 한다. 둘째는 실화라고 해서 모든 이야기가 똑같을 필요는 없지만, 실제 인물과 주요한 사건을 다룰 때 최소한 지켜야 할 팩트가 있다는 점이다. 〈또 하나의 약속〉을 예로 들면, 황상기 씨가 무엇을 위해 싸웠는지, 싸움을 통해 무엇을 이뤄냈는지, 앞으로 그가 어떤 세상을 희망하는지를 보여주는 것이 관건이었다. 이걸 관객들에게 잘 전달하려는 목적이라면 각색을 하고 구성을 해도 된다. 〈재심〉도 마찬가지다. 알려져 있듯이, 이 작품은 SBS 이대욱 기자의 제안으로 스타트 했던 프로젝트다. "내가 살인범이 아니라는 걸 알리고 싶다. 법으로는 해결하지 못해도 사람들이 알았으면 좋겠다."는 실존 인물의 소망을 전해 들었을 때만 해도 나는 시큰둥했다. 알 만한 사람들은 다 아는 이야기인데, 왜 그러나 싶었다. 그랬더니 이대욱 기자가 그러더라. 그 친구 곧 아빠 된다고. 이건 세 번째와도 관련 있다. 우리가 만들어야만 하는 이유가 있어야 한다. 실제 인물의 이야기를 전달하는 동시에, 우리가 하고 싶은 이야기가 있어야 하는 거다. 〈재심〉의 경우는, 미안하다고 말하는 사회를 보여주자는 목표가 있었다. 준영(정우)이 미안하다고 말하는 장면을 클라이맥스에 놓은 것도 그런 이유에서다. 물론 이러한 명분만큼이나 영화적 재미가 중요하지만. (웃음)

<또 하나의 약속>은 제작두레 형태로 제작비를 충당했다. 실화였기 때문에 가능한 일이었다고 본다. 일반적인 투자 유치는 전혀 시도하지 않았나.

안 한 건 아닌데, 불가능하다는 사실을 아주 빨리 깨달았다. 초기에는 투자를 약속한 독지가가 한 분 있었고, 부족한 나머지 금액은 창업투자회사 등에서 얻으려고 했다. 그런데 창투사 쪽하고 이야기해 보니 아주 단호하게 안 된다고 하더라. 게다가 박근혜가 대통령이 되고 나니. (웃음) 있는 것마저 다 날아갔다. 한데, 황상기 씨랑 같이 촛불 추모제에 함께 갔다가 이 작품을 끝까지 해야겠다는 생각이 더 강해졌다. 그래서 찾은 것이 제작두레 방식이다. 팟캐스트를 어떻게 활용할지도 고민하기 시작했고. 기존 방식으로는 영화 완성이 어렵다고 판단해서 제작에 들어가기 전부터 두 가지 기준을 세웠다. 첫째는 이 작품에 들어오는 스태프나 배우들은 절대 흔들리지 않을 사람이어야 한다는 것. 둘째는 자금 확보나 마케팅에 있어 엄청나게 공격이 들어올 테니, 기존 시스템이 아닌 다른 방식으로 풀어가자고 했다. 그래서 일단 주연배우는 광고를 안 하는 사람 중에 우리랑 친한 사람, 이야기를 꺼냈을 때 절대로 도망 못 갈 사람으로 골랐다. (웃음) "아, 그럼 철민이 형이네."라고 해서 박철민 배우를 캐스팅하고 이어서 다른 배우들이 들어왔다. 그리고 어차피 투자받지 못할 거면, 아예 크라우드 펀딩 사이트를 만들고 계속 관리하자. 홍보도 딱히 방법이 없으니, 팟캐스트로 진행하자. 그렇게 된 거다.

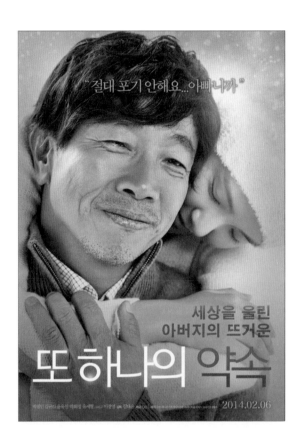

제작비는 얼마였나.

　18억 원이었다. 그중에 크라우드 펀딩으로 3억 원을 모았고, 15억 원은 개인투자자가 나섰다. 제일 많이 투자하신 분이 1억 3천만 원 정도였고, 최소 금액은 100만 원이었다. 대략 100명 정도 되는 분들이 참여한 것으로 기억한다. 가장 많이 투자하신 분은 모 제약회사의 과장과 대리였는데. 당시 〈부러진 화살〉(감독 정지영, 2012)이 잘 되지 않았나. 이미 수익률을 따져 보고 오셨더라. (웃음) 팟캐스트 '그것은 알기 싫다.' 팬들도 많았다. 초기에는 과거 운동권이었으나 현재는 대치동에서 학원을 크게 하시는 분들, 그분들의 부채의식을 살짝 건드려서 확보한 5천만 원으로 스타트했다.

크라우드 펀딩이 작품을 메이드하기 위해서는 절실한 시도였겠지만, 영화의 대중적 확장에 있어서는 일정한 한계가 있는 것 같다.

　우리도 고민했다. 그래서 투 트랙으로 가려고 했고. 일반 관객들에게는 삼성반도체 백혈병 문제를 다룬 영화가 아니라 거대 기업과의 투쟁을 다룬 영화 정도로만 소개했다. 〈에린 브로코비치〉(감독 스티븐 소더버그, 2000)처럼 보이면 좋겠다고 생각한 건데. 솔직히 300개 스크린만 받을 수 있다면 관객 수 100만 명까지는 갈 수 있다고 기대했으나 개봉 직전에 극장이 사라지는 바람에 결국 남은 길 하나로 갈 수밖에 없었다. 솔직히 너무 아쉽다. 나는 〈또 하나의 약속〉이 휴먼드라마로서, 자식을 잃은 아버지의 분투기로서 영화적 재미가 있다고 봤거든.

<또 하나의 약속>과 <재심>은 실화를 바탕으로 했지만, 연출 방식에 있어서는 확연히 차이가 난다. <또 하나의 약속>이 실화를 고스란히 옮기는 데 집중했다면, <재심>은 영화적 재미를 위해 새로 고안된 설정이나 장면이 많다. 두 작품 모두 한 감독이 연출한 터라 이러한 차이가 의도한 결과인지 더 궁금하다. (웃음)

〈또 하나의 약속〉은 제작하는 동안 마음이 무거웠다. 실제 이야기 자체가 갖는 중압 때문에 영화적으로 접근하기가 쉽지 않았다. 김태윤 감독도 부담이긴 마찬가지였을 것이다. 아이디어가 있어도 여기서 더 가지는 말자, 그랬던 부분이 많다. 반면, 〈재심〉은 주인공이 살인을 저지른 진범이 아니라는 설정, 그것 하나만 원칙으로 삼고 나머지는 자유롭게 만들어보자는 심산이었다. 〈재심〉은 〈또 하나의 약속〉 촬영이 거의 끝났을 때쯤 이대욱 기자로부터 제안을 받아서 시작했는데, 대중들이 당시 이 사건 자체에 관심을 쏟던 때는 아니라서 그런 시도가 가능했고, 또 필요했다. 심지어 처음에는 극중 변호사를 아예 여자로 설정했다. 실제 이야기에서 좀 떨어져서 영화적으로 마음껏 비틀어 보고 싶었다.

이준영(정우)과 조현우(강하늘)라는 극중 인물은 어찌 보면 전형적 캐릭터처럼 읽히지만 정우와 강하늘, 두 배우의 연기가 예상치 못한 의외성을 발휘하면서 이야기에 긴장이 붙는다. 관객들도 두 배우가 적극적으로 해석한 인물에 공감을 표시했다.

배우들한테 고맙다. (강)하늘이는 실제 사건을 이미 알고 있어서, 시나리오를 건네자마자 바로 하겠다고 했다. 극중 이준영은 영화화를 제안한 이대욱 기자와 실제 사건 변호를 맡은 박준영 변호사의 실제 모습을 한데 합쳐서 만들었는데, 정우는 이 캐릭터를 흥미롭게 생각했다. 두 배우 모두 시나리오 해석에 적극적이었고, 김태윤 감독도 배우가 해석한 인물을 많이 받아들였다.

역할 비중이 다르지만 박철민, 이경영, 김영재 등 <또 하나의 약속>에 출연한 배우들이 <재심>에 나오는 것도 흥미롭다.

무엇보다 우리와 결이 맞는 배우들이고. 〈또 하나의 약속〉 때 너무 힘들어서 그런 것도 있다. 〈재심〉은 상업영화라서 예산 받을 수 있을 것 같은데 이번에 꼭 같이 합시다! (웃음)

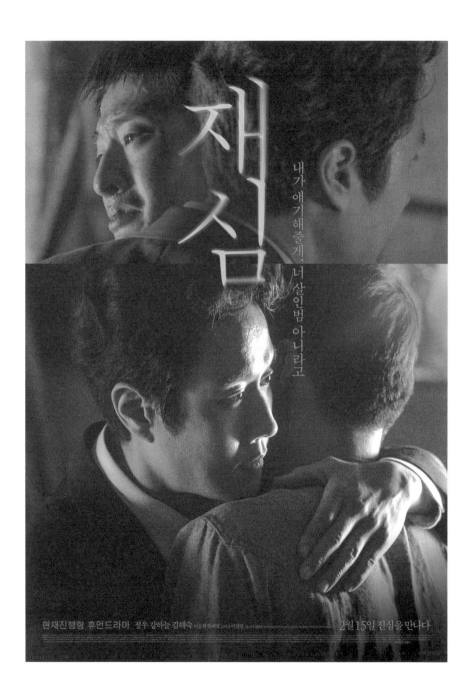

과거에 비해 제작사의 위상이 크게 낮아졌다. 동시에 제작사의 역할 또한 바뀌었다는 느낌이다. 현재 주목받는 제작사는 이른바 에이전시로서의 제작사 아닌가.

공감한다. 유명 배우, 유명 감독과 돈독한 관계를 유지하는 제작사들이 각광 받는다. 제작자, 프로듀서로서 그런 능력이 부족한 게 사실이다. 캐스팅을 진행하다 보면, 감독들한테 미안할 때가 있다. 기획도 맘에 들고, 대본도 좋다고 하는데, 캐스팅이 힘들다. 이는 자본 중심의 시스템이 요구하는 것이기도 하다. 현재 지하진 감독의 차기작을 준비하고 있다. 첫사랑의 죽음을 파헤치는 고등학교 3학년 학생이 주인공인 작품이다. 청춘 드라마, 청춘 스릴러를 만들어보고 싶어서 시작했는데, 투자사에 시나리오를 들고 가면 답답해한다. 극중 인물의 나이를 감안하면 20대 초중반 배우를 쓸 수밖에 없다. 그러나 투자사에서는 30대 중후반 남자배우를 써야 리스크가 낮다고 생각한다. 그들은 참신한 기획보다 리스크 관리를 더 중요시 여긴다. 이런 환경에서 젊은 배우 군이 형성될 수 있겠나. 10대 혹은 20대 관객이 오빠 혹은 형이라고 부를 수 있는 캐릭터를 한국영화에서 거의 찾아볼 수가 없다.

영세한 제작사 입장에서 투자사의 요구를 무시하기는 쉽지 않다. 기획개발 또한 유사한 어려움을 안고 있지 않나.

제작사가 좋은 작품을 기획개발하기가 힘든 현실이다. 오리지널 시나리오를 개발하려면 편당 1억 원 이상의 돈이 필요하다. 개발 과정에서 사장되는 기획들이 속출할 수밖에 없다. 나도 5~6개의 아이템을 동시에 굴리고 있지만, 과연 몇 개나 만들 수 있을까. 지금의 제작사 체력으로는 기획개발에 필요한 에너지나 자금을 감당하기 어렵다. 얼마 전 개최된 영화정책 수립 공청회에서도 발언했지만, 최근 들어 제작사의 기획개발 능력 강화에 관심을 보이는 영화진흥위원회가 더 나서줘야 한다. 투자사에서 기획개발 투자를 받으면, 그 돈이 차입금으로 잡히는 것도 문제다. 차입금은 회계 상 마이너스다. 영화로 돈을 벌었고, 수익도 거뒀는데, 이 마이너스 차입금 때문에 결국 지원받을 때 불이익을 받게 된다. 영진위가 제도를 만들 때 이런 디테일한 부분도 정리를 해주면 좋겠다.

공적 지원 외에 다른 해결책은 없을까.

〈파도를 걷는 소녀〉의 영화화를 준비하고 있다. 다음에서 연재된 웹툰이 원작이다. 웹툰 판권이 보통 5천만 원으로 시작하는데, 진행비 2천만 원과 사무실 비용까지 합하면 대략 초기 개발 비용으로 1억 5천만 원 정도가 들어간다. 부담이 커서 결국 씨네그루(주)키다리이엔티에서 초기 투자를 받았다. 대출금이나 다름없는 기획개발비 대신 초기 투자를 받은 것이다. 제작 지분을 더 내주고, 비용은 투자사에서 다 부담하고, 페널티는 따로 없는 것으로 정리했다. 지금 상황에서 투자사와 제작사의 6대 4 수익 배분을 고집할 필요는 없다고 본다. 7대 3, 8대 2도 가능하다. 기본적으로 좋은 작품을 만들려면 리스크를 어느 정도 털 수 있는 방법이 무엇인지를 고민해야 한다. 하지만 이 방법에도 한계는 있다. 그나마 나는 〈재심〉이 잘됐기 때문에 이런 저런 호의적 제안을 받을 수 있었다. 개인적으로는 느슨한 형태로라도 제작사 간, 프로듀서 간 연합체가 필요하다고 생각한다. 가끔 후배들에게 내가 제작자로서 40% 수익을 보장받을 수 있는 마지막 세대 같다고 말하곤 한다. 사다리가 끊어진 셈인데, 이를 헤쳐가려면 연합체 밖에 답이 없다. 각자 지닌 능력을 공유하고, 서로의 몫을 나누는 거다. 예전처럼 하나의 제작사가 단독으로 투자사를 만나고, 배우를 만나고, 이런 식으로는 못한다.

이디오플랜에서 현재 준비 중인 다른 영화들이 있나.

공동 제작하는 김성제 감독의 〈보고타〉 외에 김태윤 감독과 준비 중인 작품이 있다. 일단 올해 말에 촬영에 들어가려고 한다. 개인적으로는 동학 이야기를 꼭 한 번 해보고 싶다. 예전에 대충 정리해놓은 글이 있어서, 〈재심〉을 마친 다음에 성일 형과 상의했고, 지금 작가와 함께 시나리오 개발 중이다. 제목은 일단 〈1894〉라고 붙여졌다. 작품 개발을 위해 신동엽 시인의 『금강』을 사기도 했다. 학교 다닐 때 무척 좋아했던 시집이다. 신동엽 시인의 아드님인 신좌섭 교수님을 만나기도 했다. 내용이 일치하진 않지만 내가 원하는 동학 이야기가 거기에 들어있다.

김태윤 감독과 연달아 작업이다.

그러게. 아는 사람들과 계속 하게 되더라. 영화 한 편을 만들다보면 고비가 여러 번 온다. 그러한 순간에 가장 힘이 되는 것은 사람이다. 아무래도 처음 보는 사람보다는 오래된 사람이 그럴 때 더 큰 힘이 되니까. 그래서 가능하면 친구와 영화를 만들려고 한다. 나이가 많고 적음에 따른 친구가 아니라, 신뢰할 수 있는 사람을 친구라고 생각한다. 김태윤 감독과는 새로운 기획을 준비 중이다. 태윤형이 그리 생각해 줄지는 의문이지만. (웃음)

10년 후에 이디오플랜은 어떤 제작사가 되어 있기를 바라나.

워킹타이틀 같은 회사가 꿈이다. 제작사를 빨리 만든 이유도 그거였다. 내가 기획한 영화를 하고 싶었고, 내가 책임질 수 있는 일들을 하고 싶었다. 10년 후에도 계속해서 재밌는 영화를 만드는 제작사로 남으면 좋겠다. 그러기 위해서 요즘은 '우리가 하려는 일을 꼭 영화에 국한해야 하나?' 고민하고 있다. 매력적인 원천소스를 끊임없이 개발하는 회사로서, 영화든 드라마든 매체를 가리지 않고 확장하는 창작집단으로 이디오플랜을 꾸려가고 싶다.

실화영화, 분쟁 피하려면

실제 사건이나 인물을 다룬 실화영화의 경우, 관객의 주목과 관심을 손쉽게 모을 수 있어서 그동안 꾸준히 제작되어 왔다. 반면, 영화화 과정에서 기본권 침해 논란에 휩싸이거나 법적 분쟁에 휘말리는 경우가 적지 않았다. 영화진흥위원회가 2019년 1월 발간한 「실화 기반 영화 제작을 위한 가이드라인」에서도 "실화를 바탕으로 영화를 제작하는 것은 헌법상 예술의 자유, 표현의 자유, 관객의 알 권리 등에 근거하고 있지만 실화와 관련한 인물 또한 인격권, 퍼블리시티권, 잊힐 권리 등의 기본권을 가지고 있기 때문에 영화를 제작하는 권리와 영화에서 표현되는 인물의 기본권이 불가피하게 충돌하는 지점이 발생한다."고 지적하고 있다.

이러한 문제를 미연에 방지하려면 어떤 준비가 필요할까. 윤기호 프로듀서는 실제 인물 혹은 관계자와의 '정서적 교류'가 무엇보다 중요하다고 강조한다. "실제 인물의 경우 철저한 조사와 동시에 각별한 배려가 이뤄져야 한다. 사전에 동의를 구하는 과정에서 상대로부터 자신의 이야기를 다뤄도 좋다는 식의 허락만 얻어내서는 곤란하다. 영화화 대상과 제작진이 생각하는 이야기의 방향은 다를 수밖에 없고, 따라서 서로가 무엇을 바라는지를 사전에 분명히 알리고 파악할 필요가 있다." 그는 당사자와의 마찰과 갈등을 줄이려면, 기획개발 단계에서 동의와 허락을 미리 구해야 한다고 말한다. "현장에선 일반적으로 시나리오를 먼저 쓰고 본다. 그리고 나서 동의와 허락을 얻는 식이다. 이 상황에서 상대가 거절하거나 수정을 요구하면 어떻게 하겠는가. 작가나 제작사 입장에선 공 들여 썼으니 이를 수용하기가 쉽지 않다. 〈오늘은 좀 매울지도 몰라〉의 경우, 출판사로부터 영화화 허락을 받았지만 저자와 원작에 등장하는 저자의 가족의 동의를 구하는 과정을 거친 것도 그 때문이다."

실화영화의 제작 윤리에 대해서도 고민해봐야 할 때다. 윤기호 프로듀서는 법적으로 문제가 될 것이 없다고 해서 밀어붙이기 식으로 영화를 제작할 수는 없다고 말한다. "생전에 가수 너훈아로 활동하신 김갑순 씨의 이야기를 영화화하려다 포기했다. 고인의 유족들과는 상의를 끝냈는데, 나훈아 씨가 영화 제작에 난색을 표했다. 우리 입장에서는 나훈아 씨의 노래를 써야 하는 등 작품 개발에 도움을 받아야 하는 처지이기도 했고, 결국 그만뒀다." 개인의 기본권에 관한 관심이 향후 점점 더 높아질 것이 분명하다면 이에 대한 영화계 안팎의 지원 시스템을 서둘러 마련해야 한다고 그는 덧붙인다.

안은미
프로듀서

성신여대 통계학과 졸업
현, 폴룩스(주)바른손 대표

| 필모그래피 |

영화

〈판소리 복서〉 (2019) 기획/제작
〈우상〉 (2019) 제작
〈7년의 밤〉 (2018) 기획/제작
〈불한당: 나쁜 놈들의 세상〉 (2017) 제작
〈차이나타운〉 (2015) 기획/제작
〈은교〉 (2012) 프로듀서
〈백야행〉 (2009) 기획/공동제작
〈꽃미남 연쇄 테러사건〉 (2007) 공동제작
〈여고괴담 3- 여우계단〉 (2003) 프로듀서
〈중독〉 (2002) 제작부장
〈인터뷰〉 (2000) 마케팅총괄
〈마요네즈〉 (1999) 마케팅 담당
〈여고괴담 2- 죽음을 기억하라〉 (1999) 마케팅 담당
〈미술관 옆 동물원〉 (1998) 마케팅 담당

〈차이나타운〉(감독 한준희, 2015), 〈불한당: 나쁜 놈들의 세상〉(감독 변성현, 2017), 〈7년의 밤〉(감독 추창민, 2018), 〈우상〉(감독 이수진, 2018). 폴룩스(주)바른손 안은미 대표가 최근 몇 년 동안 쉼 없이 제작한 영화 목록이다. '범죄스릴러는 남성, 멜로드라마는 여성'이라는 식의 잣대가 철지난 도식이자 우스운 편견이지만, 여성 프로듀서가 한때 남성 제작자의 전유물이었던 장르의 작품을 연거푸 내놓는 일이 그리 흔한 것인가. 혹자는 이쯤에서 오해할지 모른다. 그가 영화계에 입문하기 전부터 소문난 영화광이라고, 그래서 특정 장르에 관한 애호가 남다르다고. 과연 그럴까.

안은미 프로듀서는 1998년 제작사 씨네2000에서 홍보 마케팅 업무를 맡으면서 영화인이 됐다. 이때는 '영화가 아니면 죽음'이라고 외치는, 혈기왕성한 젊은 청년들이 앞다퉈 충무로에 진입하던 시기다. 하지만 그의 시작은 영화에 평생을 걸겠다던 결기 어린 또래와는 사뭇 달랐다. "내 인생의 영화는 〈프리티 우먼〉, 내가 아는 감독은 스티븐 스필버그" 아는 영화가 없어서, 아는 감독이 없어서 선배와 동료에게 눈총을 받고 핀잔을 들었던 영화사 막내에게 시도 때도 없이 이어지던 시나리오 회의는 지독히

끔찍한 시간이었다.

언제든 싫으면 영화를 그만두겠다고 맘먹었으나, 신기하게도 그런 일은 일어나지 않았다. 실의와 자책으로 뒷걸음치긴 했지만 결국엔 '영화'가 그를 돌려세웠다. 가시밭길 위에서 그가 입버릇처럼 내뱉은 포기와 단념의 말은 어쩌면 실은 자신이 바라는 '영화'를 향한 수줍은 고백이거나 불변의 서약이었을 것이다. "드라마를 찍어서 극장에 틀면 영화라고 생각"했던 20년 전의 새내기는 그렇게 '영화'에 한사코 매달렸고, 이제는 "어떤 플랫폼에도 휘둘리지 않는 견고한 이야기"를 만들겠다는 제작자가 되었다.

"아는 것이 너무 없어서 이제껏 버틸 수 있었다."는 안은미 프로듀서의 농담을 오랫동안 곁에서 지켜본 동료들은 조금 다르게 설명한다. "용감하다는 표현 밖에 떠오르지 않는다. 작품을 선택하는 데 있어 거침이 없다." 시나리오 초고만 보고서 같이 해보자고 말한 제작자는 안은미 프로듀서가 처음이었다고 말하는 한준희 감독(〈차이나타운〉, 〈뺑반〉)은 "〈차이나타운〉은 주변의 우려에도 불구하고 제 의도 대로 신인배우들이 많이 출연할 수 있었는데 이는 제작자의 아낌없는 배려와 과감한 결정 덕분"이라고 덧붙인다.

'남다른 취향'과 '또렷한 주관'뿐일까. 변성현 감독(〈불한당: 나쁜 놈들의 세상〉)은 안은미 프로듀서가 지닌 '창작에 대한 존중'의 태도를 꼽는다. "시나리오를 수정하면서 처음 만났는데, 전형적인 이야기 구조를 요구하는 일반적인 제작자와 달랐다. 이견이 있을 때도 자신의 주장을 그 자리에서 관철시키려고 하지 않는다. 감독이 뭘 하고 싶은지를 충분히 들은 다음에 다시 자리를 만들어 논의한다. 현장에서도 '이게 부족하다.'고 곧바로 말하지 않고, '내가 할 게 없네.'라고 엄살을 부려서 기를 살려준 다음에 여러 아이디어를 제안한다."

전철홍 작가(〈인랑〉〈명량〉〈군도:민란의 시대〉〈주먹이 운다〉)가 언젠가 안은미 프로듀서와 꼭 한번 작업하고 싶다고 말하는 이유도 다르지 않다. "다른 작가들은 모르겠지만 나는 대화할 때면 동의를 구하거나 응원을 얻으려고 아직 확신이 서지 않는 두세 줄짜리 아이템을 툭툭 던져본다. 그러다 보면 뜬구름 잡는 이야기를 할 때가 많은데, 안은미 프로듀서는 허투루 듣지 않는다. 가끔 연락해서는 나도 기억나지 않는 몇 년 전 아이템과 캐릭터 이야기를 불쑥 꺼낼 때가 있다. 그의 집요함이 작가인 내게는 새로운 자극이 된다."

〈우상〉에 이어 〈판소리 복서〉까지 연달아 흥행 실패를 맛봤지만, 안은미 프로듀서는 그다지 낙담하지 않는다. "〈판소리 복서〉는 관객과 만날 수 있었다는 것만으로 성공이다. 시나리오 작업을 더 끈질기게 했어야 했다고 자책하긴 하지만 한편으론 감독과 배우, 스태프 모두가 진심으로 영화를 만들었다. 이런 작품을 다시 만들 수 있을까 싶을 정도다. 양극화된 시장 상황을 고려하면 더욱 그렇다." 자신은 작가도 감독도 아니라고 말하지만, 결과보다 과정을 우선해온 그간의 종적을 듣다 보면, 그가 영락없는 뚝심의 창작자임을 쉽사리 알아차릴 것이다.

───

글 · 이영진

첫 직장이 씨네2000이다. 영화에 문외한이라서 영화사의 '영화'를 회사명으로 오해했다고.

잠시 쉬고 있는데 사촌언니가 아르바이트라도 하라며 영화사를 소개해 줬다. 알고 보니 제작사 씨네2000에서 일하시던 분이 언니의 대학 선배였다. 영화 만드는 곳이라는 생각은 전혀 못했다. 당시 씨네2000은 〈여고괴담〉(1998) 촬영을 막 끝냈는데, 나중에 흥행이 되니까 계속 일하라고 하더라. 얼떨결에 새 직장이 생겼다.

아르바이트 업무는 구체적으로 뭐였나.

신문사에 보도자료 가져다주는 일이 주 업무였다. 영화 제작사가 홍보 마케팅까지 진행하던 시절이다. 한참 놀러 다니던 나이라 면접 볼 때도 하이힐을 신고 갔다. 그 높은 신발로 걸을 수나 있겠냐고 해서, "네, 저 잘 뛰어요."라고 답했다. 그래서 뽑혔다는 이야기가 있다. 한데, 첫날에 신문사 한 바퀴 돌고 나서 그 구두, 바로 버렸다. (웃음)

보도자료를 들고 언론사를 찾는 건 오래전 풍경이다. 그때 동선을 기억하나.

사무실 맞은편에 있었던 조선일보부터 공덕동 한겨레신문사까지 쭉 도는 코스를 짜주더라. 신문사에 가면 사람도 많고, 자리도 복잡하지 않나. 담당 기자 겨우 찾아서 자료 전달하고, 신문사 입구 나오자마자 기억나는 대로 내부 구조 그림부터 그렸다. 기자 인상착의 등도 메모하고. (웃음)

영화를 하겠다는 또렷한 목표가 없는데 고된 잡무를 어떻게 견뎠나.

정재은 감독이 〈여고괴담 두 번째 이야기〉(1999) 때 스크립터였는데, 어느 날 나한테 이 일을 왜 하느냐고 물은 적이 있다. 그냥 재밌어서, 라고 했더니 나보고 "너 일 되게 오래하겠다."고 하더라. 그때는 무슨 뜻인지도 몰랐지. 근데 정말 현장에서 담배꽁초 줍는 것도 재밌었다. 막연하게나마 내가 하는 모든 행위가 영화 제작에 포함된다고 생각했다.

제작사가 기획실을 두고 홍보 마케팅을 겸하던 시절에는 직원들이 촬영장에 자주 갔다. 덕분에 기자들도 현장 이야기를 자세히 전해 들을 수 있었다.

씨네2000은 낮에는 사무실에서 일하고, 저녁에는 촬영장에 갔다. 제작부가 많지 않아서 일을 거들어야 했다. 그래서 홍보 마케팅 업무를 담당했지만, 현장과 유리되어 있다는 생각은 한 번도 안 해봤다. 한데 2000년대 중반으로 가면 상황이 완전히 달라진다. 홍보 마케팅과 제작이 분리되면서 현장 스태프가 누구인지도 모르게 됐으니까.

동료들과는 어떻게 지냈나. 1990년대 중반 이후 문화, 특히 영화에 대한 관심이 폭발적으로 늘면서 자발적으로 영화사에 들어온 이들이 대부분이었는데.

시나리오 회의가 가장 힘들었다. 영화에 대해 잘 모르는데 다들 막내 의견을 너무 궁금해 하니까. (웃음) 기획실 동료들은 다들 영화과 아니면 국문과 출신이어서 내가 여기에 잘못 왔나 싶기도 했고. 좋아하는 영화가 뭐냐고 물어보기에, "저 〈프리티 우먼〉 좋아해요. 100번 봤는데요." 이랬거든. 그 사람이 저녁에 맥주 마시자더니, 다음부터 누가 좋아하는 영화 물어보면 아예 말하지 말라고 하더라. 〈프리티 우먼〉을 재미있다고 하면 안 되는 건가, 이 영화를 좋아하면 창피한 건가 싶었지. 그래서 내가 지금까지 안 본 영화가 〈시민 케인〉이다. 사람들이 하도 얘기를 하니까, '그 영화가 그렇게 대단해? 그럼 안 봐. 난 〈프리티 우먼〉 백 번 더 볼 거야.' 하고 마음먹었다. (웃음)

그 전에는 뭐 했나.

통계학과 나와서 학원에서 수학 강사로 일했다. 1997년인데, 월급을 300만 원이나 받았다.

영화사에서 아르바이트하고 받은 첫 월급은 얼마였나.

50만 원. (웃음) 엄마가 계속할 거냐고 몹시 화를 냈다. 〈미술관 옆 동물원〉(1998)을 시작했을 때였는데, 일에 막 재미를 붙이던 시절이었다. 월급도 조금 올랐고.

엄마를 설득한 건가, 엄마가 포기한 건가. 제작자가 된 지금 엄마의 반응은 어떤가.

영화가 잘 안되면 회사에서 잘리는 거냐고 걱정하신다. "이 영화는 대체 무슨 내용이냐, 머리 아프다."고 하시면서도, 내가 만든 영화는 꼭 보신다.

1990년대 후반 씨네2000의 분위기가 궁금하다. 이춘연 사장은 회사 업무를 A부터 Z까지 직접 다 챙기는 스타일은 아니었던 것으로 기억한다.

충무로 사고 처리 반장님이셨으니까. 어디서 누구랑, 누구랑 싸웠다고 소문나면 다음날 여지없이 사무실이 북적거린다. 사장님이 중재해서 오해 풀고, 화해하고. 우리 사장님은 왜 저렇게 자꾸 힘든 일을 떠맡으실까, 안타까워서 속상했던 적도 있다. (웃음) 개별 프로젝트의 구체적인 진행은 사장님 아래 이미영, 김복근 프로듀서가 맡아 진행하고. 〈여고괴담〉 시리즈는 오기민 프로듀서가 맡아서 하고. 사수였던 세 분이 계속 교대로 작품에 들어가서, 입사하고 3년 동안 영화를 6편이나 했다. 오롯이 몸으로 영화를 익히는 시간이었다.

실질적으로 참여한 첫 작품이 <미술관 옆 동물원>인가.

처음으로 크레디트를 받은 작품이다. 〈마요네즈〉(1999), 〈여고괴담 두 번째 이야기〉, 〈인터뷰〉(2000)까지는 마케팅으로 참여했다. 〈중독〉(2002)에서는 제작부장을 맡았고, 〈여고괴담3-여우계단〉(2003) 때 프로듀서로 데뷔했다.

씨네2000은 마케팅-제작부-프로듀서 순으로 넘어가는 구조였나.

원래 마케팅 팀에서 제작부로 사람을 안 보내는데, 내가 마케팅을 못하겠다고 했다. (웃음)

이유가 뭐였나. 이름 있는 여성 제작자들 중에서 홍보 마케팅으로 경력을 쌓은 이들이 꽤 많았는데.

구구절절 말하기 어렵다. (웃음) 매니저가 없는 배우들 스케줄을 우리가 담당했는데, 영화 홍보하면서 방송사 CP와 크게 싸웠다. 별 수 있나. 곧바로 이춘연 사장님한테 가서 울면서 자초지종을 털어놨지. 내가 잘못했으니 사장님이 해결하셔야 한다고. (웃음) 한편으로는 현장과 거리감을 느껴서이기도 하다. 사무실에서 편하게 있다가 잠깐 나와서 돕는 것 같은 이 기분은 뭘까. 그래서 현장에서 일하고 싶다고, 제작부로 옮겨달라고 했다. 프리 아닌 프리랜서가 된 거지. 한동안 씨네2000 작품만 했다.

제작부 업무는 만족스러웠나. 지금 현장과 비교하면, 가장 다른 점이 뭔가.

씨네2000이 작품을 많이 하던 시절이어서, 짧은 시간 내에 많은 경험을 쌓을 수 있었다. 제작부장 1명에, 제작부 1명 정도로 팀이 운영되다 보니 업무량이 많아 힘들었지만 전체 프로세스를 경험할 수 있다는 점에서 좋았다. 지금은 직급 별로 너무 쪼개서 일하니까 작품 수가 늘어나도 경험이 정비례 하지 않는다. 제작부장이라고 해도 예산에 대해 전혀 모르고. 그러다 보니 프로듀서 데뷔하는 나이도 늦어지고. 썩 좋아보이진 않는다.

씨네2000에서 나온 다음에 얼마간 영화 일을 쉬지 않았나. '앞으로 영화 안 하려나 보다.'라고 생각했다. 이 일을 계속 해야겠다고 마음먹은 계기가 있나.

2004년에 씨네2000에서 나왔다. 그때부터 일종의 방황이 시작됐다.

다른 회사로 옮긴다는 생각은 전혀 못했다. 가족주의가 강해서 그런가. 이춘연 사장님과 일하지 않으면 자립해야 한다고 생각했다. 그 와중에 친구들이랑 홍대에서 카페를 잠깐 열었는데, 3개월 하고 나니까 더 못하겠더라. (웃음) 그러다 어느 날, TV를 켜놓고 자다가 새벽에 깼는데, 〈대부〉를 방영하더라. 바로 동네 비디오 가게에 가서 3편까지 빌려서 쭉 다 봤고, 이런 영화를 꼭 만들고 싶어졌다. 말하다 보니 갑자기 울컥하네. (웃음) 사실 〈대부〉가 얼마나 대단한 영화인가. 내가 만들 수 없는 영화인데. (웃음) 한데 그런 영화를 꼭 한번 만들어야겠다는 마음으로 다시 일을 시작했다.

만들고 싶은 영화에 대한 고민이 씨네2000에 있을 때는 전혀 없었나.

회사가 만들고 싶은 영화와 내가 만들고 싶은 영화가 다르다는 것을 7~8년 차가 돼서야 깨달았다. 씨네2000 영화들이 내 취향하고는 잘 맞는데, 결정적으로 엔딩이 다른 거다. 만들고자 하는 영화의 방향이 달랐다는 뜻이다. 지금 와서 곱씹어 보면 그렇다.

당시 참여했던 작품 중 본인 성향과 가장 근접한 영화를 꼽으면.

〈여고괴담 두 번째 이야기〉, 〈여고괴담3 - 여우계단〉, 〈중독〉도 좋아하는 영화였다.

씨네2000은 그 시기에 신인 감독과 많이 작업했다.

나이가 비슷해서인지 감독에게 크게 어려움을 느낀 적이 없었다. 정확히 말하자면, 그들이 뭘 하는지 몰랐다. 그래서 뭔가 이상하면 무작정 가서 "정말 그렇게 하실 거예요? 왜 그렇게 하세요?"라고 따져 물었다. 이상한 막내였지. 시간이 지난 뒤에 그때 연출부들이 날 어떻게 생각했을까 싶더라. (웃음) 입사한 지 5년쯤 돼서야 시나리오를 '본다.'는 말을 조금 이

해했다. 읽는 게 아니라 본다는 거, 그게 무슨 뜻인지 이해하는 데 너무 오래 걸렸다. 동시에 창작은 내 영역이 아님을 깨달았다. 만드는 과정 자체를 너무 즐거워하는 사람들이 있지 않나. 무슨 얘기를 하고 싶다, 그래 그럼 한번 해보자, 까지는 재밌는데. 이야기의 씨실과 날실을 만들어 직조하는 창작의 영역은 완전히 다른 세계였다. 그러면서 프로듀서가 나한테 맞겠구나 생각했고.

프로듀서의 길을 가겠다고 했을 때 활발히 활동하던 선배 여성 제작자들을 떠올렸을 것 같은데.

영화사 봄의 오정완 대표가 제작하는 작품들을 너무 좋아했다. 〈정사〉(1998)를 봤을 때, 엄청나게 충격을 받았다. 지금도 오정완 대표 영화를 좋아한다. 내가 좋아하는 영화에 가까웠던 것 같다. 한편, 명필름은 작품을 볼 때마다 신기했다. 일정 수준의 완성도를 갖추고 있는데다 유행까지 고려한 작품들이었다. 유행을 읽는 것과 유행을 담는 것은 다르다. 영화가 오늘 만들어서 내일 나오는 게 아니잖나. 기획부터 개봉까지 2~3년은 걸리는데, 어떻게 트렌드랑 딱 맞는 영화들을 내놓을까 궁금했다. 가까이서 지켜본 좋은영화 김미희 대표(현 드림캡처 대표)는 앞의 두 사람과는 다른 특장점이 있다. 작업 방식에 있어서는 영향을 많이 받았다. 김미희 대표는 기본적으로 감독이나 작가가 자유롭게 이야기를 펼치도록 기다려주는 스타일이다. 〈주유소 습격사건〉(1999)이나 〈혈의 누〉(2005)는 모두 그런 방식으로 나왔다. 창작자에게 뭐하고 싶은지 묻고, "그럼 쓰고 싶은 대로 하나 써 봐." 하는 식이다. 창작자를 대하는 또 다른 방식의 존중이 있다. 새로운 것이 있으면 겁 안내고 지르는 편이고, 일단 시작하면 끝까지 책임진다는 배포가 있고. 〈아라한 장풍대작전〉(2004)은 지금 봐도 너무 재밌지 않나.

씨네2000에서 퇴사했을 무렵에는 제작사의 힘이 극대화되어 있을 때다.

2005년과 2006년에 영화 못 들어가면 바보라고 했다. (웃음) 한 해 200편씩 만들어지던 때고. 그때 남들은 다 작품 들어간다고 하는데, 나는 다시 처음부터 시작하는 느낌이었다. 외부에서 자본이 밀려들던 때였고, 이전에 영화를 안 하던 기업에서 영화사업부를 만들고 사람을 모집한다고 해서 일단 거기 들어갔다.

그 무렵에 외부 자본의 제안이 실제로 많았나.

그때 좀 놀랐다. 씨네2000에서는 선배들이 너무 많으니까 잘 몰랐는데 밖에 나오니까 너무 대단한 사람처럼 대하는 거다. 이 사람들이 나한테 왜 이러나 싶었다. (웃음) 베일에 가려져서인가, 영화계를 너무 화려하게 여기더라. 프로듀서라고 하니까, 방송국 피디처럼 뭔가 대단한 권력을 가진 사람으로 오인하기도 하고. 어쨌든 라이브코드라는 회사에 들어갔는데, 장기적으로 영화를 만들 곳은 아니었다. 〈백야행〉 판권도 사고, 다른 프로젝트도 몇 개 개발하다가 결국 회사에서 엎으라고 하더라. 영화 사업이 당장 수익을 내는 구조가 아니잖나. M&A 붐이 일면서 결국 회사가 매각됐다.

그 와중에 <백야행-하얀 어둠 속을 걷다>(2009)를 손에서 놓지 않았던 게 신기하다.

판권 구입이 쉽지 않았다. 회사에서 영화 쪽에 관심이 없으니까 몇 천만 원 쓰는 것도 주저했다. 농담인지 진담인지 몰랐지만 회장 생일에 와서 폭탄주 주는 대로 다 받아 마시면 판권을 사주겠다고 해서 자리에 나갔다. 보기엔 말술처럼 보여도 내가 술을 진짜 못한다. 그날 결국 폭탄주를 11잔 받아 마셨다. 이런 이야기 하면 다들 욕한다. 한 잔 마시고 쓰러졌어야지, 뭐 하러 버텼냐고. 그 뒤 3일 동안 회사를 못 나갔다. (웃음) 그렇게 얻어낸 판권이었으니 포기할 수 없지.

첫 제작 작품이 <꽃미남 연쇄 테러사건>(2007)이다. 개봉 앞두고 연락 받았던 것이 기억난다.

　2년 정도 월급 받고 일하다가 회사가 매각되고 나서 반 강제로 사장이 됐다. 〈백야행〉 판권을 사려면 사업자 등록을 해야 했고, 회사를 차려야 투자도 받고 계약도 할 수 있으니까. 그때부터 월급 따위는 없는 시절로 돌입했다. (웃음) 그 무렵에 SM엔터테인먼트에서 아이돌 데리고 영화를 만들면 어떨 것 같으냐고 물어보더라고. 너무 재밌을 것 같다고 했는데, 나처럼 말한 사람이 없다더라. 이수만 선생님이 〈백야행〉을 무척 좋아하셨고, 나도 아이돌 영화에 관심 있으니까, 그럼 두 편 다 같이 해보자고 이야기 됐다. 기획개발비를 SM으로부터 얼마간 받아서 자금 상황이 곤란하지는 않았다. 다만 앞으로 어떻게 해야 할지 잘 모르고 또 무서워서 한 달 동안은 매일 울었다. (웃음)

흔히 첫 제작 작품은 뜻하지 않은 사고의 연속이 아닌가. <꽃미남 연쇄 테러사건>은 어땠나. 그때만 해도 아이돌 가수가 출연하는 영화에 대해 얕잡아 보는 시선이 있었다.

선배들이 많이 걱정했다. 너 어디까지 가려고 그러니, 나와서 한참 헤매더니 이런 영화를 만들었냐고 하고. (웃음) 시사회 앞두고 직접 씨네21에도 찾아갔던 것 기억하나. 당시 모 편집장이 나른한 표정으로 "내가 너무 바쁜데, 그 영화까지 보러 가야 하나?" 그랬다. (웃음) 한데 이렇게 재밌게 찍은 영화가 또 있을까 할 만큼 <꽃미남 연쇄 테러사건>은 술술 풀린 작품이다. SM쪽에서는 슈퍼주니어 전원이 등장한다는 조건 외에 별다른 요구가 없었고, 그때 막 <연애시대>로 주목받던 박연선 작가는 시나리오 초고에 원하는 이야기를 딱 써냈다. 스토리가 너무 세서 처음에는 SM쪽에서 싫어할까봐 걱정했는데, 다들 너무 좋아했다. 기획부터 개봉까지 딱 6개월 걸렸다. 말이 안 되는 거지. 이렇게 앞만 보고 달렸던 작업이 이후에도 없다. 뭐든 말만 하면 실현됐으니까. 아름다운 슈퍼주니어가 있으니 현장 또한 에너지가 넘치고. 덩달아 나도 절정의 인기를 누렸다. 현장 놀러가도 되냐는 문의전화를 수없이 받았으니까. (웃음) 그때 CJ에 있던 이상윤 부장이 이 영화를 응원해줬는데, 그 인연으로 나중에 <차이나타운>을 같이하게 됐다.

반면, <백야행-하얀 어둠 속을 걷다>은 개봉까지 꽤 오래 걸렸다.

영화판에 오래 있었다고 해도 사실상 초짜 제작자고, 박신우 감독도 신인이었다. 근데 손예진 배우가 원작을 너무 재밌게 본 거다. 게다가 감독과 서로 아는 사이더라고. 어렸을 때 같은 독서실에 다녔나. 얘기를 듣더니 너무 반가워하면서, 시나리오를 보자고 하더라. 그렇게 손예진 배우가 한다고 해, 한석규 선배도 같이 해, 고수까지 캐스팅을 마쳤는데, 이 상태로도 투자가 너무 어려운 거다. 솔직히 그 정도면 당연히 될 줄 알았

거든. 그때부터 내 어둠의 역사가 시작된다. (웃음) 투자사 입장에서 영화
가 너무 어둡고 무겁다는 거다. 난 이해가 안 됐다. '이 슬프고 아름다운
얘기가 왜?' (웃음) 모두 발을 반만 걸치는 상황이 벌어졌다. 그러는 동안
강우석 감독님과 오래 일한 임지영 프로듀서가 시네마서비스에 이야기를
넣었다. 강우석 감독이 만나자고 해서 갔는데 대뜸 힘들겠다고 하시는 거
다. 보통 보자고 하면 오케이인데, 안 된다는 얘기를 들으니까 너무 당황
했다. 그 말 듣고 임지영 프로듀서랑 멍하니 카페에 있는데, 강우석 감독
에게서 다시 전화가 왔다. 와보라고 해서 또 갔지. (웃음) 당시 시네마서
비스랑 CJ가 파트너십을 맺고 가던 때인데, 뭔가 셋업 과정에서 이야기가
잘 안되다가 정리를 했다면서 같이 해보자고 하더라. 강우석 감독이 〈텔
미 썸딩〉(1999)을 되게 좋아하지 않았나. 〈백야행-하얀 어둠 속을 걷다〉
도 그 계보니까.

어렵게 촬영을 시작했지만 흥행 결과가 썩 좋지 않았다.

극장 관객 수가 100만 정도였으니까 말 그대로 망한 거다. 그 다음엔 아무 계획도 없고 어떤 준비도 안 된 상태였다. 〈백야행〉 끝나고 3개월 정도가 심적으로 가장 힘들었다. 반성하다가, 자학하다가, 그 시기를 넘기니까 다 그만둬야겠다는 생각이 들더라.

〈백야행〉이 개봉한 2009년을 기점으로 한국영화 산업의 판도가 완전히 재편됐다. 이 과정에서 제작 일선에 있었던 많은 이들이 촬영 현장을 떠났는데.

개봉 때 손예진 배우가 해 준 말을 잊을 수가 없다. 무대 인사 마지막 날이었는데, 배우도 돌아가는 상황이나 예상 스코어를 빤히 알지 않나. 서울 올라가는 버스에서 예진이가 날 부르더라. 그때 예진이가 20대 후반이었는데, 내게 이렇게 물었다. "언니 난 괜찮아. 나는 이 영화 망해도 다음 영화 있고, 그거 또 열심히 하면 돼. 근데 언니는 어떻게 할 거야. 준비된 작품 뭐 있어? 어떻게 먹고살 거야?" 진짜 아무것도 없었는데, 그 이야기가 외려 큰 힘이 됐다. 누가 나한테 그런 얘길 해주겠나. 예진이가 그런 강단이 좀 있다. 작년에 만나서 예전 얘길 꺼냈더니, 철없는 자기가 그때 그랬냐고 하더라고. (웃음) 내 입장에서는 눈앞의 일에 급급해하느라 아무 대비를 못했던 거지. 그래서 정말 고마웠다. 이후에는 아는 선배 소개로 잠시 어느 회사에 들어갔다가, 2~3개월 정도 일했을 무렵에 〈은교〉(2012)를 제안 받았다.

누가 제안했나. 〈은교〉의 현장 프로듀서로 일한 사실은 뒤늦게 필모그래피를 보고서 알았다. 의외의 조합이라 처음 확인했을 때는 잘못된 내용이라고 생각했을 정도다.

당시 롯데엔터테인먼트 한국영화팀에 있었던 방옥경 과장이 연락을 해왔다. 그 친구가 〈백야행〉을 좋게 봤나 보더라. 심지어 〈은교〉를 본격 진행할 때 그 친구는 CJ로 옮겨가서 롯데에 없었다. (웃음) 아마도 투자배급사가 프로듀서와 직접 접촉한 거의 최초의 케이스가 아니었나 싶다.

투자배급사가 직접 인력을 세팅하는 시대에 프로듀서로 캐스팅 된 셈이다.

나는 시네마서비스로 대표되는, 이른바 충무로 자본으로 영화를 만들던 사람이라서 투자사에 대한 방어 심리가 강했다. 만나러 가면서도 '이상하다, 이상하다.' 했는데 만났더니 〈은교〉의 프로듀서를 제안하더라. '투자사가 프로듀서 제안을 하다니?' '제작자가 현장 프로듀서를 해도 되는 거야?' 머리가 아주 복잡했다. 제작자와 현장 프로듀서 개념이 완전히 구분되어 있던 시기라서 판단이 안 섰다. 일단 시나리오부터 보겠다고 답하고 돌아왔는데, 이걸 어째. 시나리오가 너무 좋은 거다. (웃음)

대부분 프로듀서들은 본격적으로 자기 영화를 만들기 전에, 기존 네트워크를 활용해서 작업하지 않나. 그에 비하면 힘들다고 주위에 손 벌린 적이 별로 없는 것 같다. (웃음)

네트워크가 없나 보지, 뭐. (웃음) 안 그래도 어른들이 "너는 어떻게 한 번도 찾아오지를 않냐."고 하더라고. 그런데 나는 그러면 안 된다고 생각했다. 씨네2000에서 이춘연 사장님 우산 밑에 있을 때는 무서울 게 딱히 없었다. 사장님한테 이르면 되니까. (웃음) 근데 밖은 완전 무림인 거다. 당연히 이전과 다르지. 그래서 뭔가 혼자서 제대로 해내야 한다는 고집이 있었다. 그 시기에 만난 〈은교〉가 정말 큰 전환점이었다.

정지우 감독과 만나면서 프로듀서로서, 제작자로서 영화를 새롭게 고민했을 것 같다. 스타일이 이전에 작업한 신인 감독들과는 완전히 다르잖나.

그전까지 중견 감독과 작업한 경험이 없었다. 정지우 감독과는 전혀 모르는 사이였고. 게다가 시나리오를 받았을 때 이미 프로젝트가 많이 진행된 상황이었다. 그런데도 하겠다고 한 이유는 당시에 내가 외로움에 관해 이야기하고 싶은데 어떻게 영화로 만들어야 할지 모르던 상황에서 그 모든 것이 〈은교〉 시나리오에 다 있어서다. 동시에 정지우 감독님과 작업하면서 프로듀서의 역할에 관해 다시금 생각하게 됐다. 감독이 영화를 만들 때, 프로듀서는 무슨 일을 하는가. 〈은교〉는 그에 관한 답을 찾은 작품이다. 창작은 내 영역이 아니라고 미리 정했지만, 결국 나 역시 만들고 싶은 영화와 이야기가 있는 것 아니겠나. 근데 현실적으로 그걸 다 할 수가 없다. 그렇다면 자신의 생각과 결이 유사한 연출자를 곁에서 잘 도와야 한다. 물론 이런 부분은 정 감독님이 보이지 않게 세뇌시킨 걸 수도 있다. 현장에서 사실 거의 대화 없이 일했거든. (웃음)

감독과 프로듀서의 교감과 공감, 협업에 대한 언급은 지나치게 낭만적으로 들린다. (웃음)

실제로 그랬다니까. (웃음) 〈은교〉에서 적요(박해일)가 죽은 듯이 보이고, 그 뒤에 선 은교(김고은)가 "할아버지, 저 왔어요."라고 말하는 장면이 있다. 그 장면을 찍을 때 위에 있던 쪽창에서 때마침 해가 이동했는데, 그 빛을 받으면서 은교가 성녀처럼 보이는 이상한 순간이 있었다. 그때 나도 모르게 갑자기 눈물이 나더라. 울면 안 되는데 자꾸 눈물이 나서 조용히 나왔다. 근데 감독님도 울고 있더라고. (웃음) 나중에 감독님이 우는 나를 봤다면서, 내가 뭘 하고 싶은지 저 사람도 알고 있구나, 내가 느낀 순간을 같이 느꼈나 보다, 라고 말씀하시더라. 물론 매 작품마다 진짜 그런 감정이 느껴지거나 열정이 발동되는 건 아니다. (웃음)

〈은교〉 이후 현장 프로듀서 제안을 많이 받지 않았나.

시사회 때 뵀던 김한민 감독이 〈명량〉(2014)을 같이 하자더라. "느낌이 좋아! 승선이야!" 그래서 그랬지. "아니, 감독님, 저 모르시잖아요." (웃음) 농담이겠거니 넘기면서도 한편으로는 사이즈가 큰 영화라 잘 해낼 자신이 없었다. 감독과 같이 호흡하는 것에 대해 이제 막 몸으로 익히던 상태인지라 그런 프로젝트를 더 해보고 싶었고.

김한민 감독은 뭘 보고 제안한 걸까.

전후 사정은 이렇다. 그쪽 시나리오가 잘 안 풀렸을 때 전철홍 작가가 들어갔다. 전철홍 작가가 〈주먹이 운다〉를 끝내고 쉬는 기간이 꽤 길었다. 나도 안 풀리던 시절에 1년 정도 같이 작업할 기회가 있었다. 그러다 그 뒤에 김한민 작가가 전철홍 작가를 소개받고. 호흡이 잘 맞았는지 전철홍 작가의 지인인 나도 비슷한 기질과 성향을 갖고 있었다고 생각했던 모양이다. 〈명량〉 말고 그럼 다음 작품 같이하자고 하셨는데, 얼마 전에 만나서 물었더니 "딴 사람이랑 할 거야." 하더라. (웃음)

씨네2000에서 함께 일했던 동료 프로듀서가 그러더라. 안은미 프로듀서의 장점 중 하나는 처음 만나는 사람과도 한 시간 후면 형, 동생 사이를 맺는 놀라운 재주를 가졌다고. 상대가 감독이든, 배우든.

그런 능력이 있는지는 잘 모르겠다. 다만, 씨네2000에서 〈여고괴담〉 시리즈를 하면서 신인배우들과는 워낙 작업할 기회가 많았고. 그런 점에서 배우들이 내게는 익숙한 존재였던 것 같다. 우리가 소위 말하는 스타 배우들은 사회생활 경험도 많고 그래서 이해관계도 철저하다. 그렇지만 동시에 되게 순수한 구석이 있다. 내가 보기에 그 순수한 면이 있어서 좋은 연기를 끌어낸다. 배우를 만났을 때, 나는 격이 없이 대한다. 벽 치고 막 두르고 하지 않는 거지. 그냥 솔직하게 대하는데, 상대가 그런 나를 좀 편하게 생각하는 것 같다. 에둘러서 좋게 말하려고 하면, 오히려 오해가 생기지 않나. 스스로는 시나리오 작가들과 잘 지낸다고 여겨 왔다. 그건 잘 듣는 태도가 중요하다. 나는 창작자가 아니라고 생각하기 때문에, 작가나 감독을 만났을 때 기본적으로 잘 듣고, 어떻게 서포트 할 수 있을지를 중심으로 생각한다.

프로듀서의 역할을 제한적으로 규정했을 때 현장에서 느끼는 괴리가 있었을 텐데.

담배꽁초 줍는 것도 너무 재밌었다고 얘기하지 않았나. 사실 어릴 때는 의자에 앉고 싶어서, 빨리 프로듀서가 되고 싶었다. (웃음) 촬영장에서 헤드 스태프만 의자에 앉는데 그게 그렇게 부러웠다. 지금은 뭐, 내가 현장에 가면 다들 짜증내니까. (웃음)

현장에 자주 가나.

자주 가는 편이라고 하더라. 기준이 있긴 하다. 10~15회 차까지는 거의 매일 간다. 10회 차까지 가면, 현장이 어떻게 돌아가는지 알게 된다. 회차가 늘겠구나, 예산을 넘겠구나, 이런 것도 파악되고. 다들 같은 곳을 보고 영화를 만드는 줄 알았는데 아닐 수도 있잖나. 그 판단을 10회 촬영 내에 판단하려고 노력한다. 그 다음부터 촬영에 탄력이 붙으면 흐름이 쭉 이어지니까, 그때는 자주 가면 거추장스러워지고.

<차이나타운>은 단독 제작한 첫 작품이다.

　시나리오가 2013년 서울국제여성영화제 피칭 행사에 나왔는데, 너무 좋은 거다. 본선까지 올랐던 것으로 기억한다. 당시에는 제목이 〈코인로 커 걸〉이었다. 이 영화 못 만들면 죽을 것 같지. 주변 사람들은 이번에 도 너무 무겁고 어둡다고 말렸지만, 나는 계속 이런 영화를 하고 싶을 것 같은데 어쩌지? 영화라는 게 혼자 할 수는 없지 않나. 투자 받고 캐스팅 하고, 그래야 영화가 되니까. 그렇다면 제작자라는 직업이 내게는 맞지

않는 옷일지도 모르겠다는 생각까지 들더라. 그래서 이 작품을 메이드 못하면 제작을 접겠다고 결심했다. 이것 말고는 할 줄 아는 것도 없고, 그래도 아직은 젊으니까, 그냥 회사에 고용된 형태의 프로듀서로 남으려고 했지. 그렇게 생각하고 진짜 '올인' 했다. 초기 자금이 사실상 없던 거나 마찬가지였는데, 영화에 관심 있는 개인 투자자를 알게 돼서 회사 지분을 넘기고 공동대표 형식으로 진행했다.

기획개발 단계에서 주변의 우려는 무엇이었나.

시나리오를 봤을 때는 상업영화의 요소가 하나도 없었다. 게다가 엄마를 죽이는 설정까지 가다 보니 관심을 끌기 어려웠다.

〈차이나타운〉은 흔히 남성 장르라고 여겨지는 느와르 영화에 여성 캐릭터를 주요 인물로 등장시켜서 주목을 끌었다.

느와르 장르는 남성 캐릭터가 주도했지만, 그렇다고 그 영화들이 남자 이야기를 하려는 것은 아니지 않나. 남자를 통해서 삶에 관한 이야기를 하는 건데. 〈차이나타운〉은 여자를 통해서 이야기하는 영화였고, 여자인 나로서는 그 방식이 더 익숙했다. 물론 기존 방식에서는 낯설고 무리한 선택처럼 보였을 것이다. 사실 혼자 보면서 맨날 울었다. "이거 완전 〈첨밀밀〉이야!" 그러면서. 그러는 나를 다들 이해 못하고. (웃음) 한준희 감독이 나중에 개봉하고 나서 왜 〈첨밀밀〉이라고 했는지 알겠다고 하더라. 나오는 모든 사람들이 나름의 방식으로 서로 사랑하는 것 같다면서.

캐스팅 단계에서 배우들은 어떤 반응이었나.

원래 예산은 절반 수준이었다. 김고은 배우가 책을 너무 재밌게 봐서 하겠다고 결정한 상태였고, 엄마 역할을 계속 고민하다가 김혜수 선배를 떠올렸다. 김혜수 선배가 들어오면서 작품 규모 또한 완전히 달라졌다.

<차이나타운>이 없었다면 폴룩스픽쳐스도 없었겠네. 근데 폴룩스가 무슨 뜻인가. 폴룩스인가, 풀록스인가, 매번 헷갈린다.

사실 전화할 때 너무 힘들다. 나도 발음이 잘 안 돼서. (웃음) 뜻은 되게 좋다. 폴룩스가 쌍둥이자리의 별, 전쟁의 별이다. 폴룩스는 불사의 존재인데, 어느 날 큰 전투가 일어나서 형제 카스토르가 죽는다. 제우스가 카스토르를 별로 만들어준다고 하니까, 폴룩스가 혼자 사는 삶은 의미가 없다면서 불사를 포기하고 자신도 별이 되겠다고 한 거다. 내가 그 이야기를 듣고 꽂혔지. '의리의 별' 아닌가. (웃음)

의리를 앞세우는 여성 제작자를 본 적이 거의 없는데. (웃음) <차이나타운> 이후 <불한당: 나쁜 놈들의 세상>, <7년의 밤>, <우상>을 내놓았다. 장르뿐만 아니라 이들 영화의 전체적인 분위기 또한 기존 여성 제작자들의 시도와는 사뭇 대별된다.

〈차이나타운〉 시사회 때 심지어 투자배급사 담당자가 내게 이걸 어떻게 영화로 만들 용기를 냈냐고 묻더라. 그 이야기 듣고 너무 충격 받았다. 이 영화가 용기까지 필요한 작품인가. 내가 그렇게 시장을 모르고 살았나. (웃음) 나는 그저 좋아하는 걸 계속 선택했는데, 남들 눈에는 힘든 길을 자처하는 것처럼 보였던 모양이다. 사실 〈차이나타운〉 끝나고 책이 진짜 많이 들어왔다. 다 죽이는 이야기였다. 딸이 아빠 죽이는 얘기, 엄마가 누구 죽이는 얘기, 앞으로 어떡하지 싶더라. (웃음) 멜로나 코미디 시나리오는 거의 안 오고.

<불한당: 나쁜 놈들의 세상>은 어떻게 시작했나.

변성현 감독과 직접 만나기 1년 전에 CJ에서 시나리오를 하나 보여주면서 모니터링을 부탁했다. 꽤 재밌어서 진행 상황을 물었는데 개발 중이라고 하더라. 이후에 CJ에서 그 시나리오로 캐스팅을 한 차례 했는데 다 안 됐다면서 만나자고 연락이 왔다. 그 자리에서 담당자가 시나리오를 다시 고치자고 하면서 참여하게 됐다. 그렇게 시나리오 수정을 하고, 캐스팅을 다시 해서 시작한 프로젝트다. 변성현 감독이 되게 신기한 게 있다. 시나리오를 딱 보면 누구처럼 영화를 만들고 싶어 하는지가 다 보인다. 코엔 영화처럼 만들고 싶구나, 이런 거다. 근데 시나리오를 고치면 코엔이 싹 사라지고 다른 감독이 들어가 있다. (웃음) 그것도 능력이다. '스타일리시'까지는 아니라고 해도 '패셔너블'은 된다. 실제 변 감독은 멋 내는 걸 좋아하는데, 옆에서 보면 눈썰미가 있다. 자기는 모르고 샀는데 나중에 알고 보니 아주 유명한 브랜드의 짝퉁이라든가. (웃음) 관객으로서 무엇보다 변 감독의 전작 〈청춘 그루브〉(2010) 〈나의 PS 파트너〉(2012)를 너무 좋아했다. 변 감독 작품에는 한국에서 잘 시도하지 않는 B급 정서가 있다. 〈불한당: 나쁜 놈들의 세상〉 시나리오를 받았을 때도, 말도 안 되는 이야기인데 그게 너무 재밌더라.

시나리오 수정은 어떻게 진행했나.

내가 받아본 시나리오는 완성된 영화처럼 시간이 뒤섞인 구조였다. 다만, 감정 연결이 매끄럽지 않았고, 그래서 작가에게 시간의 흐름에 따라 이야기를 정리해달라고 부탁했다. 유니크한 소재가 아니어서 시간 순으로 배열하고 보니 너무 많이 본 이야기 같더라. 그래서 일차적으로 부족한 감정이 무엇인지를 같이 파악한 다음에, 변성현 감독이 이를 바탕으로 다시 수정본을 뒤집었다. 이야기를 매만질 때마다 엔딩의 가짓수가 늘었는데, 관객이 최대한 자연스럽게 받아들일 만한 것이 무엇일까를 오랫동안 고민했다. 촬영을 하고 나면 명확해지지만, 시나리오 단계에서는 수정을 한 뒤 무엇이 달라졌고 또 어떤 효과가 있는지 다른 이들을 설득하기가 쉽지 않다.

<7년의 밤>처럼 베스트셀러 원작을 각색하는 경우는 어떤가.

　무엇을 넣고, 무엇을 뺄지를 판단하기가 가장 어렵다. 〈7년의 밤〉은 4가지 버전의 시나리오 중에 원작이 가장 충실히 반영된 마지막 버전이 최종 채택됐다. 개봉하고 나서 추창민 감독이나 나나 둘 다 미니멀한 3번째 버전으로 촬영했어야 하는 것 아닌가 하고 되짚어 본 적이 있다.

현장에서 영화적 재미 혹은 해석을 가미할 여지가 없었다는 뜻인지.

　경우가 다 달라서 뭐라고 말하기 어려운데. 일단 원작의 요소들을 재미있다고 다 넣으면 나중에 문제가 생긴다. 러닝타임에 맞춰서 장면을 들어내면 결핍이 발생하거든. 그렇다고 그대로 두면 과잉이고. 딱 필요한 만큼을 가늠해서 찍기가 쉽지 않다. 좀 넓게 보면, 어떤 이야기든지 가장 어울리는 형식이 있다. 그런데 제작자든, 감독이든, 배우든, 스태프든 그에 대한 생각이 모두 다르다. 이견을 최소화하고 의견을 모으기 위해선 각자의 경험과 서로의 호흡이 중요하다.

제작자 입장에서 언급한 문제를 다시 곱씹는다면.

영화가 흥해도 망해도, 끝까지 남는 사람이 제작자다. (웃음) 시나리오 단계에서 미온적으로 대처하면 결국엔 후회하게 되더라. 시나리오 작업하면서 흔히 '이건 찍어서 해결하지.' '이 정도면 되지 않을까.' 하는데 결국엔 내게 독으로 돌아온다.

<불한당: 나쁜 놈들의 세상>은 개봉 전에 SNS 논란에 휘말렸다. 한데 갑자기 극장 상영 후에는 팬덤이 형성되는 반전이 일어났다.

우리끼리는 속편 제작하자고 농담하고 그랬는데. 2편은 불지옥, 3편은 불바다. (웃음) 그런데 개봉 직전에 그 사건이 터졌다. 무대인사 첫날 이미 초상집 분위기였다. 감독은 극장에 나가지도 못하고 배우들만 무대에 올라 인사하고. 그렇게 지옥 같은 상황에서 칸국제영화제를 다녀와야 했으니. 한데 돌아와서 보니 갑자기 관객들이 자기들끼리 모여서 상영회를 한다는 거다. 그래서 직접 가봤다. 갔다가 눈물을 흘리며 돌아왔다. "아니, 이런 일이!" 하면서. (웃음) 내가 다녀와서 분위기를 전해주는데 아무도 안 믿었다. (설)경구 선배도 무슨 말을 하는 거냐고, 자기 위로하려고 그럴 필요 없다고까지 했다. (웃음) 나도 가서는 관객석을 꽉 채운 20~30대 여성 관객들을 보면서 어리둥절했다니까. 지금도 그 이유가 미스터리한데, 얼마 전에 우리 회사 프로듀서가 그러더라. 자신은 <불한당: 나쁜 놈들의 세상>을 되게 재미없게 봤는데, 어떤 순간이 자꾸 생각나면서 다시 보고 싶더란다. 그래서 결국 다섯 번을 봤다면서, "저 이제 '불한당원' 맞죠?"라고 하더라. (웃음) 여성 관객들의 뭔가를 건드린 것 같다. 그게 뭔지는 잘 모르겠는데, 어쨌거나 설경구와 임시완의 조합이 색다른

시너지를 냈다. 두 사람이 로미오와 줄리엣처럼 안타깝게 헤어지는 이야기이기도 하고. 한편으로는 변 감독이 지닌 젊은 정서와 유머 코드가 관객의 취향과 잘 맞아 떨어진 것 같다. 어떤 평론가가 이 영화를 두고 '80년대 홍콩 양아치 느와르'라고 했는데, 그런 작품이 그동안 너무 없기도 했고. 그러다 보니 뭔가 새로운 것처럼 받아들이는 거지. 농담처럼 던지는 대사라든지, 영화 안에 관객들이 가지고 놀만한 것들이 있었다.

본격적으로 제작에 뛰어든 뒤에도 신인 감독과 줄곧 작업하고 있다.

추창민 감독을 빼면 다 신인 감독이다. 씨네2000에서 많이 작업해서인가. 신인과 작품을 하면 메이드 되기 어렵다는 고정관념이 없다. 중견 감독과 달리 신인 감독은 세상에 내놓은 게 없으니까 투자사나 배우에게 처음에 설명하려면 힘들긴 하다. 시나리오나 예산에 대해 이견을 표하면, 나서서 방어를 해야 하니 일도 많고. 하지만 이제는 내 필모그래피가 늘기도 했고, 외려 적극적으로 신인 감독과 작업하려고 나서는 편이다.

젊은 신인 감독과의 작업을 통해 얻는 것이 무엇인가.

그들은 지치지 않는다. 긴 준비 기간 동안 분명 힘든 시기가 오는데 그들은 당장 이 영화를 만드는 것 외에는 관심을 두지 않는다. 그렇게 집중하는 힘이 좋고, 그 에너지가 결국 게으름 피우고 싶은 나를 움직이게 만든다. '아니, 저렇게까지?' 싶어지는 거다. (웃음) 나는 좀 더 고민을 해봐야겠다면서 이리저리 재고 있으면 어느새 시나리오를 수정해서 가져오니. 수정본이 마음에 들든 그렇지 않든, 그럴 때면 내가 좀 더 빨리 가야겠다는 생각이 든다.

채찍질이 될 만큼 놀라운 열정을 보여준 감독을 꼽는다면.

〈차이나타운〉의 한준희 감독과 〈판소리 복서〉(2019)의 정혁기 감독.

〈차이나타운〉도 〈꽃미남 연쇄 테러사건〉만큼이나 빠르게 완성한 작품이다. 처음 만나서 촬영에 들어가기까지 8개월 밖에 안 걸렸다. '어?' 하면 '아!' 하는 방식으로 착착 진행됐다. 정혁기 감독은 5년 전에 처음 만났다. 정 감독이 막 서른 줄로 넘어서던 시기였는데, 시나리오 작업을 시작한 지 2년이 넘었는데도 만족할 만한 시나리오가 안 나와서 그만하라고 했다. 그러다가 굶어죽을 것 같더라고. 적은 예산으로 갈 게 빤하고, 계약금도 많이 못 줬는데. 근데 그 상황에서 정 감독이 고집을 부리는 거다. 추가계약도 싫다, 그만하라고 해도 싫다. (웃음) 하여간 되게 특이하다. "어떻게 먹고살려고 그러느냐, 우리 다른 거 하자."고 설득했는데, 자기는 못 멈춘다고 하더라. 결국 캐스팅에 들어가서 1순위 배우들이 한다면 하고, 아니면 그만 스톱하자고 했는데. 배우들이 다 하겠다고 해서. (웃음) 그런 감독들의 노력이 제작자인 나를 여기까지 끌고 왔다.

앞서 <차이나타운>은 제작 과정이 순조로웠다고 했는데, 그 비결이 무엇이었다고 생각하나.

〈차이나타운〉은 복기할 때 아찔하다 싶을 정도로 예산이 딱 맞았다. 하나라도 삐끗해서 어긋나면 못 나왔을 영화다. 어떤 사람들이 모여서 영화를 만드는지, 그게 참 중요하다는 걸 명확히 알게 된 작품이었다. 작품에 필요하고 작품과 맞는 스태프가 분명히 있다는 것, 무엇보다 그 조합이 조화로워야 한다는 것, 제작자에게는 그 조화로운 조합을 찾아내는 능력이 중요하다는 것을 깨달았다. 아무리 책이 좋고, 감독과 배우가 훌륭해도, 그것만으로는 영화가 안 나오는 것 같다. 〈불한당: 나쁜 놈들의 세상〉의 경우도 그렇다. 사실 이 작품은 시나리오만 봐도, 무조건 폼 나게 찍어야 하는 영화였다. 조형래 촬영감독은 내가 추천했는데, 원래 굉장히 클래식한 샷을 찍는 분이다. 그런데 현장에 젊은 사람들이 모이면서 시너지가 나왔다. 알고 보니 변 감독도 〈4등〉(감독 정지우, 2015)을 보다가 도중에 뛰어 나왔다더라. 조형래 촬영감독의 카메라가 너무 좋아서.

유사 장르의 영화를 많이 찍은, 경험 많은 촬영 감독을 붙일 생각은 전혀 안했나.

변 감독은 또래랑 같이 놀아야 하는 타입이다. 나도 모니터 앞에서는 굉장히 보수적인데, 〈불한당: 나쁜 놈들의 세상〉 때는 마지막 한 컷 정도 남으면 맥주 사 들고 와서 배우들이랑 술 마시면서 감독을 기다리고 그랬다. 그런 분위기가 필요한 현장이었다.

<우상>은 어땠나. 촬영 중에 예산이 초과됐는데.

프리 프로덕션 기간이 길었지만 말했던 배합을 제대로 못해냈다. 촬영

감독도 크랭크인 일주일 전에야 합류했다. 여러모로 안타깝다. 해보니까 첫 번째 성취가 큰 감독의 두 번째 영화 혹은 첫 작품이 너무 안 좋았던 감독의 두 번째 영화가 진짜 힘들다. 모든 감독들이 앞만 보고 달리는 방식으로 영화를 하는 건 맞지만, 그래도 상업영화에서는 룰이 있지 않나. 갈등 상황에서 타협이 안 됐다. 게다가 표준근로계약이 도입되어서 이제는 모든 현장이 시간 싸움이다. 그런 문제로 현장에서 이견이 불거졌고 결국 예산 초과를 피할 수 없었다. 〈우상〉은 중반부랑 후반부랑 비교하면 밀도 차이가 있는데, 다 그런 이유에서다.

제작자로서 <우상>을 선택한 까닭이 궁금하다.

시나리오를 보고 설경구와 한석규가 동시에 나오는 영화를 만들어야겠다고 생각했다. 욕망에 관한 스릴러는 늘 관심을 갖는 주제와 장르인데다, 〈우상〉은 그것을 다른 방식과 다른 관계로 풀어가는 작품이라서 해내고 싶은 마음이 컸다. 다만, 돌이켜 보면 내가 극중 인물들에 관해 잘 몰랐고, 그 점에 대해 크게 반성한다. 시나리오에서는 감정으로 이야기를 끌고 갈 수 있다는 확신이 있었는데 막상 완성된 영화를 보고 나서 우리가 모르는 어떤 부분에 관한 이야기를 한 건 아닐까 싶었다. 파국 앞에서 운명을 바꾸고 싶은 극중 인물에 대해 내가 얼마나 알고 있는 것일까. 〈우상〉은 결과적으로 내가 잘할 수 있는 영화는 아니었다. 진심 빠지면 완전 도루묵인 영화인데, 그걸 결국 못 해냈으니까.

흥행 성적이 기대를 크게 밑돌았는데.

〈우상〉을 끝내고 나서 내 영화의 공통점이 뭔지 생각해보게 됐다. 삶이라는 게 힘든 일이 있으면 기쁜 일도 있고, 그렇게 고통을 딛고 살아가는 것 아닌가. 그런데 그동안 내가 되게 힘들었나 보더라. (웃음) 항상 고통을 세계 보여주는 방식으로 관객과 공감하려고 했다. 〈우상〉이 그런 맥락에서 최고치였고. (웃음) 이런 건 세월호 영향도 있고, 판권 때문에 자주 만나기도 하고 또 좋아하는 정세랑 작가의 소설 영향도 있는데, 사실 세상이 꼭 고통스럽고 힘들지만은 않잖나. 그동안 귀하고 아름다운 걸 지키는 선택은 한 번도 안 했다는 생각이 들었고, 지금은 그 선택으로 넘어가려는 시기다. 내가 입버릇처럼 앞으로는 '코미디 명가'가 되겠다고 하는 것도 그런 이유에서다. (웃음)

취향이 쉽게 변할 것 같진 않은데.

〈백야행〉부터 〈판소리 복서〉까지 쭉 우울하지. (웃음) 숭고한 가치를 위해 누군가 희생하는 비극이 아름답다고 생각하는 편이다. 다만, 이제는 내가 좋아하는 고레에다 히로카즈의 작품들처럼, 고통을 보여주되 위안을 건네주는 그런 영화를 만들고 싶다.

지금 회사 형태가 어떻게 되나. 바른손과 합병한 건가?

그렇다. 바른손에 회사 지분을 모두 넘기고, 바른손의 영화사업 부문이 비어 있어서 내가 대표를 맡았다. 문양권 회장님이 폴룩스라는 이름으로 해온 일들이 있으니, 이름을 버리는 건 아깝다면서 계속 브랜드처럼 사용하라고 해서, '폴룩스(주)바른손'이 되었다. 공식적으로는 바른손의 영화사업 부문 이름이 폴룩스픽쳐스인 거다. 나도 설명하기 어렵다. (웃음)

바른손은 다른 제작사도 안으로 끌어들일 계획인가.

그렇다. 일단 문 회장님이 영화를 너무 좋아한다. 그래서 작품을 많이 만들고 싶은데 기존 방식으로는 편수 등에 있어서 한계가 있다 보니 그러신 것 같다. 제작사의 고유성을 지켜가면서 작업할 수 있도록 배려해 주신다.

경상비가 부담인 제작사에게는 더없이 좋은 조건이다.

그전까지는 나도 혼자 일했는데 분명 한계가 있다. 한 명이 다 맡아서 일하면 어렵다. 내가 먹고사는 문제가 해결되지 않았는데 판권 계약하고, 작가 만나고, 또 현장에 가서 일하고, 그래야 하니까. 다들 그러지 않나. 지금은 전보다 경상비 부담이 덜하니까 좋다. 한데 부담이 전혀 없는 건 아니다. 진짜 압박을 안 하시는데 그게 더 압박이라니까. (웃음) 게다가 나도 성과를 내고 싶은 마음이 커지다 보니.

현재 제작사들은 최소한의 기획개발비를 어떻게 마련하고 있나. 이야기를 듣다 보면 상황이 크게 개선된 것 같지 않다.

일단 기획개발비가 10년째 제자리다. 이제 겨우 1억 원쯤 됐나. 트리트먼트나 원작을 갖고 있으면 투자사에서 기획개발비 명목으로 돈을 준다. 8천만 원에서 1억 원 정도. 아니면 부가판권 우선권을 넘기거나. 일정 시기 안에 기획개발 단계로 넘어가지 못하면 그 돈은 상환해야 하는 빚이 된다. 한때 원작 제작 붐이 일었던 것도 투자사 등으로부터 기획개발비를 받기 위해서였을 것이다. 상업적 성과를 내려면 기획개발비에 변화가 필요하다. 사실 감독들은 작품 한두 편 하고 나면, 요구하는 금액이 높아진다. 투자사가 감독 계약을 직접 할 때 그들이 부르는 숫자는 아주 크다. 제작사로서는 소화하기 어려운 예산이다. 그래서 제작자들이 다들 신인 감독과 작업하려고 하는지도 모르겠다.

단순히 현장 관리만을 수행하는 제작사가 굉장히 많아진 것도 언급한 상황과 관련 있다.

예전에는 제작사가 메인이었다. 지금은 권력이 투자배급사로 넘어갔다. 자본과 경험을 가진 투자배급사가 프로듀싱 하는 시대다. 그들이 감독을 픽업하고, 작품과 인력을 매칭한다. 캐스팅도 마찬가지다. 자본 입장에서는 굳이 프로듀서를 필요로 하지 않는다. 그저 현장 운영을 원활하게 돌리는 사람만 있으면 된다. 결국 제작사가 엄청난 시나리오를 갖고 있지 않으면 뭔가를 주장하기 어렵게 됐다. 그런데 좋은 책이 어느 날 갑자기 하늘에서 뚝 떨어지는 것이 아니잖나. 깊이 고민하고 파고들어야 나오는데, 제작사와 제작자가 거기에 시간을 쓸 수가 없는 거다. 인수합병을 결정한 이유에는 경상비 문제도 있지만, 정확히는 그 시간을 확보하기 위해서였다. 책을 만들려면 시간이 필요하다. 그 시간을 버텨야 하는 거다. 계속 현장을 뛰면서 기획개발을 할 수는 없다. 그 시간을 가질 수 있는 사람이 점점 줄고 있다. 예전에는 밥을 먹으면서도 끊임없이 얘기했다. '브레인스토밍'이라고 딱히 하지 않아도, 서로 고민을 공유하면서 발전시켰다. 지금은 그런 시간을 가지지 못한다. 사실상 제작사가 무의미해지는 거다. 한편으로는 소위 '천만 영화' 시대에 돌입하면서 시장이 다 망가졌다. 투자배급사가 정한 감독들로 한국영화의 라인업이 채워지고 나면, 들어갈 자리가 없다. 제작사 입장에서는 무슨 책을 가지고 있다고 알릴 기회조차 없다. 그러다 보니 제작사는 점점 없어지고, 시간에 쫓기다 보니 내놓는 책들도 고만고만하다. 이런 상황은 나도 마찬가지다.

기획력 부재의 원인을 주체인 프로듀서, 제작자의 측면에서 바라본다면.

계속 영화를 제작하려면 프로듀서가 끊임없이 뭔가를 쌓아 나가야 한다. 그런데 40대 초반까지 1년에 두 작품씩 하다 보니 나 역시도 밑천이 드러나고 고갈이 됐다. 새로운 이야기를 만들어 내기가 힘들다 보니 자꾸 제일 쉬운 선택을 하려고 든다. 돈이 있으면 서둘러 베스트셀러를 사려고 한다든가, 이름 있는 감독이랑 계약하려고 한다든가. 내 안에 가진 것이 너무 없으니 그런 쉬운 선택을 하게 되더라. 지금은 감독이 기획력이 있는 시대다. 감독은 몇 년에 한 번 작품을 하지만, 프로듀서는 그 주기로 돌아가지는 않으니까, 그들을 리드하거나 혹은 동등한 위치에서 영화를 만들어가려면 그에 맞는 상태를 만들어야 한다. 하지만 지금 현실은 그게 안된다. 제작 파트 후배들을 볼 때도 그 점이 제일 걱정이다. 어느 단계에서 시나리오를 읽으면 그대로 수행하는 것이 아니라, 이야기를 뚫어나가야하는 시기가 있는데, 지금은 그런 경험을 가질 기회조차 없다. 프로듀싱은 현장에서 몸으로 익혀야 하는 무형의 기술인데, 지금은 현장 운용이나 예산 관리 능력만 계속 커지는 상태다.

한국영화 제작사의 영세성은 오랫동안 해결하지 못한 묵은 숙제다. 선배 제작자들에 대한 불만은 없나.

옛날에 한국영화제작가협회가 투자배급사랑 협의할 때 어른들에게 엄청 화를 낸 적이 있다. 그렇게 자신 있으시냐고. 결국 지분 배분 선에서 그치지 않았나. 제작사가 살아남으려면 경상비를 늘려야 하고, 그 대책을 강구해야 하는데, 이미 성취한 세대를 위한 조건으로 협상이 정리되고 말았다. 넷플릭스를 포함해서 OTT에 대한 제작사의 관심이 엄청나게 높은 것도 그 때문이다. 같이 안 하면 큰일 날 것 같은 분위기랄까. 영화는 흥행하기 전까지는 수익 구조가 없다. 그러다 보니 지분을 포기하는 대신 초기 자금을 확보할 수 있는 기회를 얻으려고 한다. 한국의 투자배급사들은 "우리는 지분을 주잖아."라고 하는데, 어쨌든 그들이 최소한 포기하지 않는 선이 있고, 그런 방어선이 있다면 기획개발 및 경상비의 비율 또한 달라져야 한다는 거다. 인건비 또한 마찬가지다. 앞서 언급했지만, 감독은 2~3편 연출한 후에는 인건비가 곱절 이상으로 뛴다. 반면, 프로듀서들은 작품 당 1천만 원씩 오른다. 이러한 구조에서 다른 뭔가를 만들어내려면, 정말 내 것 다 팔고 하지 않는 이상 불가능하다. 기획개발비를 제작 편수와 비례해서 높여준다든지, 경상비는 전체 예산을 고려해 책정한다든지, 아니면 월 1천만 원씩 실비 개념으로 비용을 지급한다든지 하는 방안이 시급히 마련돼야 한다. 현재는 작품 개발에 들어가서 그 기간이 조금 길어지면, 제작사를 제외한 나머지 단위들은 나 몰라라 한다. 좀 더 현실적인 방향으로 계약을 체결해야 한다. 예산이 오버되면 기획경상비를 가져가지 않나. 이건 말이 안 되는 거다. 나만 해도 그나마 경상비 면에서 덜 부담스러우니까 배짱을 부린다고 쳐도, 그렇지 않은 이들은 일단 투자 받아서 빨리 들어가는 것이 너무 중요하다 보니 이런 협상을 못한다. 이런 부분은 한국영화프로듀서조합 차원에서 뭔가 제시해줘야 한다.

수많은 이해관계가 복잡하게 얽혀 있으니, 모든 것을 한꺼번에 바꿔낼 수는 없다. 그렇다면 작은 것부터 개선해야 할 텐데, 제작자로서 현재 어떤 부분에 중점을 두고 있나.

투자사와 계약할 때, 아주 사소하지만 하나씩 바꾸는 시도를 하고 있다. 이를테면 편집권이라든가 포스터 결정권 같은. 이런 부분에 대해서 최소한 "끝까지 협의한다."는 조항을 넣어 명문화한다. 계약상 제작사에 결정권이 있어도 실제로 그 힘을 얼마나 쓸 수 있을지는 미지수지만, 어쨌거나 권리로 명시되는 건 또 다른 이야기니까.

기획개발의 어려움에 관해서 앞서 토로했다. 부족한 자본이 아니라 달라진 관객의 측면에서 이 문제에 접근한다면.

우리는 과거에 영화를 통해 뭔가 느끼거나 배우는 게 있었다. 이제는 아니다. 지금의 관객은 "나 극장 왔어, 그럼 재밌게 해봐." 식이랄까. 두 시간 동안 충분히 즐거워야 한다. 감동이든 교훈이든, 기존 방식으로는 관객과 접점을 만들지 못한다. 나도 나이가 드니까 자꾸 가르치려고 드는데, 그런 교조적 방식이 젊은 세대하고는 안 맞는다. 새 것이 하나도 없으면 그 영화를 보지 않기도 하고. 물론 나도 어렸을 때 그러긴 했다. 스크린쿼터 시위 따라갈 때마다 내적 갈등이 있었다. 들어보면 나름 맞는 말 같은데 무슨 말인지 정확히 모르겠고. 그 와중에 임권택 감독님이 삭발하니까 눈물은 나고. (웃음) 요즘에야 어렴풋이 '아, 정말 문화란 게 있는 거구나.' 싶다. 동시에 그 문화라는 것이 사라지고 있다는 생각도 들고.

주 52시간 근무제 도입을 비롯해 영화계 안팎에서 많은 변화가 일고 있다. 프로듀서의 권한과 책임에 대해 끊임없이 고민할 텐데.

일한 만큼 받고, 받은 만큼 책임지면 되는데, 이게 말처럼 쉽지가 않다. 솔직히 현장에서 당장 필요한 건 스태프 등급제다. 권리를 요구하면 책임도 명확해야 한다. 물론 등급을 나누기가 너무 어렵고 분류에 있어 주관적 기준이 작동하겠지만, 도입이 시급한 상황이다. 후반작업에 대해서는 아예 모르는 스태프들이 너무 많다. 연출부도 마찬가지다. 표준근로계약에 따라 제작이 진행되지만, 그 속을 들여다보면 서로 이야기가 안 된 부분이 너무 많다. 단순히 참여 편수가 많을수록 급여가 오른다는 단순 논리로 가다 보면 답이 없다. 일례로 우리 회사에서 영화를 했다고 한 스태프가 있었는데 기억이 전혀 없어서 따져 봤더니 현장에 몇 번 지원을 나온 것이 전부더라. 그런데 작품에 온전히 참여한 것처럼 허위사실을 기술했다. 법적으로 고용 주체는 제작자이지만, 정작 스태프들이 말을 듣지도 않는다. 권리는 없는데 책임만 있는 이상한 상황이다. 예산에 맞춰서 조수 숫자를 정한다거나, 이런 부분은 제작 파트가 되찾아 와야 할 권리 같다.

폴룩스(주)바른손이 현재 주력하고 있는 작업은 무엇인가.

작년부터 내부에서 시나리오 만들기를 시작했다. 씨네2000을 나온 다음에 내가 이걸 해본 적이 있나 싶더라. 흔히 브레인스토밍이라고 부르는 작업을 진행 중인데, 종일 직원들과 뒹굴고 수다를 떨면서 이야기를 새롭게 확장하고 있다. 제목 하나 놓고 시작하기도 하고, 칼국수 먹다가도 "이런 주인공이 나오면 좋겠다." 그러면 "그래, 그걸로 한 번 가보자!" 이런 식으로. 내년까지만 해보자고 했다. 안 되면 우리는 실력 없는 거니까, 빨리 책이나 많이 사자고 그랬다. (웃음) 부담 없이 대화하는 시나리오 회의가 사실 제일 재밌는데, 실체가 생길지 안 생길지는 아직 모를 일이다. 하지만 인내심과 지구력으로 어떻게든 해봐야지. 그래야 하나를 망해도 다음으로 갈 수 있는 구조를 만들 테니까.

기획개발의 사전적 정의

기획개발의 사전적 정의는 "영화의 아이템을 발굴하는 것부터 시작해 시나리오/감독/배우 등의 주요 패키징을 완료하여 영화 투자를 유치하기 전까지의 과정"이다. (『영화 프로듀서 매뉴얼』 영화진흥위원회, 2013) 그 첫 관문인 아이템 개발을 위해 안은미 프로듀서는 평소에 "고전을 읽고, 고전을 보라."고 조언한다. "고전이라고 하면, 『죄와 벌』도 좋고, 뭐 히치콕 영화만 다시 봐도 엄청나게 도움 된다. 고전 소설을 읽다 보면 이야기와 캐릭터의 근간이 무엇인지를 깨닫는다. 부족한 재능을 채우는 데 고전만큼 좋은 건 없고, 고전의 서사는 시대와 상관없이 통한다고 믿고 있다."

감독이나 작가와 시나리오 작업을 할 때 안은미 프로듀서는 입을 열기 전에 귀를 열어야 한다고 강조한다. "프로듀서는 연출자를 포함한 창작자들이 하고자 하는 바가 무엇인지, 어디에서 영감을 얻었는지에 관해 정확히 알아야 한다. 그들의 의도와 생각을 알아내기 위해 집요하게 따라붙어야 한다. 그래야 길을 안내하든, 아이디어를 제공하든 할 수 있는 것 아닌가. 이 준비가 안 되면 끌려 다니는 수밖에 없다." 안은미 프로듀서는 〈7년의 밤〉의 시나리오 작업 과정을 언급하며 이렇게 덧붙인다. "추창민 감독은 장르도, 캐릭터도 완전히 다른 네 가지 버전의 시나리오를 써냈다. 시간이 오래 걸려서 사실 처음에는 짜증도 났다. (웃음) 아니, 왜 저렇게까지 하는 걸까. 창작자들은 한두 달 만에 이야기를 쌓아올렸다가 해체하기를 반복한다. 그들을 곁에서 지켜보면서 뒤늦게 알게 됐다. 기획개발을 할 때 만들어 놓은 이야기를 뒤엎는 것을 두려워해서는 안 된다는 중요한 사실을. 할 수 있는 것은 다 해봐야 한다. 그 지난한 준비 기간에 쏟은 노력과 고민은 절대 배신하지 않는다."

창작자와 끈질기게 대화하고, 이야기와 끊임없이 씨름하다 보면 프로듀서에게 남는 것이 또 있다. 감독, 작가에 관한 자신만의 데이터다. "관계맺음을 통해서 이 작가의 관심이 무엇인지, 이 감독은 어떤 걸 잘하는지 저절로 알게 된다. 당장은 아니더라도 그들이 지닌 관심과 능력이 무엇인지를 파악하면 나중에 새로운 이야기를 만들 기회를 얻을 수 있다." 많은 창작자들이 안은미 프로듀서에 대해 언급하는 부분도 바로 이것이다. 전철홍 작가는 "작가든, 감독이든 창작자를 바라보는 눈이 되게 좋다. 수십 가지 단점을 가지고 있다고 해도 그 사람이 창작자로서 지닌 크나큰 장점을 곧바로 알아본다."고 말한다.

안은미 대표에게 기획개발은 제작 공정의 일부분이 아니다. 기획개발은 영화 제작의 처음이자, 끝이라고 그는 거듭 강조한다. "이 이야기를 왜 시작했는지 관객과 만나는 마지막 순간까지 끊임없이 고민해야 한다. 이 질문을 놓치면 결국 후회하게 된다."

김정민
프로듀서

청주대학교 연극영화학과 졸업 및 동 대학원 석사
현, (주)필름케이 대표이사

| 필모그래피 |

영화
〈엑시트〉 (2019) 공동제작
〈사바하〉 (2019) 공동제작
〈너의 결혼식〉 (2018) 제작
〈군함도〉 (2017) 공동제작
〈여교사〉 (2017) 공동제작
〈베테랑〉 (2015) 공동제작
〈신촌좀비만화〉 (2014) 프로듀서
〈간첩〉 (2012) 공동제작
〈해결사〉 (2010) 프로듀서/각본
〈다찌마와 리〉 (2008) 프로듀서
〈짝패〉 (2006) 프로듀서/각본
〈누구나 비밀은 있다〉 (2004) 제작실장
〈친절한 금자씨〉 (2005) 제작실장
〈아라한 장풍 대작전〉 (2004) 제작실장
〈내추럴 씨티〉 (2003) 제작실장
〈블루〉 (2002) 제작부장
〈실락원〉 (1998) 연출부
〈남자 이야기〉 (1997) 연출부

2018년 여름 한국 영화 시장에서 실속을 제대로 챙긴 작품이 있다. 김정민 대표가 설립한 제작사 필름케이의 창립작인 〈너의 결혼식〉(감독 이석근, 2018)이다. 언제부터인가 시장성이 떨어진다는 이유로 시도조차 꺼려했던 로맨스물인데다 신인 감독의 장편 데뷔작이었으며 소위 말하는 '흥행 보증 수표'의 남성 배우가 캐스팅된 것도 아닌 작품이었다. 게다가 〈너의 결혼식〉의 개봉에 맞춰 그 앞뒤로 맞물린 개봉작들이 결코 만만한 상대가 아니었다. 시리즈물로서 성공을 이어온 대작 〈신과 함께-인과 연〉(감독 김용화, 2017), 이름만 들어도 알 만한 쟁쟁한 배우들이 대거 합류한 〈공작〉(감독 윤종빈, 2018), 시장에서 안정적으로 소구되어 온 스릴러물 〈목격자〉(감독 조규장, 2017) 등이 버티고 서 있었다. 그 틈바구니 속에서 중저예산 규모인 〈너의 결혼식〉은 자칫 제 갈 길을 잃을 수도 있었으나 오히려 자신만의 길을 만들어 의미 있는 결과를 만들었다. 개봉 10일 만에 손익분기점을 넘겼고 최종적으로 누적 관객 수 280만 명 이상을 기록했으며 해외 판매 실적도 꽤 좋았다. 투자 과정에서는 여러 차례 또 여러 곳에서 외면을 받았지만 결국 필름케이는 이 영화에 적합한 배급, 마케팅의 전략을 세우고 자기만의 방식으로 승부를 걸었던 것이다. 이런 성과를 만든 데는 다년간 프로듀서로 일하며 영화의 기획부터 제작, 배급, 마케팅 전반을 경험한 김정민 대표의 역할이 결정적이었으리라 짐작한다.

제작사의 대표로서 관객을 만난 건 〈너의 결혼식〉이 처음이지만 김정민 대표는 잔뼈 굵은 베테랑 프로듀서다. 제작사 외유내강이 창립할 때부터 지금까지 강혜정 대표, 류승완 감독과 손을 잡고 외유내강의 브랜드 파워를 만들어온 인물이기도 하다. 액션 키드인 류승완 감독의 개성 강한 작품들, 이를테면 맨몸 액션이라 불러도 좋을 〈짝패〉(2006), 슬랩스틱 코미디와 액션이 만난 〈베테랑〉(2014), 액션뿐 아니라 드라마 라인이 강화된 〈군함도〉(2017) 모두 김정민 대표가 프로듀서로서 역량을 발휘한 경우다. 제작과 예산의 규모가 상당한 작품의 기획과 제작 전반을 총괄하며 제작의 노하우를 쌓은 김정민 대표는 2009년에 필름케이의 법인을 만들어 자신만의 작품 라인업을 구축하는 데 정진해왔다. 외유내강과의 협업, 공동제작 시스템을 유지하되 필름케이의 독자적이고 독보적인 작품을 만들기 위해 일종의 투 트랙 전략을 펼치고 있는 셈이다. 〈너의 결혼식〉 역시 공동제작에 외유내강의 이름이 올라가 있고 외유내강이 진행을 주도한 〈사바하〉(감독 장재현, 2018), 〈엑시트〉(감독 이상근, 2019) 역시 공동제작에 필름케이가 올라가 있다.

김정민 대표는 〈남자 이야기〉(감독 심승보, 1998)의 연출부를 시작으로 〈실락원〉(감독 장길수, 1998)의 조감독을 거쳐 〈아라한 장풍대작전〉(감독 류승완, 2004)의 제작실장을 맡은 뒤 〈짝패〉로 프로듀서에 데뷔한 이후 기획과 현장 실무를 겸한 전천후 프로듀서, 제작자다. 그런 경험 속에서 김정민 대표는 분명한 자신의 철학을 제시한다. 많은 사람들이 가는 길로 가서는 의미 있는 결과를 내지 못한다는 것이다. 즉, 남들이 가지 않는 길, 그 길에서 약간의 변화와 변주를 시도하는 것이야말로 필름케이가 성장할 수 있는 방법이라고 생각하는 것 같다. 김정민 대표를 만나 그에 관해 보자 자세히 들어봤다. 필름케이의 영화 만들기의 전략, 필름케이와 외유내강과의 협업 시스템, 제작 환경의 변화 속에서 프로듀서의 역량을 강화할 수 있는 방법 등에 관해 그가 전하는 솔직한 이야기다.

글 · 정지혜

PGK가 기획한 프로듀서들에 관한 책자의 인터뷰를 제안 받았는데 그간 PGK와는 인연이 있었나.

가벼운 마음으로 왔다. 막상 인터뷰를 하려고 보니 이번 기회로 PGK에 나가봐야 하나 싶더라. (웃음) 그동안 제작 일을 하면서는 작품으로 알게 된 감독, 스태프들과 주로 만나온 편이다. 내가 영화를 처음 시작하던 때만 해도 영화계 전반이 도제 시스템으로 운영됐던 터라 아는 사람만 알고 지냈다. 하지만 최근에는 영화계에도 여러 조합이 생겼고 제작 환경도 많이 바뀌다 보니 보다 많은 사람들과 만나 작업을 하고 도움을 받아야 하겠더라. 대표적으로 표준근로계약 같은 경우도 단체협약이 필요하지 않나. 그러다 보니 일을 하려면 조합에 가입돼 있는 게 여러모로 필요하겠더라. 외유내강의 프로듀서들도 대부분 PGK에 가입돼 있지 않던데 조합에 나가서 어떤 일을 하는지 등을 살피고 정보도 얻을 수 있으면 좋을 거 같다. 〈너의 결혼식〉(감독 이석근, 2018)을 통해 처음 손발을 맞춰본 차상민 프로듀서도 PGK에서 열심히 일하는 걸로 안다.

주변 사람들과 관계를 잘 만들어가는 것 또한 제작자로서의 큰 자산이자 미덕일 수 있겠다.

예전에 비해 요즘 시대에 더 중요해졌다. 영화 산업의 역학관계, 지형이 변하기도 했고. 투자 쪽 사람들도 주기적으로 만나야 한다. 그래야 잊히지 않으니까. (웃음) 매니지먼트사와도 만나서 서로의 상황이나 새로운 배우들이 누가 있는지도 살펴야 하고. 필름케이에서 영화를 준비하는 다섯 감독들도 각각 한 달에 한 번 이상은 만나려고 한다.

영화를 시작하던 때라고 하면 1990년대 후반이다. <남자 이야기>의 연출부로 처음 영화 현장을 경험한 거로 아는데 어떻게 제작 파트 일에 관심을 갖게 된 건가.

원래는 연극연출을 해보고 싶었는데 대학에서 영화연출을 전공하며 공부해 보니 점점 영화가 재미있어지더라. 선배들 작품에 스태프로 참여한 게 시작이었다. 군대 전역하고 곧바로 영화 현상으로 갔다. 현상에 나가서야 영화의 제작 파트가 있다는 걸 알았다. 막상 일을 해보니까 연출은 내 길이 아닌 거 같더라. 마침 또래의 젊은 프로듀서들도 현장에 나오기 시작했고 제작자들도 프로듀서 역할까지 겸하던 때였다. 군대에서 파워 포인트, 엑셀 프로그램을 배워둔 것도 유용하게 써먹었다. 그때만 해도 스태프 중에 파워 포인트를 다룰 수 있는 사람이 얼마 없던 시절이었는데 그걸 이용해서 기획안을 만드는 아르바이트를 했다. 그러면서 시나리오도 많이 읽고 분석하고 로그라인도 뽑아보고 예산서도 만들었다. 그런

모습을 눈여겨본 선배 프로듀서들이 제안을 해줬다. 〈블루〉(감독 이정국, 2003)의 제작부장으로 일해보면 어떻겠느냐는 거다. 그렇게 〈블루〉 팀에 들어가 2년 가까이 준비했다. 그때는 영화가 곧잘 엎어지곤 했는데 〈블루〉도 잠시 진행이 중단된 적이 있었다. 그때 〈내추럴시티〉(감독 민병천, 2003)의 제작실장으로 일할 기회가 생겼다. 내가 합류하기 전 이미 〈내츄럴시티〉도 준비 기간이 길어져 제작팀원들이 여러 차례 바뀌었던 상황이다. 이후 〈아라한 장풍대작전〉의 제작실장을 맡았다. 일찍 일을 시작해 빠르게 제작부 일을 익힌 경우다.

류승완 감독과는 <아라한 장풍대작전>을 계기로 연을 맺은 거로 들었다. 외유내강의 창립작인 <짝패>의 기획을 같이 하고 이후 외유내강에서 <다찌마와 리: 악인이여 지옥행 급행열차를 타라!>, <해결사>의 프로듀서로 일했고 <베테랑>, <여교사>, <군함도> 등을 공동제작 했다.

〈내츄럴시티〉가 흥행에서는 성과를 내지 못했지만 스태프 입장에서는 얻은 게 있는 영화다. VFX(시각특수효과)와 관련된 일을 두루 배울 수 있었다. 당시만 해도 한국영화에 VFX가 많이 사용되지 않던 때라 관련된 경험이나 노하우를 쌓을 기회가 많지 않았다. 이 영화를 통해 제작 라인에서 특수효과, 특수분장, CG와 관련된 제반 상황을 두루 살펴봤다. 비슷한 시기에 나온 〈성냥팔이 소녀의 재림〉(감독 장선우, 2002), 〈튜브〉(감독 백운학, 2003) 등도 흥행은 잘 안 됐지만 VFX를 전면적으로 적용한 큰 영화라는 점에서 제작부 스태프들은 얻어간 게 있을 거다. 〈아라한 장풍대작전〉도 VFX가 많이 들어가야 하는 영화다 보니 내가 합류해 기여할 수 있었다. 류승완 감독과는 그렇게 처음 호흡을 맞췄는데 서로 잘 맞았다. 류승완 감독은 차기작 〈주먹이 운다〉(2005)의 제작이 확정돼 있었는데 그 영화는 같이 하지 못했지만 그 다음 작품을 같이 해보자고 서로 약속했다. 그 사이 나는 〈친절한 금자씨〉(감독 박찬욱, 2005)에 합류했다.

그렇게 각자의 작업을 마치고 재회한 게 〈짝패〉다. 영화의 기획부터 같이 해나갔다. 외유내강의 창립작이자 나의 프로듀서 데뷔작이다.

〈짝패〉는 류승완 감독과 공동각본에도 이름을 올렸더라.

　기획이라는 개념이 아직 명확하지 않던 시절이었다. 거의 무의 상태에 서 하나씩 만들어가야 했다. 〈짝패〉는 '충청도를 배경으로 하는 저예산 맨 몸 액션'이라는 한 줄 콘셉트로 시작했다. 그 문장 하나를 붙잡고 기획하 고 시나리오까지 써내려 간 거다. 시나리오는 류 감독이 거의 다 썼지만 충청도가 고향인 내가 옆에서 구체적인 장소와 그 공간에서 가능한 에피소드들을 얘기해주며 살을 덧대 나갔다. 그래서 크레디트에도 이름이 올라간 거 같다. 이를테면 청주의 성안길에서 진행되는 액션 장면도 감독에게 그 공간을 직접 보여주고 여기를 어떻게 하면 통제할 수 있는지 설명하면서 액션을 짜보자고 제안하며 시나리오를 완성해갔다.

영화계의 동료로서 제작의 파트너로서 김정민, 류승완 두 사람은 어떻게 협업하고 있나. 서로의 장단점을 보완했던 구체적인 예가 있다면 들려달라.

우리 둘이 비슷한 또래다 보니 말이 잘 통하는 것도 있다. 어떤 스태프는 류승완 감독의 열정을 버거워 하는데 나는 바로 그 점이 류 감독의 강점이라고 생각한다. 내가 존경하는 면모이기도 하다. 그를 보면서 처음으로 '와, 나보다 더 열심히 일하는 감독이 있다니!'라고 생각했던 기억이 난다. 되게 성실하다. 하루에 영화를 2편씩은 꼭 챙겨보더라. 본 영화의 양이 상상을 초월한다. 류 감독과 말을 하려면 나도 그만큼 열심히, 꾸준히 영화를 찾아봐야 했다. 일을 밀어붙이는 추진력도 굉장하다. 무엇보다도 영화를 잘 찍는다. 감독 대 프로듀서로서 또는 제작자 대 제작자로서 서로를 비교해보면 류 감독은 결정하면 달려 나가는 편이고 나는 신중하게 추위를 지켜보고 숨을 고르도록 조율하는 편이다. 물론 나는 필요하다면 직언도 서슴지 않는다. 시나리오를 보고 재미없다 싶으면 에두르지 않고 재미없다고 말한다. 그런 각자의 성향이나 역할이 서로에게 시너지를 낸 게 아닐까 싶다.

그렇게 오랫동안 외유내강에서 일하다가 본인의 제작사 필름케이를 세웠다. 하지만 외유내강과 완벽하게 분리된 건 아닌 거 같다. 필름케이의 창립작 <너의 결혼식>도 두 회사의 공동제작으로 진행됐는데.

2009년에 필름케이의 법인을 만들었다. 외유내강에서 한창 기획개발을 하던 때였는데 그와는 또 다른 결의 영화를 필름케이의 이름으로 진행해보려 했다. 기획개발비를 지원, 투자 받기 위해서도 법인이 필요했다. 2007년부터 2009년 사이는 한국영화 시장이 특히 고전을 면치 못하던 때가 아닌가. 외유내강도 여러모로 여력이 없었다. 〈해결사〉도 제작에 들어가기까지 꽤 오랜 시간이 걸렸으니까. 심지어 설경구 배우까지 캐스팅을 마쳤는데도 투자가 안 되더라. 그러면서 1년 반 이상 권혁재 감독과 시나리오를 계속해서 고쳐나갔다. 그러면서 외유내강도 신인 감독들의 프로젝트를 받아 안아 진행하기가 힘들어졌고 류승완 감독도 본인 작품을 진행해야 하는 상황이었다. 그렇게 꾸준히 기획개발을 하다가 〈군함도〉 촬영 직전에 본격적으로 회사 공간을 마련하고 필름케이의 문을 열었다. 감독들도 회사로 출근하기 시작했다. 나의 영화적 취향을 살려보고자 했다. (웃음)

'나의 영화적 취향'이라는 걸 좀 더 얘기해보자. 외유내강에서 할 수 있는 작품과 다른 필름케이만의 라인업을 구축하고 싶은 야심을 에둘러 표현한 말 같다.

나, 강혜정 대표, 류승완 감독이 모여서 〈짝패〉를 준비할 때 회사를 만들까 말까 고민했다. 그러다 법인을 만들기로 결정하고 외유내강을 시작했다. 그렇게 쭉 함께하다가 〈해결사〉를 끝내고 '외유내강의 그늘에서 벗어나 보자, 너무 오래 있었다, 내 작품을 하고 싶다.'는 생각이 들더라. 〈베를린〉의 촬영에 들어가기 직전이었다. 나는 지금과 같은 시스템, 그러니까 필름케이와 외유내강이 따로 또 같이 가는 방향을 제안했고 류승완 감독과 강혜정 대표는 내가 〈베를린〉의 프로듀서로 남아주길 바랐다. 외유내강도 처음으로 큰 규모의 작품을 진행하는 상황이었고 또 해외 촬영까지 해야 해서 내가 〈베를린〉에 올인 하길 원했다. 하지만 나는 좀 더 나의 기획으로 영화 제작을 해보고 싶었다. 결국 그때는 잠시 각자가 원하는 각자의 실과 방향에 집중하기로 결론을 냈다. 그러다 류승완 감독이 〈베를린〉의 개봉 직전쯤 다시 연락을 해 와서 '컴백했으면 좋겠다. 필름케이에서 할 것을 하며 외유내강의 제작 책임으로 일하면 어떻겠느냐.'고 하더라. 그렇게 다시 지금과 같은 협력 시스템으로 가고 있다. 〈짝패〉, 〈다찌마와 리: 악인이여 지옥행 급행열차를 타라!〉, 〈해결사〉에 참여했던 제작 팀이 〈베테랑〉, 〈군함도〉, 〈인질〉, 〈사바하〉까지 같이하고 있다.

그러면서 외유내강의 조성민 프로듀서(현 외유내강 부사장)가 보다 더 제작 라인을 책임지게 된 건가. 두 사람의 인연도 깊은 걸로 아는데.

조성민 프로듀서와는 〈내추럴시티〉부터 같이 일했다. 10년 정도는 고시원과 원룸에서 같이 살기도 했다. 내가 필름케이를 차리고 외유내강에서 나왔을 때 조성민 피디도 같이 나왔고 그는 필름케이와 영화사 울림이 공동제작 한 〈간첩〉(감독 우민호, 2012)의 프로듀서로 일했다. 내가 외유내강으로 컴백할 때 조성민 피디도 같이 들어갔고 〈베테랑〉, 〈군함도〉의 피디를 맡았다.

외유내강에서 프로듀서를 맡았을 때와 필름케이의 대표로 기획개발부터 제작 전반을 책임지게 됐을 때 고려할 사항 자체가 완전히 달라졌을 거 같다.

작품 프로듀서라고 하면 오직 작품만 생각하면 됐다. 영화의 시작부터 개봉까지 배우 및 스태프, 스케줄, 예산 등의 전반적인 문제를 확인하고 챙기는 일이다. 제작자가 되고 보니 그 외의 것들이 보이기 시작한다. 한 편의 영화라고 해도 투자, 배급, 마케팅 등 산업의 전반적인 요소들을 다 살펴야 한다. 우리가 만든 작품의 개봉 전후에 함께 맞붙게 될 배급작 상황도 챙겨야 하는 건 당연하다. 프로듀서일 때는 배급사가 "이 날짜에 개봉하자."고 하면 심의는 언제쯤 끝나야 하는지 등의 일정부터 챙기기 바빴다. 그런데 제작자는 왜 배급사에서 이때에 개봉하자고 하는지, 이때 진행하면 좋은 점은 무엇인지, 이날 개봉하려면 마케팅은 어떤 방식으로 가야 하는지 등을 다 고려하게 된다.

필름케이의 규모, 운영 시스템, 함께 작품을 준비하고 있는 감독들을 소개해 달라.

시나리오 작가도 있고 두 명의 프로듀서도 있다. 그리고 어느덧 다섯 명의 감독들과 영화 준비를 한다. 외유내강에서 제작한 〈여교사〉(2015)의 김태용 감독의 차기작 작업에 들어갔다. 김태용 감독의 단편들을 좋아했고 〈거인〉(2014)을 마쳤을 때 본격적으로 함께 일하자고 제안해 〈여교사〉를 만들었다. 필름케이가 김태용 감독과 커뮤니케이션하며 시나리오 작업을 주로 진행하고 외유내강이 제작을 맡았다. 〈베를린〉을 제외하고 〈엑시트〉(2019)까지, 외유내강의 모든 작품의 아이템과 초고는 나와 외유내강이 함께 기획개발했다. 그 가운데 〈군함도〉는 내가 신경일 작가와 따로 기획개발을 진행해 초고를 만들었고 그걸 외유내강이 보고 제작하기로 결정한 경우다. 이 작품을 마치고 김태용 감독도 다음 작품을 어디서 어떻게 진행할지 고민이 있었을 거다. 그때 내가 장르영화 쪽으로 좀 더 가보자고 의견을 냈고 필름케이로 와서 준비에 들어간 거다. 〈해결사〉의 권혁재 감독도 〈해결사〉를 마친 뒤에 여기저기서 나름 괜찮은 조건으로 프로젝트를 준비했지만 생각만큼 진행이 잘 안됐다. 그래서 다시 한번 의기투합해 필름케이에서 시나리오 작업을 하고 있다(2020년 2월 말 촬영 예정). 〈너의 결혼식〉의 이석근 감독도 빠르게 다음을 준비한다. 그 외 신인 감독도 있다. 〈엑시트〉는 필름케이와 외유내강이 공동제작 했는데 기획개발 초기 단계는 얼마간 같이 했다. 이상근 감독이 〈다찌마와 리: 악인이여 지옥행 급행열차를 타라!〉의 연출부이기도도 했고. 이처럼 함께 일하는 감독들 대부분이 나와 작품으로 인연을 맺었던 사람들이거나 어떤 방식으로든 같이 일해 본 경우가 많다. 그런 면에서 그 전에 접점이 없었던 〈사바하〉(2018)의 장재현 감독과의 인연이 좀 의외라면 의외다. 현재의 외유내강은 회사 규모가 많이 커져서 곳곳에서 제안을 상당히 받을 거다. 직접 개발하지 않아도 감독들과 작가들이 외유내강과 작업하고 싶어 하는 경우가 많아진 거다. 나로서는 외유내강의 규모 있는 영화까지 진행하며 필름케이의 작품을 해가기 어려운 면이 있다. 외유내강의 조성민 피디가 본격적으로 제작을 맡아서 진행하기도 하니까. 〈시동〉(감독 최정열, 2019), 〈인질〉(가제, 감독 필감성, 2019)이 대표적인 경우로 외유내강 단독 제작이다. 류 감독의 다음 작품인 〈탈출〉(가제)은 아무래도 전작의 아쉬움을 떨치기 위해서라도 함께 머리를 맞대고 만회해야 하다 보니 필름케이와 공동제작으로 진행할 예정이다. 이처럼 외유내강과의 끈은 놓지 않고 있다. (웃음)

필름케이 자체적으로는 어떤 식으로 기획개발을 해나가고 있나.

남들이 안 하는 걸 하려는 성향이 강하다. 그러다 보니 어쩔 때는 정말 말도 안 되는 걸 시도하기도 했다. 1998~1999년쯤이었나. 파리로 들어가 런던에서 아웃하는 일정으로 공연을 해나가는 젊은이들의 이야기를 페이크 다큐멘터리영화로 진행하려고 시도한 적이 있다. 그때 기획개발 하기가 정말 쉽지 않았다. 지금 그 아이템으로 다시 기획개발을 해보라고 해도 어려울 거 같다. 사실 지금이야 이런 유의 작업이 TV를 통해 많이 소개되고 있지만 1990년대 후반에는 정말 마이너 중에서도 마이너 한 접근이었다. 내가 그런 마이너 한 감성과 취향이 있더라. (웃음) 저예산 스릴러물도 준비한 적이 있다.

그러고 보면 필름케이의 첫 번째 영화 <너의 결혼식>도 시장에서 환대 받는 장르도, 영화계에서 흥행성이 탁월한 배우가 캐스팅된 것도 아니었다.

〈너의 결혼식〉은 나의 취향도 취향이지만 남들이 안 하는 걸 하고 싶어 시도한 면이 크다. 시장에서 멜로나 사랑 이야기가 잘 안된다고 하잖나. 그런데 나는 오히려 요즘의 10대, 20대의 사랑 이야기에 관심이 많다. 내년에 들어갈 필름케이의 영화 가운데도 남들이 쉽게 선택하지 않는 스포츠 휴먼 영화가 한 편 있다. 시장에서 이미 많이 보고 있는 이야기나 장

르보다는 다들 선택을 꺼려하거나 눈여겨보지 않는 이야기와 장르로 눈을 돌려 시도해야 한다고 생각한다. 오히려 기회는 그 쪽에 더 있다고 보니까. 무엇보다도 일단 내 마음이 가는 대로 해보고 싶다.

작품의 패키징을 어느 정도까지 진행하고 투자사와의 논의 테이블에 올리나.

필름케이나 외유내강은 어느 정도 세팅이 되지 않으면 외부에 작품을 내보내지 않는다. 자칫 여러 사람의 손을 타거나 여러 말을 듣다 보면 영화의 핵심이나 중요한 내용이 바뀌거나 흔들릴 수도 있으니까. 그런 상황을 만들고 싶지 않다. 만약 내가 시나리오를 두고 감독, 작가, 회사 사람들과 이견이 있어 난관에 부딪히면 그에 관해 진심 어린 조언을 해 줄 수 있는 사람들은 멀리 있는 게 아니라 내 옆에 있는 사람들일 거다. 투자사에 처음으로 작품을 선보였을 때 신선하다는 인상을 주고 싶은 마음도 크다. 웬만하면 캐스팅까지 마무리하고 투자사에 보여준다. 상황이 여의치 않아 빠르게 투자사에 공개한 적도 물론 있었지만 결과가 좋지 않더라. 프로덕션의 방향과 주도권을 제작자인 내가 더 갖고 가고 싶다. 투자사에 '캐스팅까지 마친 우리가 준비한 이 패키징으로 받겠는가, 안 받겠는가.'라고 묻고 투자사가 투자를 결정하면 그땐 그들의 말을 좀 들어줘야겠지만. (웃음)

시장에서 투자배급사의 수직계열화 등 입김이 세진 이후 제작사와 기획 프로듀서의 역할은 어떤 식으로 바뀐 것 같은가. 그런 변화에 어떻게 대처해야 한다고 생각하는지도 함께 들어보고 싶다.

기획만큼은 제작사가 좀 더 주도적으로 진행하고 싶다. 물론 투자사의 의견이 필요한 순간도 있다. 영화의 각 단계마다 시나리오를, 영화를 새로운 시각으로 살펴보고 피드백을 주는 게 필요하기 때문이다. 그런 의미에서 보자면 투자사에 시나리오를 처음 보여줬을 때 그들이 보이는 첫 반응이 내게는 가장 크게 와 닿고 설득력이 있다. 그 이전까지는 어느 정도 내 스스로가 만들어가 보는 게 중요하다. 현재 필름케이에는 나와 프로듀서 1명, 기획 프로듀서 1명이 있다. 좀 더 장기적으로는 기획실을 두고 운영해보려 한다. 그게 언제쯤이면 가능할까? 태원엔터테인먼트가 제작한 〈누구나 비밀은 있다〉(감독 장현수, 2004)의 제작실장으로 일할 때를 떠올려 보게 된다. 그 시절의 제작사들은 회사 내부에 기획실이 있었고 그 힘도 꽤 셌다. 게다가 제작사에서 직접 마케팅까지 진행했다. 그때는 그런 게 어떤 장점이 있는지를 잘 몰랐다. 그러다가 외유내강으로 가서 강혜정 대표와 함께 외유내강 기획실에서 〈짝패〉, 〈다찌마와 리: 악인이여 지옥행 급행열차를 타라!〉, 〈해결사〉의 마케팅을 직접 진행했는데 그때 정말 많이 배웠다. 지금 시대의 제작사들은 그런 경험을 하기가 어렵다. 제작사가 했던 역할을 투자사가 전부 가져갔으니까. 그런 경험 속에서 이번에 〈너의 결혼식〉의 마케팅을 필름케이에서 직접 했다. 요즘 많은 경우는 투자사의 투자 팀이 큰 범위의 마케팅 계획을 세우고 홍보 대행사를 선정해 마케팅 예산을 집행하게 한다. 하지만 〈너의 결혼식〉은 촬영 도중에 메인 투자사의 문제로 필름케이가 메인 제공사의 역할을 할 수밖에 없었다. (최종적으로 KTH가 메인 제공사가 됐다.) 촬영하면서 제작사가 직접 스틸, 메이킹 영상 관리 등 마케팅 업무를 진행했다. 이후 투자사에서 일한 경험이 있는 박상아 프로듀서를 중심으로 제작사 내 팀을 꾸려 기존의 투자사가 하는 마케팅 업무를 진행했다. 제작사의 기획이 대체로 작품 개발과 제작 패키징 쪽에 집중돼 있지 않나. 작품을 완성한 이후 이 작품을 언제, 어떻게, 누구에게 팔 것인가를 고민할 시간적 여유도 없고 인력도 턱없이 부족한 게 현실이다. 1년에 영화 한 편을 만들기도 버거울 정도로 제작사의 힘이 약화됐기 때문이다. 가능하다면 필름케이는 기획실을 두고 기획 피디가 있는 시스템을 만들어 작품 개발부터 프로덕션, 배급 시기와 마케팅 방향 결정까지 제작사 내부에서 충분히 논의하고 아이디어를 내 만들어가고 싶다. 제작사가 좀 더 발언권을 갖고 일할 수 있는 환경을 만들고 싶은 마음이 크다.

투자사가 마케팅에 관여하는 것과 제작사가 마케팅을 직접 시도하는 건 결정적으로 어떤 차이가 있다고 생각하나.

영화를 잘 만들었다고 해서 그 영화가 흥행까지 성공하는 건 아니더라. 그건 정말 순진한 생각이다. 나도 한때는 그렇게 생각했으니까. 시장을 잘 알아야 한다. 사람들이 요즘 뭘 좋아하는지, 어디에 돈을 쓰는지, 뭘 팔려고 내놓고 있는지 등등. 기획 단계부터 그런 걸 파악하고 있어야만 이 영화가 앞으로 어떤 방향으로 가야할지를 가늠할 수 있다. 좋은 영화를 만드는 건 기본이다. 그 좋은 영화를 어떻게 팔아야 할지도 고민해야 한다. 어떤 포인트로, 어떤 방식으로 누구에게 팔 것인가. 그런 질문은 기획 단계부터 해야 한다. 결과를 잘 만들어 내야 고생한 감독, 배우, 스태프 그리고 제작사도 뭔가 조금이라도 더 가져갈 수 있다. 시장 상황이 많이 달라졌고 마케팅의 방법이 지금처럼 다양하지는 않던 시절이지만 제작사 좋은 영화의 기획실이 했던 일들을 떠올려보게 된다. 좋은 영화가 한창 영화를 만들던 때는 마케터들이 시나리오 기획 단계부터 참여했다. 그 단계부터 '이 장면을 예고편으로 썼으면 좋겠다, 이런 대사는 나중에 마케팅을 할 때 꼭 활용하면 좋겠다.'와 같은 의견을 제시하는 거다. 그러면 그 대사, 그 장면 찍을 때 훨씬 더 공들여 찍게 된다. 시나리오 회의 때 마케터들이 '이 장면을 포스터로 쓰면 좋겠다.'고 하면 실제로 그 장면을 촬영할 때 스틸 작가를 불러 좀 더 신경 써서 현장 사진을 찍게 하지 않겠나. 이런 게 미리 예측되고 준비할 수 있는 거다. 영화의 기획부터 개봉까지가 서로 맞물리고 연동돼 움직일 때만 거둘 수 있는 효과라고 본다. 영화를 둘러싼 전반적인 과정을 알면 알수록 더 많은 걸 얻어갈 수 있다.

이석근 감독이 <너의 결혼식>의 초고를 7년 전에 건넸다고 했다. 영화의 완성까지 정말 오랜 시간이 걸렸으니 마음고생도 컸겠다. 반면 변화한 시장 상황이나 시대 흐름을 시나리오에 적극적으로 반영할 수는 있었겠다.

　이석근 감독이 정말 고생 많았다. 그의 글을 참 좋아한다. 그런데 진행을 하려고 할 때마다 난관이 있었다. 투자사가 좋아할 만한 장르가 아닌 것도 컸다. 심지어 박보영 배우가 캐스팅됐는데도 불구하고 투자가 최종적으로 결정되기까지 3년이나 더 걸렸다. 투자사가 원하는 남자 배우들이 있었는데 그들에게 시나리오를 전달하면 돌아오는 거절의 이유가 비슷했다. '영화에서 악역을 해보고 싶다, 액션이나 스릴러영화를 하고 싶다.'와 같은 것이었다. 남성 배우들은 방송 드라마에서 〈너의 결혼식〉과 비슷한 로맨스물을 많이 할 수 있다고 판단하더라. 이 영화는 남성 주인공이 화자인데도 불구하고 캐스팅이 좀처럼 진척이 되지 않았다. 그러다 보니 투자가 늦어진 면도 있었고. 그때 박보영 씨가 〈피 끓는 청춘〉(감독 이연우, 2013)에 함께 출연했던 김영광 씨를 추천했다. 솔직히 처음에는 상대적으로 영화 경험이 많지 않은 김영광 배우를 캐스팅하면 투자는 더 어려워질 거 같더라. 마침 영광 씨가 〈원더풀 고스트〉(감독 조원희, 2018)에 들어간다고 하더라. 그러다 다시 또 한번 영광 씨 얘기가 나와서 만나보자 싶었다. 그런데 막상 만나서 영광 씨의 얼굴을 보는데 깜짝 놀랐다. 그간 드라마에서 봤던 얼굴과는 전혀 다른 얼굴과 느낌이었다. 특히 웃을 때의 얼굴이 정말 좋더라. 함께하기로 마음을 굳혔다. 하지만 그 뒤로도 투자를 받기까지는 정말 말로 다 할 수 없는 어려움이 있었다. (웃음)

한국영화가 남성 중심의 액션, 스릴러를 반복 생산하며 배우들을 돌려 쓰고, 엄청난 예산이 투입된 대작 중심의 멀티 캐스팅에 기대면서 빈곤해지고 있는 게 아니냐는 우려의 말이 나온 건 꽤 오래됐다. 그러다 보니 제작 규모면에서도 양극화 돼 영화 시장의 허리가 돼 줄 중급 규모의 영화가 설 자리가 없고 의미 있는 성과를 내기도 어려워진 거 같다. 뭔가 다른 시도를 하기가 점점 더 어려워진 상황이다. <너의 결혼식>의 경우 '남들이 안 하는 걸 해 보고 싶은 마음'과 '어떻게 팔 것인가.'의 지점에서 어떤 시도와 타협을 해나갔나.

이 영화에는 코미디 감성이 기본적으로 깔려 있다. 지금 시장에서 코미디가 나름 잘 되는 추세다. 코미디 베이스의 영화는 어느 정도의 만듦새만 보장되면 언제나 경쟁력이 있다고 본다. 시나리오 초고 때는 지금보다 훨씬 더 많은 얘기가 있었다. 특히 주인공 우연이 허풍을 떠는 장면이 상당히 많았다. 또 초고는 지금보다 훨씬 더 복고의 성향이 강했다. 영화의 서사가 1990년대에서 2000년대로 넘어가는 밀레니엄 시기에서 시작해 2013년까지의 사랑 이야기였다. 심지어 이석근 감독이 이 초고를 <건축학 개론>(감독 이용주, 2012)이 나오기 전에 쓴 거더라. <건축학 개론>이 개봉하고 엄청난 관심을 받게 되니까 이석근 감독도 잠시 영화의 진행을 멈췄고 그 여파가 조금 가실 때쯤 내게 '이런 시나리오가 있다.'며 가져왔다. 그렇게 같이 준비를 해보자며 시작을 했는데 그때 또 드라마 <응답하라> 시리즈가 나오더라. 또 잠시 접고 우선 다른 것부터 하자고 했다. 그 뒤로 다시 영화를 시작해보자고 하면서는 기존의 복고풍을 많이 걷어냈다. 영화 속 내용은 10년 이상의 시간을 관통하는 이야기라고 해도 실제로 우리가 살다 보면 10년이라는 시간이 지났다 해도 사람이 그렇게 확 바뀌지는 않는 거 같더라. 너무 과거를 들춰내며 향수를 자극하는 쪽으로 가지 말자고 결정했다. 그런데도 투자사들은 사랑 얘기라고 하니까 좋아하지 않는 분위기였다. 마케팅과 관련해서 말해보자면 일단 관객이 극장으로 오게끔 해야 하니까. 개봉 준비하면서 예상 관객 수를 200만 정도로 잡았다. 사실 최근 2~3년 내내 소위 '남탕영화'라고 하는 영화들이 주였지 않나. 같은 배우들이 배경만 바꿔서 서 있는 거 같은 경우도 많았다. 그런 가운데서 박보영, 김영광 두 배우가 화사한 모습으로 등장하는 포스터를 보면 좀 다른 인상을 받지 않을까 싶었다. 그걸 큰 전광판에 걸면 눈에 확 띌 거 같았다. 일단 '눈에 띄게 가자.'로 마케팅의 큰 방향을 정했다. 게다가 운이 좋았다. 〈너의 결혼식〉에 앞서 개봉한 로맨스물 〈지금 만나러 갑니다〉가 선전했다. 지난해 여름 시장에 〈신과 함께-인과 연〉, 〈공작〉, 〈목격자〉 등이 있었다. 비록 〈너의 결혼식〉이 규모는 작지만 확실한 재미가 있다는 데는 자신 있었다. 이런 영화들 가운데서 최대 200만 명 정도의 스코어만 해줘도 좋겠더라. 어떻게든 여름 시장을 비집고 들어가려 했다. P&A 비용(약 19억 7천 만 원) 큰 영화의 반의 반 정도밖에 안 들었을 거다. 그런데 눈에 띌 거라는 확신은 있었다. 〈신과 함께〉, 〈공작〉을 본 관객들이 다시 극장을 찾아 '이번에는 뭘 볼까?' 했을 때 〈너의 결혼식〉을 보게끔 하면 성공이었다. 그래서 나의 마케팅 전략은 '극장에 집중하자.'였다. 마케터들에게도 그 뜻을 전했다. 버스 광고도 하지 않았다. 대신 포스터, 예고편, 극장 선재를 중심으로 하고 비록 규모는 작은 영화지만 메가박스 코엑스나 CGV 용산아이파크몰, 롯데월드타워 등 큰 극장 외벽에 큰 걸개를 걸었다. 〈신과 함께〉, 〈공조〉의 관객들이 '어, 저 영화 뭐지?'라고 인지할 수 있을 만큼 아주 큰 그림이었다. 그래서 큰 영화들을 이미 본 관객들이 〈너의 결혼식〉에 시선을 두게끔, 관심을 갖게끔 했다. 여름 블록버스터 영화를 본 관객들의 반의반만이라도 〈너의 결혼식〉을 본다면 성공이라고 판단했다.

블록버스터 영화가 맞붙는 가장 큰 시장인 여름 극장가를 의도적으로 노린 건가.

한동안은 배급사를 찾지 못했지만 이후 몇 군데 배급사와 만나 영화를 보여줬더니 반응이 좋은 거다. 그때 내가 먼저 제안했다. (2018년) 8월 15일 혹은 22일 주에 개봉하고 싶다고. 최종적으로는 8월 15일에 〈목격자〉가 개봉했고 〈너의 결혼식〉이 그 다음 주인 8월 22일에 개봉했다. 마침 메가박스중앙(주)플러스엠이 그 기간에 영화가 없어서 배급하기로 결정했다. 여름 시장의 영화들 중 어느 하나가 압도적으로 우세해 보이지 않았다. 장르적으로도 겹치는 게 크게 없었고. 해외작인 〈맘마미아! 2〉(감독 올 파커, 2018)도 비슷한 장르는 아니었다. 경쟁작들의 면면을 살폈을 때 〈너의 결혼식〉의 색깔이 확연히 다르더라. 다행히도 개봉 첫 주에 흥행 1등을 했고 꽤 오랫동안 1등을 유지했다. 아, 〈서치〉(감독 아니쉬 차간티, 2017)만 아니었어도 더 길게 가는 건데. (웃음)

수익 면에서는 어느 정도의 성과를 거뒀나.

수익률이 꽤 좋았다. 순수제작비는 30억 원이지만 개봉 직전까지 개인 투자자들의 투자까지 받았으니 대략 50억 원 규모의 영화라고 보면 된다. 수익을 내서 개인 투자자들에게 돌려줄 수 있었다. 영화를 만드는 내내 분위기도 좋았고 후반 작업 과정에서 영화를 다듬으면 다듬을수록 점점 더 재미있어지는 게 보였다. 이진희 음악감독도 조금 뒤늦게 합류했는데도 불구하고 영화를 보더니 자신감을 얻었다며 작업에 들어갔다. 그런 반응을 보니까 나도 자신감이 마구 생겼다. 모니터링 점수도 좋았으니까. 이 이 모든 게 다 〈너의 결혼식〉의 힘이다. 영화가 재미없으면 모든 게 불가능했다.

〈너의 결혼식〉의 해외 판매 상황은 어떤가.

동남아 쪽에서 반응이 좋았다. 베트남에서는 작지만 오버리지(추가 수익 분배)도 들어왔고 중국에는 리메이크 판권도 팔았다. 홍콩도 반응이 좋다. 한류 배우가 있는 것도 아닌데 해외 시장에서 많이 팔렸다. 순애보적인 남자, 남녀의 어긋난 타이밍이라는 콘셉트를 아시아권에서 흥미롭게 받아들이더라.

영화의 제작 과정에서 여성 스태프들의 의견을 많이 반영했다고 들었다.

보영 씨의 의견을 많이 들었다. "이거보다는 다른 방식으로 가는 게 좀 덜 불편하고 좀 더 사랑스러운 거 같다." 등과 같은 이야기를 많이 해줬다. 여성들이 봤을 때 더 사랑스러운 방식은 뭘까, 그러면서도 마음이 불편하지 않게 하려면 어떻게 해야 할까를 두고 얘기를 나눴다. 기획 프로듀서, 조감독, 스크립터, 편집 기사 모두 여성이었다. 편집 때 여성 스태프들이 스스럼없이 감독에게 본인 의견을 전달하곤 했다. 말할 수 있는 분위기를 만드는 게 굉장히 중요하다. 의견을 내고 이견이 있다면 논쟁하고 설득하는 과정이 자연스럽게 현장에 들어와야 한다. 물론 최종 결정은 감독이 하겠지만 스태프들의 의견을 경청하는 환경을 만들어가는 게 필요한 거다.

앞서서 '좋은 영화'라는 말을 했는데 그 의미를 잠정적으로나마 풀어보자면.

영화마다 그 의미는 다 다를 것이다. 〈너의 결혼식〉은 관객들이 봤을 때 마음이 불편해질 만한 내용이 없는 귀여운 영화다. 보는 이의 마음을 흐뭇하게 만들고 장르 문법에도 나름 충실한 영화기도 하다. 반면 어떤 영화는 무서워야 좋은 영화가 되고 또 어떤 영화는 잔인하고 화려하고 반전이 확실해야 좋은 영화의 미덕을 갖추게 된다. 결국 창작자가 만들려고 한 애초의 영화, 그 방향과 의도에 잘 부합하는 영화가 좋은 영화가 아닐까. 보는 사람이 좋아하면 좋은 영화인가. 막상 말을 시작하고 보니 어렵다. (웃음)

현재 한국 상업영화의 제작비가 상당하다. 신생 제작사나 신인 감독의 경우는 <너의 결혼식> 정도의 중저예산 영화를 만들 수밖에 없을 텐데.

50억 원 아래가 중저예산 영화라고 보면 된다. 30억 원으로는 도저히 찍을 수가 없다. 요즘은 그 정도로는 진행 자체가 불가능한 상태다. 〈너의 결혼식〉만 해도 하루에 로케이션만 세 군데를 옮겨가며 찍었다. 중복되는 장소가 거의 없었으니까. 우연의 집만 해도 고교 시절의 집, 대학생 때의 자취방, 나중에 오피스텔까지 세 곳이 필요했다. 이러다 보니 정말 앞으로 영화를 어떻게 찍어야 하나 걱정이다. 답이 없다. 필름케이의 영화는 대체로 순제 50억 이하의 영화로 기획하고 있다. 한동안은 50억을 넘기지 않을 거다. 시장에서 유동성이 있으려면 예산이 작아야 한다. 〈사바하〉, 〈엑시트〉는 예산이 생각보다 좀 더 많이 들어간 경우다. 이처럼 규모가 커지면 개봉일도 제한된다. 소위 '좋은 날'에는 여러 편이 동시에 개봉하려고 하는데다 큰 예산이 투입된 영화는 환수를 위해서라도 큰 시장을 노릴 수밖에 없다. 총제(총제작비)가 100억 원 정도 되는데 비수기에 개봉할 수는 없지 않겠나. 그래서 나의 전략은 분명하다. 기획개발과 마찬가지로 남들이 좀 덜 관심 갖고 있는 시즌이나 시장으로 눈을 돌리겠다. 그러려면 좀 더 작은 규모의 영화를 만들어야 한다. 순제가 30억 원이면 가장 좋겠지만 영화의 최소한의 만듦새를 유지하기 위해선 40~50억 원대의 제작비는 들여야 한다. 필름케이가 내년에 크랭크인 하는 권혁재 감독의 스포츠 휴먼영화도 40억 원대 규모다.

표준근로계약 등이 적용된 이후 한국영화 시장의 노동 환경 개선의 정도는 어떤가. 제작자로서 임금, 노동 시간 등을 고민하면서도 질적으로도 문제 없는 영화를 만들기 위해 고심하는 지점이 있을 것이다.

한국영화의 경쟁력은 감독이 현장에서 뭔가를 만들어낼 수 있는 시간을 보장해주는 데서 나왔던 거 같다. 물론 과도하게 촬영 시간을 연장하는 건 분명 문제다. 그래서도 안 될 일이다. '영화에 관한 고민을 프리 프로덕션 때 다 끝내야지 왜 현장에서 하느냐.'는 말이 괜히 나오는 건 아닐 거다. 하지만 이런 생각도 든다. 촬영 전에 준비 과정에서 여러 차례 시뮬레이션을 하는 것과 막상 현장에 갔을 때의 상황이라는 건 상당히 다르다. 완벽하게 통제된 현장은 불가능하고 로케이션의 돌발성도 있다. 헌팅 때의 상황과 촬영 때의 상황이 달라지기도 하고 막상 촬영 현장에 갔을 때 더 좋은 게 눈에 들어오기도 한다. 경험이 많은 감독은 그런 변수와 돌발을 빠르게 자신의 것으로 받아들이고 작품에 반영한다. 얼마간의 즉흥성이라는 게 가능했던 거다. 하지만 최근의 현장은 그런 걸 받아들일 여지가 많지 않다. 하루 11시간을 촬영한다고 했을 때 한국의 스태프들이 그렇게 빠르게 움직일 수 있는 것도 아니다. 어느 현장은 진행 속도가 빠른데 다른 현장은 더디다고 하면 그건 어찌 보면 스태프의 숙련도 차이가 크기 때문이다. 〈내츄럴 시티〉 촬영 차 태국에 갔을 때 깜짝 놀랐다. 다들 일사불란하게 움직이더라. 여기서 촬영하고 있는데 이미 다음 촬영의 준비까지 다 돼 있었다. 워낙 할리우드 영화팀이 로케이션을 많이 오다 보니 시스템이 확실하게 돼 있었다. 그게 벌써 16여 년 전의 일이다. 표준근로계약서를 쓰고 정해진 시간 안에 일을 한다는 건 동일한 시스템이 언제, 어디에서나 큰 문제없이 동일하게 적용될 수 있다는 말인데 아직 그 정도까지 일관된 숙련도를 보이고 있지 않다. 그런 고려 없이 오직 시간으로만 현장을 제한하니 여러 보완책이 필요하다. 특히 버짓이 큰 영화는 스태프들에게 보상이라도 해서 빨리 진행하자고 말할 수야 있다지만 버짓이 크지 않은 영화는 그럴 수조차 없다. 당연히 경쟁력이 떨어진다. 보충 촬영 1~2회 하는 것도 정말 쉽지 않다. 〈엑시트〉도 보충 촬영을 하루 진행했는데 그걸 결정하기까지 정말 고민을 거듭했다. 편집 때 보니까 이건 무조건 다시 찍어야겠다고 판단이 들었는데도 말이다. 투자사도 예산의 부담이 되기도 하니까 혹시 다시 안 찍으면 안 되겠느냐고 하더라. 이런 상황은 특히 경험이 적은 신인 감독들에게 치명적이다. 촬영 초반의 리스크 관리를 어떻게 할 것이냐가 관건이다. 경험 있는 감독들은 촬영 때 어디서 힘을 주고 어디서 힘을 빼야 하는지를 알고 완급 조절을 한다. 하지만 신인 감독은 30회 차 정도 찍고 나면 한번은 꼭 크게 아프더라. 체력과 집중력이 떨어지다 보니 의도치 않게 어떤 장면을 놓치게 되거나 포기하게 된다. 그런데 그런 장면이 꼭 문제가 된다. 편집하면서 보면 그때 찍은 장면이 치명적인 경우가 많다. 제작자가 옆에서 그런 걸 잘 챙겨야 한다.

기존의 제작사, 프로듀서의 역할이 자본과 시스템을 갖춘 투자배급사로 많이 옮겨가면서 투자배급사와 감독이 직접 일하는 경우가 많아졌다. 어떤 방식으로 프로듀서의 역량을 키우고 입지를 다질 수 있다고 보나.

프로덕션의 힘을 키워야 한다. 기획의 키와 패키징의 힘을 가져가야 한다. 외유내강, 사나이픽처스, 영화사 집처럼 나름 규모가 있는 제작사가 배우에게 시나리오 전하면 '투자는 됐나요?'라고 묻진 않잖나. 하지만 내가 배우에게 시나리오를 주면 '투자는 어디에요?'라고 묻는다. 그런 질문을 받지 않도록 내가 열심히 해야겠지. 배우, 작가, 스태프들이 프로덕션을 믿고 합류할 수 있게끔 하는 게 필요하다. 그럼 투자사로 가려던 감독이나 시나리오도 나에게 올 수 있지 않겠나. 감독 입장에서도 투자사와 일하는 것보다는 제작사와 일하는 게 더 유리한 면이 있다. 어쨌든 투자사에서 일하는 사람들도 회사의 직원이다. 언제 그만둘지, 어디로 이동할지 모른다. 직원보다야 대표와 이야기하는 게 낫지 않겠나. (웃음) 한국에서 제작사 대표는 일정 부분 기획 프로듀서로서의 역할도 하고 있으니까. 결국 감독은 기획 단계에서 프로듀서와 얘기할 테고 그럼 자연히 제작사 대표와의 긴밀한 논의가 필요하다.

궁극적으로 필름케이가 구축하고 싶은 시스템은 뭔가.

다양한 이야기와 색깔의 영화를 하는 영화사이길 바란다. 물론 제작사 대표인 나의 취향이 반영되긴 하겠지만 대표의 취향과 별개로 좋은 영화를 안정적으로 만들 수 있는 제작사를 만들고 싶다. 그러기 위해선 영화 제작의 A부터 Z까지를 책임지고 진행할 수 있는 전문적인 능력을 갖춘 파트너로서의 프로듀서들이 회사에 있어야 하고 파트너 감독들이 함께해야 한다. 내가 안식년을 갖는다고 해도 필름케이에서 적어도 1년에 2편의 영화는 꾸준히 개봉할 수 있는 시스템을 구축할 수 있다면 더없이 좋겠다.

혹시 자체 기획과 제작 운영을 잘 해가고 있다고 보이는 제작사나 주목하는 영화사가 있나.

임승용 대표가 운영하는 용필름의 경우 좋은 작품들을 꾸준히 쉬지 않고 발굴하고 또 여러 개의 판권을 갖고 있는 거 같다. 영화로 만들 수 있는 콘텐츠를 빠르게 확보하고 그걸 잘 관리하고 제작으로까지 진행한다는 게 놀랍다. 임승용 대표가 역량 있는 프로듀서들과 함께 좋은 콘텐츠를 잘 서치하고 분류, 선별하는 자체 시스템을 만들었다는 의미가 아니겠나. 좋은 콘텐츠를 사서 그걸 잘 영화화하면 다음 거래도 계속되는 거다. 외유내강은 특이하다. 류 감독도 있지만 신인 감독의 작품을 개발해 류 감독의 영화와는 또 다른 독립된 방식으로 운영한다. 판권을 많이 사지도 않고 기획을 동시에 여러 개를 한꺼번에 진행하지도 않는다. 대신 하나의 작품을 아주 깊이 파고드는 편이다. 작품을 선택할 때도 강혜정 대표, 류승완 감독, 조성민 피디 그리고 내가 논의해서 결정한다. 한 사람이 끝까지 반대하면 진행될 수 없다. 물론 누군가 완강히 반대할 작품을 하자고 할 곳도 아니다.

필름케이의 자체적인 역량과 시스템을 만들어가야 할 텐데 그렇다면 외유내강과의 협력, 파트너십에도 변화가 생기는 건가.

비즈니스라는 게 어떻게 될지 쉬이 알 수는 없다. 외유내강이 메이저 제작사로 성장한 만큼 내가 일선에서 조금 물러나야 조성민 피디를 비롯해 다른 프로듀서들도 본인의 입지를 다져나갈 수 있지 않겠나. 내가 프로듀서로 데뷔한 〈짝패〉 때는 시나리오부터 개봉까지 영화의 모든 작업에 참여했지만 요즘의 프로듀서는 그런 전 과정의 참여가 어렵다. 많은 프로듀서들이 기획이 거의 마무리될 때쯤이나 캐스팅 직전에 합류해서 일을 시작한다. 내가 한발 물러설수록 나보다 젊은 프로듀서들에게 보다 많은 기회가 열릴 거다. 회사 내부에서 기획하는 게 가능하려면 새로운 사람들이 많이 들어와야 한다. 선순환이 꼭 필요하다. 동시에 각각의 프로듀서들도 자신만의 길을 만들어가야 한다. 회사에서 기획 프로듀서로서 계속 일할 수도 있고 경험을 쌓아서 독자적인 프로덕션을 차리고 운영할 수도 있겠다.

조금 더 일찍 기획과 현장을 두루 경험한 프로듀서, 제작자로서 이제 막 프로듀서의 길을 걸으려고 하는 이들에게 어떤 게 필요하다고 보나.

필름케이가 프로듀서 중심의 회사가 되길 원한다. 프로듀서의 일이라는 게 이제는 제작 라인이냐, 기획 라인이냐, 마케팅 라인이냐 등으로 세분화됐고 예전과 달리 그 하나 하나의 일을 영화계 내에서 인정해주는 분위기다. 반면 지금은 프로듀서가 자신이 기획한 작품을 세팅 해서 개봉하기까지가 좀처럼 쉽지 않다. 그렇다면 노선을 명확히 해야 하지 않을까. 프로듀서로서 경험이 어느 정도 쌓이면 그땐 자신이 보다 집중할 분야가 어느 쪽인지를 잘 판단해야 한다. 예컨대 기획이냐, 프로덕션이냐를 고민해봐야 한다. 과거의 프로듀서처럼 혹은 나처럼 프로듀서를 하다가 제작사까지 차리기가 쉽지 않아졌으니까. 그런데 또 기획이라는 타이틀이 애매한 부분이 있다. 최근에 한 프로듀서가 내게 조언을 구해왔다. 본인이 아이템과 시놉시스 초고까지 만들었고 그걸 바탕으로 제작사와 작업을 하려고 하는데 그쪽에서 기획으로 이름을 올리겠다고 나왔다는 거다. 물론 아이템의 초반 기획도 대단히 중요하다. 하지만 이걸 바탕으로 감독, 각색, 배우, 스태프, 투자 등을 붙여서 패키징을 어떻게 하느냐 또한 기획이라고 본다. 역할을 갖는 방식이 예전과 달라졌고 또 달라지는 게 맞다고 본다. 이런 상황에서 각각의 프로듀서들은 자신이 하고자 하는 바를 보다 분명하게 찾아가야 한다. 에컨대 〈군함도〉도 하루에 보조 출연자까지 포함해 500~600명이 있는 현장이었다. 한국 영화 현장에서 그 정도 인원을 운영해본 프로듀서가 몇 명 없다. 그 자체가 소중한 자산이다. 조성민 피디가 그걸 운영해본 거다. 그런데 이를 테면 그에게 갑자기 현장 운영은 그만하고 기획만 하라고 하면 그가 경험한 엄청난 현장 노하우를 버리게 되는 거다. 〈군함도〉는 회계팀만 4명이 있었고 로케이션팀, 섭외 전담, 진행전담이 다 따로 있었다. 그 각각의 팀에 실장이 있었고 그들 나름의 경험치가 쌓여갔다. 이런 식으로 현장은 점점 더 세분화되고 있다. 그 각각의 팀 능력을 인정해주고 독려하며 그 경험을 계속 쌓아갈 수 있게끔 하는 게 중요하다고 본다. 해외에 나가보면 라인 프로듀서가 50대 이상인 경우가 많다. 할리우드의 분업 시스템 하에서 스태프들은 한 분야에서 오랫동안 일을 할 수 있고 그러면서 전문성도 강화된다. 제작 라인에서도 그런 게 가능해져야 한다. 물론 기획 프로듀서가 현장이 어떻게 돌아가는지를 안다면 일을 하는 데는 도움이 될 거다.

올해는 필름케이가 기획개발 해 제작에 들어간 영화가 없었다. 내년 라인업과 더불어 장기적인 계획을 말해 달라.

올해 쉬었으니까 내년에는 열심히 달려가야지. 권혁재, 김태용, 이석근 감독 모두 차기작 촬영에 들어갈 예정이다. 기획개발도 계속하고 있다. 청소년물, 아이들이 나오는 영화, 여성 원 톱의 영화, 범죄스릴러, 휴먼 등이 골고루 있다. 소설원작도 준비하고 해외 영화 리메이크도 시도한다. 소설의 판권을 살 때나 영화를 선택할 때를 돌이켜보면 나는 확실한 걸 선호하더라. 장르나 이야기나 콘셉트가 분명한 게 좋다. 박상아 피디가 눈여겨보고 구매한 작품 중에 유럽예술영화가 한 편 있다. 영화의 몇 가지 상황과 오브제가 흥미로웠고 그걸 한국의 상황에 맞출 수 있다면 보다 더 매력적이겠다. 또 리메이크작으로 준비하는 작품은 아무도 도와줄 수 없는 상황에 처한 가장이 가족을 구해야 하는 장르물이다. 명확한 사건, 명확한 인물이 있으면 눈길이 간다. 흐뭇한 내용이나 코미디 감성도 좋다. 장기적으로는 기획실을 두고 잘 운영해보고 싶다. 아직은 구멍가게로 보일 수 있지만 구멍가게라고 해서 경영방식마저 구멍가게에 머물면 안 된다. 나의 다년간의 제작 경험을 반영해 시스템을 만들어가야지. 필름케이와 더불어 영화를 줄기차게 만드는 제작사가 많아져야 한다. 프로듀서들이 그런 안정적인 환경에서 본인의 역량을 키워갈 수 있길 나 역시 진심으로 바란다.

〈엑시트〉의 흥행을 경험하며
필름케이, 과감한 시도 계속하겠다

'큰 영화'가 맞붙은 2019년 여름 극장가에서 손익분기점을 넘긴 한국영화는 〈엑시트〉가 유일하다. 엄청난 물량 공세나 화려한 액션 장면 없이도 가능했던 결과였다. 11월 초, 김정민 대표와의 전화 인터뷰로 〈엑시트〉의 성과에 관해 짧게 전해 들었다. "CJ ENM과 〈엑시트〉를 만들기로 이야기했을 때부터 여름 시장, 지금의 개봉일 즈음에 영화를 공개하자고 약속하고 촬영에 들어갔다. 〈엑시트〉가 재난 영화이긴 하지만 코믹 요소가 들어가 있고 젊은 층에 어필할 만한 요소도 있으며 다양한 관객층이 즐길 수 있는 오락 영화로서의 미덕이 있다고 판단했기 때문이다." 예상은 그대로 적중했고 제작진의 기대 이상의 좋은 성과를 낳았다. "사실 영화를 시작할 땐 주변의 우려가 있었다. 신인 감독의 영화이고 주연 배우인 임윤아 배우가 아직 영화 쪽 작업의 경험이 많지 않았고 재난 상황을 희화화하는 게 아니냐 등이 이유였다. 하지만 남들이 다 하는 방향으로 가는 건 재미없지 않나. 〈엑시트〉로 이상근 감독뿐 아니라 특히나 임윤아 배우의 발견이었다는 걸 꼭 말하고 싶다. 연기도 잘하고 액션도 가능한 데다 코미디까지 소화하는 보석 같은 배우다. 필름케이는 〈엑시트〉를 제작하고 개봉한 경험을 바탕으로 앞으로도 장르적 시도와 새로운 얼굴의 발굴을 계속할 계획이다. 과감하고 주저 없이."

3

제작 시스템
형태

공동제작 형태

장원석 – 범죄도시

현장출신의 제작회사 형태

이성훈 – 프리즌

장원석
프로듀서

중앙대학교 영화학과
현, (주)BA엔터테인먼트 대표이사

| 필모그래피 |

영화
〈타짜: 원 아이드 잭〉 (2019) 공동제작
〈롱 리브 더 킹: 목포 영웅〉 (2019) 제작
〈악인전〉 (2019) 제작
〈어쩌다 결혼〉 (2019) 제작
〈성난황소〉 (2018) 제작
〈기억의 밤〉 (2017) 제작
〈대장 김창수〉 (2017) 제작
〈범죄도시〉 (2017) 제작
〈사냥〉 (2016) 총괄 프로듀서
〈목숨 건 연애〉 (2016) 제작
〈터널〉 (2016) 제작
〈허삼관〉 (2015) 프로듀서
〈악의 연대기〉 (2015) 제작
〈끝까지 간다〉 (2014) 제작
〈집으로 가는 길〉 (2013) 제작
〈내가 살인범이다〉 (2012) 제작
〈577 프로젝트〉 (2012) 제작
〈바람과 함께 사라지다〉 (2012) 공동제작
〈점쟁이들〉 (2012) 제작
〈미확인 동영상〉 (2012) 공동제작
〈범죄와의 전쟁〉 (2012) 기획
〈청춘 그루브〉 (2012) 제작
〈사랑한다, 사랑하지 않는다〉 (2011) 협력프로듀서
〈최종병기 활〉 (2011) 제작
〈퍼펙트 게임〉 (2011) 제작
〈평행이론〉 (2010) 제작
〈의형제〉 (2010) 제작
〈비스티 보이즈〉 (2008) 프로듀서
〈왕의 남자〉 (2005) 제작실장
〈빙우〉 (2004) 제작부장
〈박봉곤 가출사건〉 (1996) 제작부

TV 시리즈
〈킹덤〉 (2017) 제작감수

프로듀서에게 가장 필요한 덕목이 무엇인가. 백 명에게 물으면 백 가지 다른 대답이 나올 수밖에 없는 질문이다. 그만큼 프로듀서의 역할과 개성이 다양하다는 의미지만 그렇기에 각 프로듀서가 지향하는 바를 뚜렷이 확인할 수 있는 지표로 활용 가능한 질문이기도 하다. 장원석 프로듀서의 대답은 명쾌하다. "영화를 만드는 것도 사람이 하는 일이니 결국 사람을 향한 일이어야 한다." 2010년 이후 한국영화판에서 가장 왕성한 활동을 선보인 프로듀서가 누구냐고 묻는다면 장원석의 이름은 반드시 리스트의 상단에 꼽힐 것이다. 1996년 〈박봉곤 가출 사건〉 제작부로 영화계에 들어선 이래 2005년 〈왕의 남자〉 제작실장을 맡아 진행했고 이후 〈비스티 보이즈〉(2008), 〈의형제〉(2010), 〈청춘 그루브〉(2010), 〈최종병기 활〉(2011), 〈퍼펙트 게임〉(2011), 〈범죄와의 전쟁: 나쁜 놈들 전성시대〉(2011), 〈바람과 함께 사라지다〉(2012), 〈577 프로젝트〉(2012), 〈끝까지 간다〉(2014), 〈터널〉(2016), 〈범죄도시〉(2017), 〈성난 황소〉(2018), 〈악인전〉(2019) 등 작품 수를 일일이 세는 게 버거울 정도로 많은 영화 제작에 참여했다.

어떤 영화인이라도 그간 참여한 영화들을 살펴보면 이른바 '패턴'이라는 게 보이기 마련이다. 배우는 자신의 이미지에 잘 맞는 작품을 고르고, 감독은 자신의 주제를 구현하기 위해 무대를 꾸민다. 프로듀서 역시 장기로 하는 영화와 장르가 있기 마련이다. 하지만 장원석 프로듀서가 지나온 길을 살펴보면 특정한 패턴이나 취향이 언뜻 드러나지 않는다. 그야말로 장르와 주제를 가리지 않고 광범위하게 작업을 이어왔기 때문이다. 그는 이렇게 다양한 작품들을 제작한 이유를 '꾸준함'이라고 설명한다. 할 수 있는 일이 있으면 하고, 자신이 맡을 수 있는 역할이 있으면 마다하지 않다 보니 폭넓은 장르를 소화하게 되었다는 것이다.

장원석 프로듀서가 제작한 작품들이 다양하다는 건 결과론이다. 그는 다양한 작품을 제작하겠다는 목표를 가지고 작품을 고른 게 아니다. 장원석 프로듀서는 작품을 시작하는 가장 중요한 동력으로 사람을 꼽았다. 함께 작업을 하며 인연을 이어간 사람들이 서로를 필요로 할 때 기꺼이 힘을 보태는 과정에서 새로운 작품이 만들어진다는 것이다. 그렇게 보면 그의 필모그래피가 다양한 장르로 분포되어 있는 것도 자연스럽게 납득이 간다. 그는 "프로듀서는 일종의 운동장을 만들어주는 게 중요하다. 신선한 이야기와 작가의 오리지널리티를 발굴하기 위해 노력한다."고 말한다. 요컨대 장원석 프로듀서의 시선은 함께 작업하는 사람들의 특기와 재능을 최대한 살려주는 데 맞춰져 있다.

2006년 제작사를 처음 설립한 이후 꾸준히 오래갈 수 있는 회사를 고민한 끝에 내놓은 답은 결국 사람이었다. 2010년 〈의형제〉를 세상에 공개한 이래 5년 만에 단일제작자로서 가장 많은 편수의 영화를 제작할 수 있었던 비결은 다름 아닌 상생이다. 장원석 프로듀서의 손을 거쳐 간 영화 중엔 유난히 공동제작이 많다. "당장 눈앞의 수익에 매달리기보다는 함께하는 파트너들의 이익을 중요하게 생각한다. 당장 손해를 보더라도 기본적인 원칙을 지켜왔다. 신뢰는 돈으로도 살 수 없다." 자신의 입장과 형편만을 내세우지 않고 상대와 함께 가려는 그의 노력은 결국 믿을만한 파트너라는 인식을 주변에 심어줬다. 네트워크가 자리 잡은 뒤엔 좋은 이야기, 재미있는 아이템들이 자연스럽게 모여들었다.

프로듀서로서 장원석의 진가가 발휘되는 건 그 다음부터다. 사람들이 모이고 협업의 시스템이 갖춰진 다음 가장 우선해야 할 일은 바로 좋은 이야기를 고르는 일이었다. "개인적으로 부탁을 거절하는 게 제일 어렵다." 는 장원석 프로듀서는 여기서 다시 기본으로 돌아간다. 바로 자신이 할 수 있는 일을 하는 것. 판이 커지고 기회가 많아지면 욕심을 부릴 수도 있기 마련인데, 그는 자신이 재미있다고 생각하는 이야기에 집중하고 처리할 수 있는 일에 집중하며 하나씩 결과물을 만들어왔다. 여기서 간과할 수 없는 것은 이 프로젝트들을 실현시킨 사람 장원석의 포용력이다. 여러 이해당사자들이 모인 만큼 프로젝트를 결과까지 이끌어가는 것이 관건인데, 장원석 프로듀서는 수많은 이해관계 속에서 분쟁을 조정하고 입장을 조율하는 조정자의 역할을 자처했다. 스스로 "말하기보다는 듣는 걸 좋아하는 사람"이라는 그는 몸에 배인 배려와 겸손으로 함께 일하고 싶은 환경을 만들어간다. 결국 사람이 하는 일이고 역시나 사람이 먼저다.

———

글 · 송경원

왕성한 활동으로 정평이 나있다. 프로듀서들이 보통 몇 편의 작품을 동시에 진행하는 게 다반사지만 그 중에서도 유난히 많은 작품을 한 번에 진행하는 편이다.

2019년에 대략 열댓 편이 조금 넘는 작품을 준비하고 있다. 〈어쩌다 결혼〉, 〈악인전〉, 〈지푸라기라도 잡고 싶은 짐승들〉, 〈타짜3〉, 〈롱 리브 더 킹〉 등등 막상 꼽아 보니 많은 것 같기도 하다. (웃음) 오래 전부터 해 왔던 것들, 다져왔던 것들이 최근 들어 결실을 맺고 있다고 본다. 정직, 신뢰, 겸손, 배려 등등. 막상 입 밖으로 꺼내면 구태의연하고 민망한 단어들인데 어렸을 때부터 진심으로 그런 가치들이 중요하다고 믿고 행동해왔다. 가령 이런 식이다. 선생님이 휴지는 휴지통에 버려야 한다고 했는데 휴지통 주변이 더 지저분한 거다. 그러면 쉬는 시간에 일일이 주워서 휴지통에 넣었고 주변에서 바보라고 놀림을 받았다. 하지만 배우면 그렇게 해야 한다고 믿으면서 살아왔다. 일을 하면서 당장은 손해 보는 것 같아도 기본적인 원칙들을 지켜왔다. 답답하고 더뎌 보이는 일이라도 멀리 봤을 때는 기준들을 지키고 가는 게 도움이 되기 때문이다. 신뢰와 같은 가치들은 돈으로 살 수가 없다. 행동과 시간, 경험들이 필요하다. 함께 일하는 사람들이 나를 정직하고 믿을 만한 파트너로 인식하길 바랐다. 그렇게 시간이 쌓이다 보니 최근에 일이 몰리는 것 같다.

최근에 부쩍 프로젝트가 많이 몰린 이유가 있을까.

2017년 연말에 〈범죄도시〉, 〈대장 김창수〉, 〈기억의 밤〉을 개봉했다. 그 즈음, 그러니까 합정동 사무실에 이사했던 작년 말 영화들이 계속 들어왔다. 당연히 어느 날 갑자기 떨어진 작품들이 아니다. 생각해보면 〈왕의 남자〉 제작실장을 할 때부터 개별 작품에만 집중하는 걸 넘어 업계의 방향에 대해 의식하기 시작했던 것 같다. 개인적으로 제작사가 첫 번째 작품을 하는 게 제일 힘들다고 생각한다. 거기서 일정 정도의 결과를 내면 기회는 찾아온다. 내 경우엔 그런 연결들이 끊이지 않고 이어졌다. 운이 좋

은 것도 있었다. 하지만 그때도 당장 눈 앞의 작품만큼 앞으로 이어질 방향에 대해 고민했다. 그 결과가 지금의 흐름이다. 몇 해만 반짝하고 사라질 거라 생각지는 않는다. 이제 어느 정도는 흐름 위에 올라서 있다고 본다. 2006년에 영화사 대표가 되어 준비를 시작했고 2010년에 〈의형제〉와 〈평행이론〉을 세상에 내놓았다. 영화진흥위원회 기준으로 5년 만에 단일 제작자로서는 가장 많은 영화를 제작했다고 나오더라. 2018년 기준으로 25편 정도 제작, 공동제작 타이틀을 가지고 있다. 평균적으로 매년 3편 정도는 작업한 셈이다.

의지만 가지고 되는 게 아닐 텐데 다작을 유지할 수 있는 비결이라면?

일단 남들이 하는 걸 거의 안 한다. 사생활이 거의 없다. (웃음) 시간을 최대한 쪼개서 활용하는 편이다. 작품이 궤도에 들어가면 신뢰할만한 프로듀서들을 고용해서 협업을 시작한다. 공동제작도 많이 하는 편이고.

한국에서 최근 공동제작의 형태가 두드러지고 있다. 어떻게 보면 그 물꼬를 튼 셈인데.

예전에는 공동제작을 꺼려하는 분위기였는데 확실히 많이 늘었다. 공동제작은 기본적으로 각 회사가 필요에 의해 결합하는 거다. A라는 회사가 좋은 이야기를 가지고 있는데 인력을 꾸릴 망이 부족하고, B라는 회사가 감독이나 인력들과의 네트워크가 좋은 경우, C라는 회사가 자금이 부족한 경우 연결을 잘 시키면 작품을 성사시킬 수 있다. 결국 공동제작이라는 게 작품을 완성시키기 위해 힘을 보태자는 거니까 시작하는 단위에서 힘을 합치며. 예전에는 단독으로 하고 싶어 하고 나누는 걸 꺼려했는데 최근에는 시장 자체가 치열해지다 보니 살아남기 위해 협업이 필수적이라고 느끼는 것 같다. 한국영화 생태계가 점점 고도화 되어 간다고 볼 수도 있다. 이런 방식의 결합이 어색하지 않은 분위기가 형성된 거다. 언젠가는

CJ와 쇼박스가 손을 잡고 영화를 제작하는 날도 올 수 있을 거라고 생각한다. 그렇게까지 유연해질 수 있다면 한국영화 전체가 일보 전진할 수 있을 것이다.

하지만 실제로 협업을 하다 보면 충돌이 없을 수 없는데 이를 조정하는 원칙이 있나.

프로젝트 때 생길 수 있는 충돌을 조정하는 건 개별 사안마다 모두 달라서 법칙이란 게 있을 수 없다. 그래도 경험을 쌓으며 깨달은 게 있다면 서로 다른 성향을 간파하고 맞추는 게 핵심이란 거다. 키워드는, 또 바른 생활 교과서 같은 이야기처럼 들리겠지만 양보와 배려, 겸손이다. 그런 마음으로 임하면 부딪칠 일이 없다.

어떻게 보면 사업단위에서 참 안 어울리는 말이다.

그렇게 들리겠지만 실은 이제 진짜 비결이다. 공동생활, 사회생활을 하려면 이기적이고 배타적이면 살아남을 수가 없다. 스스로 먼저 계단이 될 수 있다는 마음이 필요하다. 당장은 보이지 않아도 멀리 보면 자신에게 모두 돌아온다. 사회가 발전할수록 세상이 좀 더 현명해진다고 믿는다. 요즘 뉴스를 보면 도덕적으로 문제가 있는 인사들이 연일 구설에 오르내리지 않나. 도덕적 가치, 올바름을 지켰을 때 스스로에게 도움이 되는 걸 다들 목격하고 고개를 끄덕이는 중이다. 예전에는 배우들 외모, 연기력을 먼저 봤지만 요즘엔 인성이 더 중요하다. 연기는 기본이다. 그건 제작자도 마찬가지다. 리스크를 줄이는 기본은 스스로 인성을 갈고 닦는 거다. 나는 아주 단순한 것부터 시작했다. 선배 제작자 중에 상대에게 말을 높이는 걸 본 적이 없다. 나는 지금도 현장의 막내들에게도 존대를 한다. 존중, 사소한 것 같지만 중요하다. 상대를 배려하면 나중에 가치가 되어 돌아오기 마련이다. 예전에는 사람들에게 예의 있게 대하라고 충고 했다면 요즘엔 예의 있게 해야만 한다고 강조한다.

구체적인 사례를 듣고 싶다. 첫 공동제작 작품은 무엇이었나.

첫 시작부터 공동제작이었다. 〈의형제〉 시나리오를 투자사에 세 바퀴를 돌렸는데 매번 거절당했다. 그 대본은 제가 던진 아이템으로 처음부터 장민석 작가님이 송강호 배우를 놓고 쓴 거였다. 지금 에이스메이커 대표인 정현주 씨가 당시 청어람에서 〈괴물〉 마케팅을 하고 있을 때 친분이 있어 송강호 배우에게 책을 드렸고 이후 정연주 씨가 청어람으로 옮겨가면서 첫 단추가 꿰어졌다. 주연배우를 잡았는데 감독이 없는 상태였고 장훈 감독님과 연이 닿았다. 당시 장훈 감독도 유사한 소재의 다른 시나리오를 준비 중이었는데 〈의형제〉를 읽어보곤 이게 더 재미있다고 합류했다. 다만 김기덕 사단이라는 울타리를 벗어나기가 쉽지 않은 상황이었기 때문

에 김기덕 감독님을 만났다. 요구는 간단했다. 프로덕션을 달라. 제작비를 낮추겠다. 근데 프로덕션은 나도 잘 할 수 있었다. 여기서 서로 욕심을 부리면 작품이 엎어지는 거다. 정현주 씨와 함께 고민하다가 문득 그 생각이 들었다. 이건 어차피 죽은 작품이었는데 이런 형태라도 만들어지면 좋은 일 아닌가? 그렇게 루비콘 픽쳐스, 다세포클럽, 쇼박스 미디어플렉스의 공동제작이 성사됐다

양보와 타협이라고 말하긴 쉽지만 실제 공동제작이 쉽지 않았을 텐데.

　대부분 공동제작을 하자고 찾아오는 분들은 업계에서 아직 자리를 잡지 못한 분들인 경우가 많다. 그 상황에서 세게 나가거나 그분들을 업신여기거나 한다면 상황이 갈등으로 갈 수 있겠지만 서로 존중하려고 했기 때문에 특별히 힘든 적은 없었다. 영화가 힘든 것은 60~70% 는 감독 때문이다. 감독님의 성향 때문에 힘든 적은 있다. 앞서 말한 것처럼 작은 손해들을 감수하고 상대를 먼저 배려하다 보면 그게 결국 사람으로 돌아온다. 나는 한번 작업했던 분들과 지속적으로 관계를 이어나간다. 제작자분들도 다시 같이 일하자고 말씀하신다.

이야기를 듣다 보면 파트너로서 업무적인 관계 이상의 정서적인 결속을 유지하려고 노력하는 것처럼 보인다.

　우선 사람 장원석으로 먼저 다가가려고 한다. 일 때문에 만났지만 인간적으로도 친해지려고 노력하는 편이다. 그런 진심, 혹은 경향이 맞는 사람들을 찾고 꾸준히 관계를 이어가는 게 원동력이라면 원동력이다. 물론 성향이 맞지 않아 그저 비즈니스 파트너로 끝날 수도 있다. 지나친 친분 때문에 작품을 망칠 우려도 있다. 개인 장원석과 프로듀서, 제작자 장원석의 엄격한 구분이 필요한 순간도 적지 않다. 결국 그 균형점을 찾아나가는 게 경험이고 관록이 아닐까 싶다. 시행착오가 많았다. 예전에는 배우

랑 친하다고 먼저 제안했다가 오해가 생기기도 하고, 회사에 먼저 이야기 했다가 배우가 섭섭해 하는 경우도 있었다. 지금은 나름 궤도에 올랐다고 생각한다.

영화배우들과 친분이 두텁다. 배우들과의 유대관계를 잘 유지하는 비결이 있을까.

좌우명이 '성실'이다. 그게 기본이라고 생각한다. 기본이 단단하면 흔들리지 않는다. 그런 태도를 견지하면 뚝심처럼 보일 때도 있을 것이다. 순간순간 최선을 다하고 시간을 투자하는 것이 중요하다. 동시에 나를 낮출 줄 알아야 한다. 고집으로 보이면 곤란하다. 인간의 본질은 어우러져 사는 것인데 나 혼자 잘났다고 하는 순간 살 수가 없다고 생각한다. 잘 어울리기 위해서는 상대방을 더 배려하고 존중해야 잘 살 수 있다고 생각한다. 성실과 겸손이 나의 두 바퀴다. 신뢰를 주기 위해선 내가 먼저 믿을 만한 사람이 되어야 한다.

> **장원석이 생각하는 공동제작의 방향과 가치관**
>
> "공동제작은 신뢰를 바탕으로 해야 한다. 혼자서 작업할 수 있다면 그게 제일 편하다. 하지만 상황이 여의치 않고 서로가 아쉬운 부분이 있기 때문에 프로젝트를 중심으로 공동제작을 하는 거다. 이럴 땐 당연히 자신의 입장과 손익을 먼저 따지게 되는 게 자연스러운 반응이다. 그런데 생각해보면 그건 상대방도 마찬가지다. 서로의 입장을 내세운다면 결국 평행선을 달릴 수밖에 없다. 단순하게 생각해야 한다. 중요한 건 프로젝트다. 이 작품을 어떻게 성사시킬 것인지, 어떻게 하면 좋은 작품을 선보일 수 있는지 그걸 먼저 생각해야 한다. 우선순위의 문제다. 프로젝트가 첫 번째가 되고 나면 나머지는 자연스럽게 정리가 된다. 당장은 작은 손해처럼 보이는 것들도 결국엔 이익으로 돌아온다. 가장 큰 손해는 아무것도 하지 않고, 아무것도 일어나지 않는 것이다. 그것에 비하면 나머지는 사소하다. 최근 시장의 판세를 보면 한국영화의 규모가 커지고 제작비가 상승하면서 필연적으로 공동제작 형태가 많아질 수밖에 없는 상황이다. 변화된 환경에서 무엇이 서로를 위한 일인지 장기적인 안목으로 바라볼 필요가 있다. 어찌 보면 이건 경쟁이 아니라 동반 마라톤이다. 결국 끝까지 가기 위해서는 함께 가야 한다."

24시간 쉬지 않고 일을 한다고 했는데, 그렇게 일이 재미있나.

당연하다. 내가 생각해도 영화 일에 반쯤 미쳐 있다. (웃음) 어렸을 때 집이 가난해서 생각이 많았다. 돌이켜 보면 그게 단단해지는 과정이었다. 나는 중2 때부터 직업을 찾기 시작했고 비교적 일찍 영화를 내 길로 결정했다. 넓은 우주를 생각해보면 사람의 삶이라는 게 한없이 사소하고 작지 않나. 인생도 짧은데 기왕이면 재미있게, 다양하게 살고 싶었다. 하나의 직군에 갇히고 싶지 않았다. 그래서 결정한 게 영화다. 영화를 만드는 동안 다양한 간접경험을 해볼 수 있다는 게 좋았다. 또 기본적으로 영화 하는 사람들은 역마살이 껴 있다. 세계 방방곡곡을 가보고 싶었다.

처음부터 제작자나 프로듀서를 꿈꾼 건 아닌가 보다.

당연하지. 그게 어떤 일인지 감도 못 잡을 때인데. (웃음) 처음에는 감독을 하고 싶었다. 감독이 실제적으로 삶을 창조하는 사람이라고 믿었기 때문이다. 사실 배우가 아니라면 누구나 그렇지 않을까? (웃음) 하지만 각자 재능을 꽃피울 수 있는 영역이 다르다는 걸 깨달았다. 계속 영화를 하고 싶다면 어느 시점에서는 결정을 해야 했다. 〈빙우〉가 끝나고 〈왕의 남자〉 하기 전에 감독을 준비했는데 주변에서 다들 피디가 맞다, 라고 이야기를 해주어서 그때부터 프로듀서로 방향을 틀었다. 지금 생각해보면 딱 적성을 찾아간 셈이다. 어릴 적부터 사람을 관찰하는 게 좋았다. 나는 기본적으로 염세적인 사람이다. 냉정한 시선으로 거리를 두고 사물과 현상을 관찰하는 것, 프로듀서에게 진짜 필요한 재능이더라.

말씀을 정리해보면 어릴 적부터 사물을 바라보는 시야가 넓었던 것 같다.

늘 철학적으로 사고를 하려고 노력한다. 난관에 봉착하면 끝까지 파는 편이다. '행복이란 무엇인가.'에 꽂혀서 그 질문만 3개월 넘게 붙잡고 끙끙 앓은 적도 있다. 거슬러 올라가면 그것도 집안 형편이 넉넉하지 않았던

덕분인 것 같다. 초등학교 4학년 때 주인집에 딸린 방 한 칸에 온 가족이
다 함께 살았다. 하교를 하고 집에 올 때마다 부모님의 기분을 살펴야 했
다. 부모님의 기분이 왜 저럴까를 가만히 살펴보니, 꽤 많은 경우 주인집
아주머니의 기분에 좌우된다는 걸 깨달았다. 그래서 하교하면 주인집 분
위기부터 살피는 버릇이 생겼다. 주인집에서 밝은 목소리가 들리면 나도
기분이 좋게 집으로 가고, 큰소리가 나면 조용히 집으로 갔다. 사람을 관
찰하고 관계를 조율하는 습관은 그때부터 생겼나 보다. (웃음)

**영화라는 일의 장점이 다양한 삶을 느껴볼 수 있다는 점이었다면 프로듀서의 매력
은 무엇인가**

　재미와 매력보다는 소명에 대해 말하고 싶다. 내가 대단한 일을 한다

고 생각해 본 적 없다. 주변에선 영화 일을 한다고 하면 뭔가 신나고 반짝이는 일인 양 잔뜩 기대를 하지만 스스로는 그저 평범한 일을 하고 있다고 생각한다. 이건 일이다. 일은 원래 힘든 것이다. 영화 일을 하면서 안 힘들다고 말하는 사람을 나는 만나 본 적이 없다. 안 힘들면 뭔가 잘못되어 간다는 신호다. (웃음) 재미를 느끼는 부분은 매진했던 일이 결실을 맺는 순간이다. 영화 완성되고 누가 내 영화를 보고 즐겨주는 것을 보기 위해 그 모든 고된 과정을 견딘다. 거듭 말하지만 혼자 사는 사람은 없다. 내가 지금의 위치에서 영화 일을 할 수 있는 건 사회로부터 받은 보이지 않는 여러 혜택들의 결과다. 사회로부터 받은 것을 보답할 수 있는 길은 좋은 영화를 만들어 관객들에게 재미와 감동을 주는 거다. 그게 내 소명이다.

1인 제작자의 역량에 기대던 시대에서 점차 시스템이 중요시 되는 분위기로 넘어가고 있다. 과거에 비해 한국영화에서 제작자의 위치와 위상이 어떻게 바뀌었나.

이제는 콘텐츠가 중요하다. 좋은 콘텐츠를 만들어야 좋은 감독, 배우가 들어온다. 좋은 콘텐츠를 만들어야 하는 것이 제작사의 책임이고 프로듀서의 능력이다. 스타 피디가 줄어들고 있다고 하지만 전반적으로는 업무의 중요도는 더욱 부각되고 있다고 본다. 예전에는 1인 프로듀서의 판단에 모든 게 좌우되었다면 이젠 프로젝트의 당위성이 시스템 안에서 증명되어야 하고 이걸 개별 주체들, 그러니까 투자사, 배우, 배급사 등에게 납득시켜야 한다. 콘텐츠의 질을 좌우하는 기본은 결국 프로듀서다. 다만 예전보다 검증과정이 더욱 촘촘해졌을 따름이다.

조정자로서 역할을 주로 말씀하셨지만 한편으로는 본인이 맞는다고 생각하면 뚝심 있게 밀어붙이는 일면도 있다.

정답은 없다. 100명이 영화를 보면 100명의 의견이 다 다르다. 주관적인 글과 감상에서 객관적인 데이터를 뽑아내는 작업이 프로듀서의 일이다. 어렸을 때부터 좋아했던 속담이 '타산지석'이다. 구태의연한 말이지만 실패에서 배운다. 실패의 다른 말은 결국 '성장'이다. 삶은 태어나서 죽을 때까지 성장하는 과정이다. 나는 어떻게 하면 끊임없이 성장할 수 있을까를 늘 고민해왔고 지금도 고민 중이다. 껍질을 깨야 하는 순간마다 걸음을 멈추고 주변의 이야기를 듣는다. 자기자랑을 하자면 나는 자기 객관화가 꽤 잘 되는 편이다. (웃음) 자리가 올라갈수록, 경험이 쌓일수록 주변의 목소리를 듣지 못하는 경우가 많다. 벽이 생기는 거다. 지금도 꾸준히 동료들, 직원들의 목소리를 듣기 위해 노력 중이다. 주변 사람들이 내 눈치를 보기 시작하면 끝장이다. 내게 편하게 이야기 할 수 있도록 최대한 나를 낮춰야 한다. 굳이 모두에게 존대를 하는 것도 그런 이유다.

필모그래피를 보았을 때 대체적으로 남자 영화 그리고 범죄 액션물이 많다. 대체로 그런 작품들이 성공적이었다. 원래부터 이런 장르물과 이야기에 관심이 많았나?

스스로 영화 마니아라고 자부한다. 특정 장르를 선호하는 편은 아닌데 하다 보니 범죄나 스릴러 영화가 결과적으로 좋은 성적을 거뒀다. 〈최종병기 활〉, 〈의형제〉, 〈내가 살인범이다〉, 〈범죄도시〉, 〈끝까지 간다〉처럼 색깔이 강한 장르는 상대적으로 잘됐다. 반면 개인적으로 공을 들였고 애착이 있었던 〈577프로젝트〉, 〈집으로 가는 길〉, 〈터널〉 등은 비교적 주목도가 떨어진다. 의도한 건 아니다. 그래서 반대로 더 의식적으로 다른 장르들을 건드려보고 싶은 욕심도 있다. 내년에는 정말 철학적인 영화라고 생각하는 작품들, 크고 작은 작품들도 참여하려고 한다. 내가 봤을 때 재미있으면 한다. 우선 그게 첫 번째 원칙이다.

큰 규모에만 매달리지 않고 저예산영화 제작에도 꾸준히 관심을 기울여왔다.

사실 프로듀서로서 특히 힘들 때가 바로 저예산 영화를 맡았을 때다. 〈청춘 그루브〉, 〈577프로젝트〉 등등 내가 사랑하는 영화들이었지만 막상 제작할 때는 너무 힘들었다. 돈이 없어서 노 개런티로 현장 PD도 자처했다. 그럼에도 놓고 싶지 않은 건 이쩌면 일종의 사명감이다. 내가 할 수 있는 한은 어떻게든 저예산영화는 꼭 지원하고, 도전해야 한다는 소명의식. 저예산영화야말로 상업영화의 자양분이다. 죽을 것 같이 힘들어서 피해 다니는데 막상 좋은 콘텐츠를 만나면 뭔가에 홀린 것처럼 그걸 하고 있더라. (웃음)

좋은 콘텐츠의 기준이 무엇인가.

좋은 질문이다. 프로듀서라면 콘텐츠를 판단하는 훈련을 해야 한다. 언제나 그렇듯이 왕도는 정해져 있다. 우선 영화를 많이 봐야 하고, 시나리오도 써봐야 하고, 좋은 시나리오도 많이 읽어보는 것이다. 글도 써봐야 하고 자료도 많이 찾아보고 기획을 직접 해보기도 해야 한다. 그렇게 오랜 시간을 투자하면 결국 쌓인다. 그게 어느 순간 시나리오를 보는 눈으로, 감으로 깨어나는 것이다. 나 역시 영화 일을 갓 시작했을 때는 대중영화, 상업영화를 경시했다. 그런데 업계를 알면 알수록 관객의 눈높이라는 것에 감탄하게 됐다. 동시대를 살아가는 관객들이 즐거워하는 영화가 좋다. 영화에 정답은 없지만 프로듀서로서의 정답은 있다. 최대한 많은 사람들이 재미있다고 느낄 수 있는 영화가 좋은 영화다. 내가 재미없었는데 다들 재미있게 보면 일단 내 눈을 의심한다. 다시 꼼꼼히 보고 나와 대중적인 눈높이의 차이를 고민한다. 지금은 관객들과의 눈높이에 거의 일치한다고 느낀다.

평단에서 좋은 반응을 얻는 영화와 상업적으로 흥행할 수 있는 영화가 다를까.

평론가나 기자들은 영화를 너무 많이, 너무 깊게 본다. 일반인과 영화를 보는 기준이 다르다는 것을 인정해야 한다. 점점 평론과 대중의 거리가 멀어지는 건 그만한 이유가 있다고 본다. 예전에는 영화의 미장센에 대해서 궁금해 했었다면 이제는 그렇지 않다. 한 줄이나 별점으로 영화의 감상을 끝낸다. 요즘 관객들은 스토리를 좇아간다. 프로듀서의 최우선 순위는 관객이다. 제작자는 대중의 눈을 끌어올려야 한다는 생각이 아니라 대중의 눈에 맞춰야 한다.

대중의 시선도 시대마다, 흐름마다 바뀐다. 눈높이를 맞추는 훈련을 따로 하는 편인가.

아무리 바빠도 기본적인 문화 콘텐츠들은 다 찾아본다. 가령 예전에 〈무한도전〉 같은 예능은 봐줘야 한다. 얼마 전 드라마 〈미스터 썬샤인〉도 그렇다. 마니아 사이에서도 관심도가 높은 콘텐츠는 꾸준히 팔로우 한다. 뉴스 검색도 많이 한다. 습관처럼 많이 본 뉴스에 올라와 있는 기사는 체크한다. 매주 흥행하는 영화는 꼭 찾아보고, 분석한다. 최근에는 왜 〈보헤미안 랩소디〉가 잘될까? 나도 이런 영화 만들고 싶다, 이런 생각을 많이 했다. 한국 관객들이 축제를 즐기는 성향이 있다. 그런 부분에서 〈보헤미안 랩소디〉가 잘 맞아떨어지지 않았나 싶다. 〈범죄도시〉와 〈성난황소〉도 같은 맥락에서 만들었다. 암울한 시대에는 주제를 이야기하고, 희망과 과거사를 통한 반성을 이야기 했는데 지금 이 시대는 아무 생각 없이 웃고 즐길 수 있는 영화를 좋아할 것 같아서 만들었다. 동어반복, 이미지 소비라는 비판도 있었지만 필요한 판단이었다고 생각한다.

<범죄도시>에 비해 <대장 김창수>는 흥행이 부진했다. 매우 애착이 있었던 프로젝트였다고 들었는데 이유가 뭘까.

그게 바로 이유다. 내가 너무 영화에 빠져 있었다. 김구 선생은 이미 그 시절의 슈퍼 히어로로 같은 존재였다. 5분짜리 피칭으로 이 인물의 아이러니를 담아내면 너무 매력적이다. 문제는 그걸 2시간짜리 영화로 풀었을 때의 감각을 상상해야 하는데 그 부분을 놓친 면이 있다. 관객을 설득했어야 하는데 주인공인 김구 선생이 한국역사에서 가지고 있는 의미와 위치에 내가 너무 심취해서 충분하다고 착각한 거다. 드라마를 좀 더 재미있게 짰어야 하는데 실존인물이기 때문에 함부로 건드리기 쉽지 않은 측면도 있었다. 두 번째는 〈대장 김창수〉 개봉 당시의 관람 성향과 분위기가 바뀐 것도 있다. 시대가 어수선하니 단순 명료한 오락영화에 대한 수요가 높아진 것 같다. 그런 흐름을 파악하는 것도 중요한 포인트인데 놓친 부분이 있다. 반면 〈범죄도시〉는 300~400만 관객을 예상했는데 너무 잘 되어

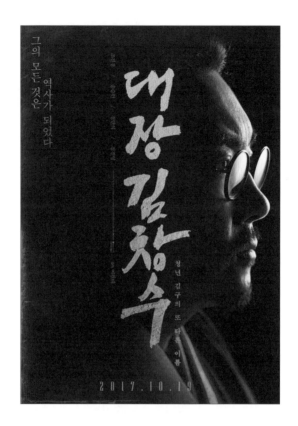

서 겁이 난다. 몇 십 억이 투입된 프로젝트에서 평정심을 유지하기란 쉬운 일이 아니다. 결국 프로듀서는 항상 냉정한 거리를 유지할 필요가 있다. 결과를 책임져야 하는 위치에 있기 때문이다.

배급사들의 난립과 OTT시장의 형성, 드라마 제작으로 영화인력의 유출 등 현재 영화산업은 역동적인 변화 속에 놓여 있다. 현시점에서 한국영화 산업의 미래를 어떻게 전망하는가.

외형적으로 최근 몇 년간 정체다. 하지만 분명히 성장한다. 할 수 밖에 없다. 한국만 놓고 보면 정체되어 있거나 극장들이 줄어드는 추세이지만 시야를 넓혀보면 당장 수출이 늘어나고 있다. 일본, 중국은 여전히 큰 시장이고 최근엔 베트남을 비롯한 동남아시아 시장이 본격적으로 확장되고 있는 추세다. 또 하나, 통일 이슈가 있다. 여러 산업 분야가 영향을 받겠지만 영화, 방송, 콘텐츠 분야는 특히 큰 수혜를 받을 거라 생각한다. 50년이 넘는 기간 동안 생긴 문화적 격차를 좁혀야 한다. 그걸 가장 효율적으로 수행할 수 있는 분야가 바로 영상물이다. 북한에서 한국드라마가 유행하는 건 이미 공공연한 사실이다. 교류만 안정적으로 자리 잡으면 시장은 극적으로 확장될 것으로 예상한다. 파도가 높아진 후에는 올라타기 어렵다. 그 전에 준비를 하고 먼저 뛰어들어야 파도를 탈 수 있다. 시간이 지나면 진입장벽이 두터워질 것이다. 순식간이다. 지금이 투자 배급을 할 수 있는 마지막 찬스라고 생각한다. 어떻게 보면 지금 무리가 될 정도로 많은 프로젝트를 돌리고 있는 건 그런 이유도 있다. 지금 열심히 노를 저어 굳히기에 들어가려고 한다. (웃음) 할 수 있는 한 많이 할거다. 그걸 꾸준히 하려 한다. 양과 질, 두 가지 모두 놓치지 않을 자신이 있다.

장기적으로 시장이 성장할 거란 가정 하에, 영화 프로듀서를 꿈꾸는 후배들이 어떤 준비를 하면 좋을까.

나는 시간의 힘을 믿는다. 시간과 노력은 배신하지 않는다. 과거의 내가 축적되어 오늘의 내가 있는 거다. 미래를 가지고 싶다면 오늘 투자하시라. 거기에 굳이 하나 더 보탠다면 겸손하시라. 시간 앞에 겸손하시라. 하루는 길지만 시간은 생각보다 쏜살같이 지나간다. 눈을 감았다 뜰 때마다 달라진 주변을 발견하실 수 있을 것이다.

이성훈
프로듀서

서울예술대학 영화과
현, (주)큐로홀딩스 영화사업부문장

| 필모그래피 |

영화
〈프리즌〉 (2017) 제작
〈미안해 사랑해 고마워〉 (2015) 총괄 프로듀서
〈동창생〉 (2013) 총괄 프로듀서
〈너는 펫〉 (2011) 프로듀서
〈오직 그대만〉 (2011) 프로듀서
〈식객 : 김치전쟁〉 (2010) 기획/프로듀서
〈미인도〉 (2008) 기획/프로듀서
〈식객〉 (2007) 기획/제작 총지휘
〈태극기 휘날리며〉 (2004) 프로듀서
〈블루〉 (2003) 프로듀서
〈몽정기〉 (2002) 프로듀서
〈오버 더 레인보우〉 (2002) 라인 프로듀서
〈단적비연수〉 (2000) 제작실장
〈쉬리〉 (1999) 제작부장
〈지상만가〉 (1997) 제작부

프로듀서 이성훈의 현재진행형인 영화인생 25년은 3막으로 이뤄져 있다. 그 첫 막은 신화에 가깝다. 영화를 전공하지도 않았고 씨네필도 아니었던 그는 1995년 무작정 영화계에 뛰어들어 온몸을 던지는 투지와 온 마음을 쏟아붓는 열정으로 매사에 임했다. 그 덕에 그는 당시 최대 규모 영화였던 〈쉬리〉의 제작부장과 〈단적비연수〉의 제작실장을 차례로 맡을 수 있었고, 마침내 한국형 블록버스터 영화의 한 획을 그었던 〈태극기 휘날리며〉의 프로듀서로 이름을 날린다. 이 모든 일이 영화계에 입문한 지 10년도 안된 기간 동안 벌어졌다. 그는 마치 '블록버스터 영화 전문 프로듀서'라는 운명을 갖고 태어난 듯 보였다. 최소한 영화 현장에서만큼 그는 한국 영화계에서 가장 유능한 인물 중 하나로 손꼽혔다. 주위 사람들뿐 아니라 그 스스로도 이제 곧 거대한 날개를 펼치고 위대한 비상을 시작할 것이라 생각할 무렵, 그는 커다란 시련을 맞이한다. 그에게 영화를 가르쳐 줬고 프로듀서로서의 길을 알려줬던 강제규 감독과 멀어진 것이다. 이것은 그에게는 단순한 결별이 아니라 '표류'를 의미했다. 이후 그가 영화계를 떠돌며 힘들게 보내야 했던 수 년의 시간은 스승의 후광과 조직의 힘을 배제한 '프로듀서 이성훈'의 존재감이 그리 대단치 않다는 현실을 깨우치는 시간이었다.

이성훈 프로듀서의 영화인생 2막은 이러한 깨달음에서 시작된다. 〈식객〉〈미인도〉〈식객: 김치전쟁〉은 그가 자신의 이름을 '브랜드화'하는 방법을 고민한 결과물이다. 거대한 제작사에서 일했지만 정작 자신의 이름은 그 화려한 간판의 그늘 아래 묻혔다는 생각 때문인지 그는 '프로듀서 이성훈'이라는 크레디트를 전면에 내세우고자 했다. 비슷한 경력을 가진 프로듀서들과 달리 그는 자신의 제작사를 만드는 대신, 남의 제작사에서 자신의 이름을 걸고 영화를 만들었다. 이러한 과정 속에서 그는 자신의 강점을 '현장 지휘 능력'에서 '기획개발 능력' 쪽으로 꾸준히 이동시킨다. 그것이야말로 '프로듀서 이성훈'이라는 브랜드를 세상 속에 각인시키는 방법이라고 생각한 것이다. 그렇게 기획개발과 현장 지휘 모두에 능하다는 인식을 심어냄으로써 그는 일종의 '해결사' 역할을 자임한다. 〈너는 펫〉〈동창생〉〈미안해 사랑해 고마워〉는 그가 기획, 캐스팅, 현장 진행, 투자사와의 협업 등 프로듀서가 해야 할 모든 업무에 능통하다는 사실을 보여준 영화들이다.

이성훈의 영화인생 3막은 그가 그토록 거부했던 자신의 제작사를 만들면서 시작된다. (하지만 이 막의 결말은 대단한 반전을 내포한다.) 그는 〈프리즌〉을 만들면서 영화사 나인을 창립한다. 애초 순조롭게 출발했던 이 프로젝트는 투자사의 최종 투자심사에서 탈락하고, 이성훈은 영화인생 최대의 위기를 맞게 된다. 이미 2억 원에 가까운 개인 비용이 들어간 가운데, 투자가 무산될 조짐을 보이면서 그는 스태프에게 줄 잔금 1억 5천만 원을 마련하기 위해 전세를 뺄 준비까지 한다. 다행히도 극적으로 투자가 성사되면서 〈프리즌〉은 제 궤도에 올랐지만, '제작자 이성훈'의 내적 불안감은 가시지 않았다. 그것은 한국 영화산업 속 프로듀서/제작자의 구조적 불안정성과 관련되는 '존재적' 문제였다. 꽤 잘나간다는 제작사조차 자기 자본을 축적하기 어려운 수익 배분 구조 속에서 항상 기획개발비와 경상비라는 '두 마리 괴물'과 싸워야 한다는 사실은 여전히 그를 괴롭히고 있었다. 그 와중 그는 놀라운 제안을 받게 된다. 큐로홀딩스라는 기업이 영화사 나인을 인수하겠다고 나선 것이다. 처음에는 머니게임을 위해 영화사를 이용하려나 보다 생각했지만 큐로홀딩스 부회장을 만나고 나니 믿음이 생겼다. 그는 치열한 고민 끝에 큐로홀딩스행을 선택했다. 가장 중요한 이유는 제작사로서 항상 버거울 수밖에 없는 기획개발비와 경상비를 해결해준다는 확약을 얻었기 때문이다. 큐로홀딩스라는 기업에 들어가면서 경상비는 아예 개입할 필요가 없어졌고, 기획개발비 또한 부족하지 않게 제공받게 됐다. 그가 7편의 프로젝트를 놓고 투자사와 기획개발 계약을 맺을 수 있었던 것도 이러한 시스템 덕분이다. 결국 그의 영화인생 3막은 대박이라는 확률 낮은 꿈을 버리는 대신 꾸준히 영화를 만들 수 있다는 현실적 기반을 선택함으로써 시작됐다.

"제작사 만들지 말아라." 자신의 영화인생을 돌아보며 그는 후배 프로듀서들에게 이렇게 얘기한다. 현실적이 되자는 것이다. 굳이 제작사를 만들어 경상비와 기획개발비라는 족쇄에 얽히지 말고, '프로듀서 이성훈'이 그랬듯 각자 자신의 이름을 브랜드로 만들어야 한다는 게 그의 조언이다. 그의 현실론은 더 나아간다. "제작 지분을 낮추는 대신 제작비의 7%를 제작 수수료로 받으면 좋겠다." 대박을 꿈꾸는 제작자/프로듀서들에게는 투자사에 굴종해 '노예'가 되자는 이야기로 들릴 수도 있겠지만, 그는 이런 식으로라도 경상비와 기획개발비에서 해방되지 않으면 당장 프로듀서의 존립이 어렵다고 얘기한다. 결코 평탄치 않았던 이성훈 프로듀서의 영화인생 세 막은 우리에게 보다 현실적으로 살아가라고 충고하는 듯하다.

———

글 · 문 석

어떻게 영화계에 입문하게 됐나.

원래 꿈은 배우였다. 배우가 되기 위해서 무턱대고 영화발전소라는 제작소를 찾아가면서 영화 인생이 시작됐다. 그때가 1995년이었다.

배우에 대한 꿈은 어떻게 키우게 됐나.

어렸을 때부터 농구를 했다. 운동선수로 커나가기 위해 체대에 가려 했지만 고2 때 무릎 반월상 연골이 파열됐다. 그래도 체대에 가려고 계속 운동을 했지만 결국 실패했다. 3수까지 했는데 결국 다리 때문에 안 된다는 것을 알고 포기했다. 그래서 자동차 정비를 배우고 자격증도 따고 하면서 '아 내 인생은 이렇게 가나 보다.' 했는데 자꾸 연기에 관심을 갖게 되더라. 오래 전부터 배우에 대한 막연한 꿈을 갖고 있었던 것 같다. 남들 앞에서 나를 보여주는 것도 좋아했다.

영화발전소는 어떻게 알고 찾아가게 됐나.

당시 나는 자동차 정비를 하면서 아르바이트로 친구 카페에서 바텐더를 했는데, 훗날 〈지상만가〉를 만든 김희철 감독님이 손님으로 찾아왔다. 그분도 영화발전소에서 영화를 준비하고 있었다. 김 감독님에게 영화에 관해 이 얘기 저 얘기 듣다 보니 연기자에 대한 꿈이 더 커졌다. 그래서 그냥 내게 아무것도 안 해줘도 되니까 거기에 나가게만 해달라고 부탁을 드렸다. 그렇게 영화발전소로 찾아가게 된 것이다.

당시 영화발전소는 어떤 분위기였나.

강제규 감독님을 비롯해 중앙대 출신들이 많이 모여 있었다. 나중에 나와 계속 인연을 맺게 되는 전윤수 감독님도 거기서 만났고, 〈단적비연수〉의 박제현 감독, 〈구세주〉 했던 김정우 감독, 〈연애술사〉 만든 천세환 감독 등도 그때 거기에 있었다. 당시 영화발전소의 리더였던 강제규 감독님이 내게 "너는 일 하는 것 보면 연기자는 아닌 것 같으니 여기서 연출부 일 해볼래?"라고. 나도 뭔가를 가리고 할 때가 아니라고 생각했기에 연출부 일을 시작하기로 했다.

첫 영화 참여작은 <지상만가>다.

〈지상만가〉 때는 제작부원을 했는데, 그때 당시에는 지금과 같은 시스템이 없었다. 그냥 제작부장 한 명, 제작부원 한 명이 다였다. 차량을 가진 스태프도 거의 없었다. 촬영 버스 한 대에 의상, 소품, 카메라 장비까지 다 싣고 다닐 때였다. 그때 제작부 일을 처음 했는데 몸이 많이 힘들었다. 촬영 한 번 나가면 20시간씩 찍고 오고 이런 것은 기본이었으니까. 나이도 젊고 영화가 너무 좋아서 그랬는지 피곤한 줄도 모르고 열심히 했던 것 같다.

두 번째 영화인 <쉬리>에선 일약 제작부장이 되는데.

〈지상만가〉 때 내가 일하는 것을 강 감독님께서 잘 보셨는지 "너 이쪽 일을 계속 해봐라." 하면서 〈쉬리〉의 제작부장을 맡아 보라고 했다. 지금이야 대단한 존재가 아니지만, 그때만 해도 제작부장은 최고의 권력자였다. 나는 스물 여덟에 제작부장이 된 건데, 강제규 감독님께서 '나는 저 이성훈이라는 친구를 믿는다. 난 저 친구가 충분히 잘 해낼 것이라고 생각한다.'고 일종의 명령을 내린 덕분이었다. 〈쉬리〉의 순제작비는 22억 3천만 원이었는데, 정말이지 그때 기준으로 엄청나게 큰 돈을 관리하게 된 것이다.

경력이 충분하지 않은 상황이었는데 당시 제작부장 일이 힘들지 않았나.

정말 힘들었다. 지금 생각해보면 강제규 감독님이라는 큰 분이 있었기 때문에 버틸 수 있었던 것 같다. 강 감독님이 직접 제작부 하는 일에 관여하신 것은 아니지만, 든든한 산이 있다는 믿음을 갖고 있었던 것 같다. 그때는 미혼이라 집에도 거의 안 들어가고 사무실에서 숙식해가면서 그 작품을 끝냈다. 시나리오 작업부터 개봉까지 2년 6개월이 걸렸고, 프로덕션만 8개월 정도 걸렸다. 그때까지도 제작부는 제작부장인 나와 여성 제작부원 한 명, 이렇게 두 명뿐이었다.

그렇게 인원이 적으면 일은 어떻게 했나.

그 시절에는 다 그렇게 했다. 내가 섭외도 하러 다녀야 했고, 교통 통제도 해야 했고, 숙소도 잡아야 했고, 식사도 시켜야 했고, 스태프들에게 장비도 지급해야 했다. 그러니까 1인 10역 정도를 했다. 그때 그런 경험이 내가 영화판에서 변화를 꾀하는 데 단초가 됐던 것 같다. 이건 정말 말이 안 된다는 생각이었다.

제작부 2명이 그 영화를 만들었다고 하면 지금은 아무도 안 믿을 것 같다.

성말이지 아무도 안 믿는다. 나는 요즘 그렇게 열의를 갖고 일하자는 뜻에서 〈쉬리〉 때와 같은 과거 이야기를 젊은 친구들에게 하는데 다들 싫어하고 주위에서 말린다. (웃음) 아무튼 그렇게 〈쉬리〉 제작부장을 끝냈다. 흥행도 너무 잘됐고, 〈쉬리〉가 끝날 무렵, 이제 배우의 꿈은 버리고 제작 일을 전문적으로 해야겠다는 생각을 했다. 인생이 본격적으로 바뀌게 된 거다. 전문성을 익히지 않으면 언젠가 한계가 찾아올 거란 생각에 서울예대에 지원해 합격하기도 했다.

대학교 다니는 동안에는 영화 일을 쉰 것인가.

아니다. 학교를 다닌 지 6개월쯤 지났을 때 강 감독님의 호출이 왔다. "지금 작품이 하나 있는데 네가 와서 맡아줘야겠다."는 거다. 〈쉬리〉 이후 영화발전소가 없어지고 강제규 필름이라는 새로운 회사가 만들어진 상황이었는데, 강제규 필름에서는 〈은행나무 침대〉 속편 격인 〈단적비연수〉를 준비하고 있었다. 시나리오를 봤더니 스케일이 엄청난 판타지 사극인데다 이미숙, 최진실, 설경구 같은 대배우들과 당시 뜨거운 인기를 누리고 있던 김석훈까지 캐스팅돼 있었다. 그렇게 〈단적비연수〉를 하게 됐다. 이 영화도 예산 40억 이상 프로젝트였다. 내가 운이 좋았다고 말할 수밖에 없는 게, 〈쉬리〉도 당시 최고 제작비의 영화였고, 〈단적비연수〉도 마찬가지였다. 결국 당대 최고 예산을 움직여봤던 것 아닌가. 또 하나 운이 좋았던 점은 강제규 감독님이 내 위에 누군가를 안 뒀다는 것이다. 〈단적비연수〉에선 제작실장이었는데, 위에 프로듀서만 있었다. 그 PD가 이쪽 일을 전문적으로 하시던 분이 아니다 보니 실무는 내가 다 하게 됐던 거다. 어린 나이였지만 성장속도가 빨랐던 것도 그 덕분이다.

제작부원은 늘어났나.

그때도 제작실장 밑에 부장은 없었고 제작부원이 세 명뿐이었다. 말도 안 되는 시스템이라고 생각은 했지만, 내가 더 힘을 갖기 전에 뭔가를 말할 수 없는 시기였기 때문에 참을 수밖에 없었다. 영화는 흥행에서 큰 성공은 못 거뒀지만, 사극에 대한 경험을 쌓게 해줬다. 〈쉬리〉에서 총기 액션을 경험했고, 〈단적비연수〉를 통해 사극이자 무협을 경험하게 된 거다. 그러면서 성장 속도가 확 늘어났던 셈이다.

학교는 어떻게 됐나.

결국 졸업 못 했다. 웃긴 건 학교에 복학하려 할 때마다 작품에 들어가야 하는 상황이 만들어졌다. 〈단적비연수〉 때는 휴학을 했는데, 영화 작업이 끝나 학교로 돌아가려는데 곧바로 〈오버 더 레인보우〉를 해야 한다고 하더라. 그런 식으로 계속 작품에 들어가게 되다 보니 학교는 포기하게 됐다.

<오버 더 레인보우>와 <몽정기>를 거의 동시에 작업한 것 같다.

〈오버 더 레인보우〉에는 PD님이 따로 있었기 때문에 나는 라인 프로듀서라는 크레디트로 작업을 했다. 그 작품은 현대극이고 난이도가 그렇게 높지 않아 〈몽정기〉에 신경을 좀 더 많이 썼다. 〈몽정기〉는 기획을 했던 PD님이 따로 있었다. 그 분은 현장은 잘 모르셨기 때문에 회사에서 내가 현장을 담당해야 한다고 해서 공동 프로듀서를 맡게 됐다. 관객도 300만 가까이 들어 프로듀서로서 첫 작품이 흥행에도 성공한 셈이다. 이어지는 프로젝트는 〈블루〉였다. 강제규 감독님이 배급사 에이라인을 만들었을 때였는데 〈블루〉가 그 라인업에 있었다. 최현묵 대표님의 지오엔터테인먼트가 메인 제작사였고 우리는 투자와 공동제작으로만 참여했는데, 강 감독님은 나에게 현장에 가서 관리를 해줘야겠다 하더라. 그런데 거기에 잘 아는 분이 프로듀서로 계시고 해서 나는 나가기 싫더라. 그래서 그 분을 만나 나는 현장에서 강 감독님에게 보고할 만한 것만 체크할 테니 스태프 구성이나 모든 것을 알아서 하시라고 했다. 공동 프로듀서라는 크레디트가 걸려 있긴 하지만 〈블루〉는 내 작품이라고 하기엔 좀 어정쩡한 경우다.

그리고 강제규 필름 시절의 정점이라고 할 수 있는 〈태극기 휘날리며〉에 돌입하게 된다.

그 당시 내가 〈태극기 휘날리며〉의 프로듀서를 맡게 될 것이라는 사실은 나는 물론이고 강제규 필름의 그 누구 또한 예측하지 못했다. 나중에 들은 이야기인데, 강제규 감독님은 내게 맡기려고 했지만 너무 대작이다 보니 내 위에 한 명을 외부에서 데려오는 게 맞다고 생각했던 것 같다. 나도 당연히 그렇게 될 거라고 생각했다. PD님은 따로 오고, 나는 현장을 책임지는 라인 PD를 맡게 될 거라고 말이다. 그런데 어느 날 강 감독님이 오시더니 "성훈아 네가 해야겠다." 그러는 거다. "예? 뭘요?" 그랬더니, "예산 작업 오늘부터 시작해라."고 하면서 시나리오를 딱 던져놓고 가는 거다. 좋긴 굉장히 좋았다. '와 이걸 내가 한다고?' 하는 마음이었다.

영화 일을 1995년에 시작해 채 10년도 되지 않았던 2003년, 순제작비 140억 원대의 대작 〈태극기 휘날리며〉의 프로듀서를 맡게 됐다. 이렇게 짧은 시간 동안 성장하기까지 어떤 과정이 있었나.

가장 중요했던 것 중 하나는 내가 그냥 바보가 되자는 것이었다. 당시 현장에 있는 스태프들은 정말 순수했다. 정말 순수했고 남을 속일 줄 몰랐고 정말 영화를 좋아해서 하는 사람들이 대다수였다. 그들과 함께 일하면서 나는 나중에 PD가 되면 절대로 스태프들 위에 군림하면 안 되겠다고 생각하곤 했다. 〈태극기 휘날리며〉 때의 원칙도 그것이었다. 그리고 내가 스태프들을 믿지 못한다면 이 대작을 끌고 갈 수 있는 힘을 얻지 못할 것

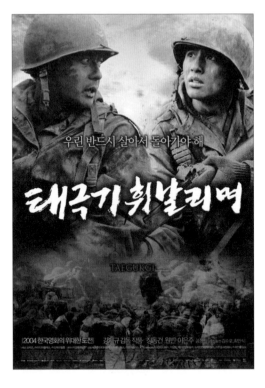

이라는 생각도 했다. 내가 그들에게 뒤통수를 맞을 수도 있겠지만 그럼에
도 끝까지 신뢰해 보자는 태도였다. 당장 예산 작업에 들어가야 했는데
〈태극기 휘날리며〉 경우는 한국에 전례가 없는 영화이다 보니 참고할 자
료가 없었다. 당시에는 멜로영화를 한다고 하면 다른 멜로영화를 찍었던
친구에게서 예산서를 받아다 흉내를 낼 때였다. 결국 그렇게 흉내 낼 수
있는 자료가 없다 보니 스태프들을 찾아가서 솔직하게 얘기하면서 예산을
짰다. '나는 아무것도 모른다. 이 정도로 큰 작품의 피디를 할 정도의 실력
이 아직 안 된다고 생각한다. 하지만 나를 믿고 도와주신다면 최선을 다해
서 열심히 해볼 수 있을 것 같다.' 이런 식으로 스스로를 낮췄던 거다. 결
국 나를 믿어서였는지 몰라도 특수효과, 무술, CG 등 모든 팀과 나름 합
리적인 계약을 할 수 있었다.

거대한 유산

이성훈 프로듀서가 한국 영화산업 역사에 그은 큰 획이 있다면 그것은 제작팀을 시스템화한 일이다. 시발점은 〈태극기 휘날리며〉였다. 100억 원이 훨씬 넘는 순제작비, 9개월에 걸쳐 130여 회차에 달하는 촬영 일정. 촬영 때마다 150~250명의 스태프와 배우들이 동원되는 현장 규모 등 〈태극기 휘날리며〉는 2000년대 초반 당시 한국 영화산업의 한계에 도전하는 프로젝트였다. 하지만 잘못 관리될 경우에는 제작비와 제작 기간이 한없이 늘어나게 되는 위험 또한 동시에 내포하고 있었다. 이 초대형 프로젝트의 프로듀서를 맡은 이성훈은 중대한 결단을 내린다. 제작팀원을 17명이나 꾸리기로 한 것이다. 여기에 제작부장 2명과 제작실장 2명까지 포함하면 모두 21명의 제작팀이 만들어진 셈이다. 불과 5년 전 〈쉬리〉를 만들 때만 해도 제작부장이던 이성훈은 단 한 명의 제작팀원만을 데리고 현장을 책임져야 했고, 그 이후에도 거의 모든 한국영화는 2~3명의 제작팀으로 영화를 제작해왔다. 21명 규모의 제작팀은 그만큼 파격이었다. 당연하게도 투자사인 쇼박스는 물론이고 강제규 감독조차 꼭 그래야만 하냐고 물을 정도였다.

이성훈은 논리적으로 이들을 설득했다. 이렇게 많은 인원을 꾸림으로써 인건비와 제반 경비는 늘어나지만, 대신 하루에 3컷에서 5컷을 더 찍을 수 있어 궁극에는 비용을 크게 절약할 수 있다는 것이었다. 대형 프로젝트의 관건은 결국 시간과의 싸움이기 때문에 제작팀원 각각의 업무를 세분화해 효율화한다면 시간을 대폭 줄일 수 있다는 게 이성훈의 생각이었다. 〈태극기 휘날리며〉는 참여 인원이 워낙 많다 보니 매일 숙소를 5곳 이상 잡아야 했는데, 이성훈은 제작팀원 1명이 아예 숙소만 전담하게 했다. 산에서 촬영하는 경우도 많고 전체 제작진이 한꺼번에 들어갈 공간도 부족한 상황을 고려해 제작팀원 1명은 식사만 챙기도록 했다. 1명에게는 차량만 담당하게 했고, 또 다른 제작팀원에게는 기자재만 책임지도록 했으며, 2명은 매일 같이 서울을 오가며 필름을 현상하고 텔레시네 작업만 했다. 다른 스태프들이 촬영에 임할 때 다음 촬영지로 미리 넘어가 제반 준비만 하는 사전 선발대원도 2명 있었고, 영수증만 책임지거나 조단역 배우만 담당하는 제작부원도 있었다.

이성훈은 이런 유기적 시스템 속에서 일사불란하게 움직이는 제작팀원들 덕분에 결국 제작비를 많이 줄일 수 있었다고 말한다. 그 당시에 많다고 느껴지는 제작팀들 인건비와 제반 비용을 따져봐야 한 달에 2천여 만 원 정도 늘어나는 셈. 그 덕분에 하루에 2~3컷을 더 찍을 수 있다면 한 달에 40~60컷을 더 찍는다는 얘기가 되고, 결국 최소한 2회차에서 3회차를 줄일 수 있게 된다. 한 회 차 기본 촬영비용이 2천만 원 정도이고, 보조출연이 많거나 규모가 큰 장면의 경우 1억 원이 넘게 들었던 것을 고려하면 어림잡아 한 달에 4~5천만 원 정도의 제작비를 절감한 셈이라고 그는 평가한다. 〈태극기 휘날리며〉가 애초 계획과 거의 비슷하게 136회 차만에 마무리될 수 있었던 것도 결국 제작팀을 시스템화한 결과가 아닌가 싶다. 이후 다른 현장에서도 제작팀원이 늘어나기 시작했는데, 내가 이 경험을 수없이 말하고 다닌 것도 어느 정도 영향을 끼친 듯싶다."

<태극기 휘날리며>는 이성훈 프로듀서 영화인생 1막의 마지막 장에 해당될 것 같다. <태극기 휘날리며> 이후 강제규 필름에서 나오게 됐다.

당시 엔터테인먼트 기업들의 상장 열풍 속에서 강제규 필름도 명필름과 합병되면서 MK버팔로라는 상장사가 됐다. 그러는 과정에서 나오게 되었다.

프로듀서 이성훈의 1막이 강제규 감독과의 인연으로 점철됐다면, 2막은 전윤수 감독과의 인연으로 이뤄졌다고 할 수 있겠다. <식객>은 어떻게 만들게 됐나.

앞서 말했듯이 당시는 막막하고 힘들었던 시기였다. 그러다 우연히 허영만 작가님과 굉장히 친한 분을 만나게 됐다. 그분이 영화사 참의 김세훈 대표님이다. 김 대표님은 허영만 선생님의 작품 두 개를 영화화할 수 있게 됐다면서 내게 제작을 부탁했다. 〈식객〉과 〈타짜〉 둘 중 어떤 만화를 영화화하고 싶냐고 하셔서 〈식객〉을 선택했다. 만화책을 봤더니 〈식객〉이 좋아 보였다. 그래서 김 대표님에게 "저는 〈식객〉을 할게요." 했다. 당시 판권료는 그리 비싸지 않았는데, 막상 투자를 받을 곳이 없었다. 이곳저곳을 찾아갔는데 소극적인 반응이었다. 그 와중 쇼이스트 김동주 대표님을 만나게 됐는데 〈식객〉 판권을 사달라고 부탁했다. 결국 판권을 사주셨는데 그러면서 "제작사는 차렸어?" 하더라. 그래서 "전 제작사 차릴 때가 아직 안 됐고, 더 배워야 합니다."라면서 쇼이스트에서 제작을 하고, 내게는 제작 지분의 일부와 기획과 제작 총괄이라는 타이틀을 달라고 요청했다.

그때 지분은 얼마였나?

제작 지분의 10%, 그러니까 전체의 4%를 받았다. 당시에는 그것만 받아도 너무 감사하다고 생각했다. 그리고 허영만 선생님, 전윤수 감독님, 김세훈 대표님도 다 지분을 받아야 해서 나만 많이 요구할 수가 없었다.

아무튼 그렇게 계약했고 영화를 잘 만들어서 개봉했는데 흥행도 300만
넘게 들었다. 하지만 정산할 시점이 됐는데, 쇼이스트가 지급 불능 상태
가 됐다. 〈식객〉 수익은 가압류를 당해서 쇼이스트 관계자들도 어디로 갔
는지 모른다는 것이었다. 결국 아무도 돈을 받지 못한 것이다. 그런데 당
시 쇼이스트에 투자한 회사가 있었다. 그게 예당엔터테인먼트였는데, 나
는 〈식객〉 마무리할 때쯤 예당의 자회사인 이룸영화사에 들어가게 됐다.
그때 예당은 김정은, 김선아 같은 배우를 매니지먼트 하면서 〈떼루아〉 등
드라마도 제작했다. 그렇게 이룸영화사에서 〈미인도〉를 준비하기 시작
했다.

<미인도>는 어떻게 하게 됐나.

그것도 김세훈 대표님이 시나리오를 주셨다. 신윤복이 여성이었다면 어땠을까 가정하면서 한수련 작가님이 쓴 오리지널 시나리오였다. 처음에는 그렇게 내용이 야하지도 않았는데, 내가 기획 방향을 틀어서 에로티시즘으로 가자고 했다. 이 작품을 전윤수 감독님께 제안했더니 해보자고 하셔서 바로 준비를 시작했다. 당시 비슷한 소재의 드라마 〈바람의 화원〉이 제작되고 있어서 빨리 진행해야 했다. 2008년 1월에 시작해서 그해 11월에 개봉했을 정도다. 하지만 과정으로 보면 순탄하지만은 않았다. 캐스팅을 다 한 뒤에 투자사를 죽 돌았는데 모두에게 거절당했다. 결국 일단 시작만 할 수 있게 해달라고 예당엔터테인먼트 대표님께 부탁했다. 그러면 나와 전윤수 감독님을 포함해서 촬영감독, 김규리, 추자현, 김남길, 김영호 배우까지 개런티를 50%로 줄여 계약하겠다고 했다.

나머지 50%는 지분으로 거는 조건이었나.

당시 손익분기점이 180만이었는데 200만이 넘으면 나머지 개런티를 받는다는 게 계약 내용이었다. 그만큼 자신이 있었다. 지분은 없었다. 지금이라면 그렇게 못할 텐데 당시에는 그런 식으로라도 베팅을 해야 한다고 생각했다. 배우들도 절실했던 것 같다. 그렇게 16억 원을 먼저 지원받아 세팅을 하고 촬영을 시작했다.

사극인데 16억 원으로는 어림 없었을 텐데.

당연하다. 일단 16억 원을 갖고 전윤수 감독님께 부탁을 드렸다. 난이도가 가장 높은 장면인 기녀들의 '쇼' 대목을 먼저 찍자고 했다. 이하준 미술감독과 세트 제작업체 대표님에게도 양해를 구해 대금을 다 지불하지 못한 채 세트를 짓고 이 장면을 촬영했다. 그렇게 만든 20분 분량의 편집본을 가지고 CJ엔터테인먼트를 찾아가 담당자를 만났다. 일단 보고 연락

달라고 말한 뒤에 사무실로 돌아오는 길에 곧바로 전화가 걸려왔다. "야 성훈아 뭐 이런 게 다 있냐. 이건 무조건 헤야겠다." 이러면서. 그렇게 나머지 투자가 됐다. 다행히 관객도 250만 가까이 들어서 개런티도 다 받을 수 있었다. 나중에 이야기를 들었는데 IPTV에서 엄청 터졌다더라.

그 기세를 몰아 이룸영화사에서 <식객: 김치전쟁>을 했나 보다.

그렇다. 쇼이스트도 없어졌고 〈미인도〉에서도 도움을 받았고 했으니 〈식객〉 속편은 의리상 이룸영화사에서 할 수밖에 없었다. 예당에서 이를 수락해 허영만 선생님에게 판권도 다시 구매해 〈식객: 김치전쟁〉을 시작할 수 있었다. 사실 '김치전쟁'이라는 제목 아래서 굉장히 많은 이야기를 할 수 있을 것이라고 생각했다. 김치가 얼마나 다종 다양한가. 그런데 문제는 영상으로 보여줄 수 있는 건 별로 없다는 점이었다. 백김치를 제외하곤 거의 모든 김치가 절인 채소에 속을 버무리는 것이 거의 흡사하더라. 그러다 보니 음식영화라는 장점이 사라지면서 흥행이 잘 안됐다.

그 이후에는 여러 편의 영화에서 프로듀서를 맡았다.

우선 KJ Net이라는 제작사의 의뢰를 받아 〈너는 펫〉을 만들었다. 요지는 장근석만 캐스팅해주면 2억 엔을 투자하겠다는 것이었다. 그래서 장근석을 6개월 쫓아다니면서 결국 캐스팅하는 데 성공했다. 당시 환율이 1600원까지 찍었는데 2억 엔을 받아 김하늘까지 계약해서 영화를 찍었다. 사실 한국 흥행은 그리 잘 되진 않았지만 일본에서는 엄청나게 수익이 났다.

이후에는 쇼박스가 투자·배급하는 영화 여러 편에서 프로듀서로 참여했다.

〈오직 그대만〉〈동창생〉〈미안해 사랑해 고마워〉를 했다. 쇼박스의 의뢰를 받아 프로듀서를 맡아 작업하는 형식이었다. 이중 〈오직 그대만〉은

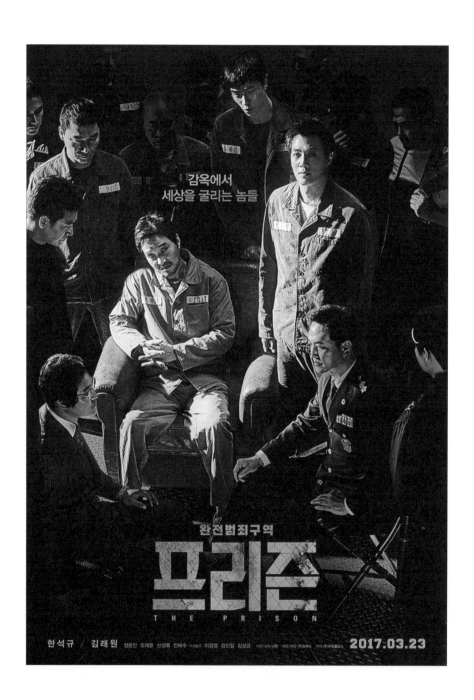

원래 받던 개런티의 절반만 받았고, 지분도 받지 않았다. 내가 들어가기 전 이미 소지섭이 캐스팅돼 있었고 쇼박스 투자도 확정되어 있었다. 나는 프로덕션 진행만 했으니 지분까지 달라고 하기는 창피했던 것이다. 〈동창생〉은 시나리오와 감독만 있는 상황에 결합했던 프로젝트다. 투자도 아직 확정되기 전이었다. 내가 최승현을 캐스팅하고 쇼박스에서 투자 확정을 지었다. 〈미안해 사랑해 고마워〉도 좀 도와달라고 해서 참여하게 됐는데 그때는 감독도 없이 시나리오만 있었다. 그래서 시나리오 개발하고 감독 붙이고 캐스팅까지 다 하는, 프로듀서로서 일을 제대로 했다. 그게 끝날 즈음 〈프리즌〉을 시작하게 됐다.

그때 어떤 계기가 있었나.

〈미안해 사랑해 고마워〉를 만들던 당시 각색을 맡기려는데, 전윤수 감독님이 나현 작가님과 한 번 해보는 게 어떻겠냐고 했다. 그래서 나현 작가를 몇 차례 만났는데, 감독으로 데뷔하고 싶어한다는 것을 알게 됐다. 그러면서 시나리오를 보여줄 테니 읽어보고 판단해 달라고 하더라. 그때 시나리오를 두 개를 받았는데 그중 하나가 〈프리즌〉이었다. 읽어 보니 이게 영화화되지 않은 게 이상할 정도로 너무 좋았다. 그래서 작가님에게 이 시나리오를 투자사에 넣어봤냐고 물어봤다. 그랬더니 몇몇 회사에 넣었는데 안 됐다는 거다. 그래서 내가 한 번 넣어보겠다고 허락을 구했다. 〈미안해 사랑해 고마워〉를 하는 와중이었으니, 〈프리즌〉 시나리오도 당시 쇼박스 정현주 투자제작 본부장(현 에이스메이커무비웍스 대표)에게 보냈다. 그랬더니 일주일 만에 연락이 왔다. 자기 직원들이 봤는데 만장일치로 통과됐다는 것이었다. 나현 작가님에게 알렸더니 깜짝 놀라더라. 그래서 〈프리즌〉은 내가 알아서 준비해 놓을 테니 일단 〈미안해 사랑해 고마워〉 각색부터 잘 해달라고 부탁했다.

\<프리즌\>을 만들면서 비로소 제작사 영화사 나인을 차리고 제작자 크레디트를 달았다.

일단 기획개발비 투자를 받아야 하는 상황이었다. 나는 여전히 제작사를 차릴 필요가 없다고 생각했는데, 쇼박스에서는 기획개발비가 나가려면 근거가 있어야 하니 제작사를 만들라고 권유했다. 그래서 나는 쇼박스에서 직접 제작하라고 했더니 안 된다더라. 그래서 다른 사람 이름으로 회사를 만들겠다고 했더니 유정훈 당시 대표님(현 메리크리스마스 대표)이 '이성훈을 믿고 투자하는 건데 무슨 소리냐.'고 역정을 냈다고 하더라. 그래서 할 수 없이 자본금 100만 원짜리 회사를 만들게 됐다.

이름을 왜 '영화사 나인'이라고 정했다.

함께 일하는 PD에게 이름을 한 번 지어보라고 했더니 이렇게 만들어왔다. 일단 9라는 숫자는 10이 되기엔 1이 모자라는 숫자이기 때문에 함께 채우자는 의미가 있고, '나+人'이라는 뜻도 있었는데 그건 '나와 사람들이 있는 곳'이라는 뜻이었다. 아무튼 그렇게 회사를 만들고 쇼박스로부터 기획개발비 5천만 원을 받아 나현(작가님이 아니라 이제부턴) 감독님에게 3천만 원을 드리며 시나리오 계약을 했고 2천만 원은 진행비로 써야 하니까 통장에 일단 묻어놓았다. 그리고 내가 〈미안해 사랑해 고마워〉 작업을 하는 동안 나 감독님은 〈프리즌〉 초고를 본격적으로 쓰기 시작했다. 〈프리즌〉은 그렇게 쉽게 시작됐으니 아주 쉽게 진행될 줄 알았지만 그게 아니었다.

어떤 시련이 있었기에.

일단 시나리오를 거듭 썼는데 쇼박스의 투자심사를 계속 통과되지 못했다. 〈미안해 사랑해 고마워〉가 끝날 때까지도 그 상태라 프로덕션을 꾸리지 못했다. 기획개발 계약을 한 뒤 2년 동안 24번 수정했는데도 답보상태였다. 그 와중 이야기도 몇 번씩 큰 변화를 겪었다. 사무실이 없다 보니 아는 후배 사무실의 창고 같은 방 하나를 빌려서 작업을 계속했다. 당시만 해도 남겨둔 진행비 2천만 원이 있었으니 큰 걱정은 없었다. 그렇게 시나리오를 고치면서 캐스팅 작업도 동시에 했다. 일단 한석규 선배님에게 시나리오를 가장 먼저 드렸는데 좋다고 하셔서 가장 먼저 캐스팅을 확정했고, 김래원에게 제의했는데 고민을 하다가 출연을 결정했다. 하지만 그때 쇼박스에서 〈검사외전〉을 준비하고 있었는데 〈프리즌〉과 느낌이 비슷했고, CJ의 〈불한당: 나쁜 놈들의 세상〉이나 NEW의 〈특별수사: 사형수의 편지〉가 다 엇비슷한 느낌의 영화라고 소문이 나 있었다. 그런 탓이었는지 분위기가 우리에게 안 좋게 돌아갔다. 우리는 김래원, 한석규를 캐스팅한 뒤 쇼박스에서 투자 결정을 곧 내릴 것으로 판단해 스태프까지 꾸려프리 프로덕션을 시작했고 감독님은 콘티 작업에 들어갔다. 하지만 쇼박스와 메인 계약은 이뤄지지 않은 상태였다. 이미 진행비 2천만 원을 다 쓴지 오래 됐지만 콘티 작업은 해야 하니 쇼박스에 요청해서 기획개발비 2천만 원을 추가로 받아 감독님 1천만 원, 콘티 작가 1천만 원을 또 줬다. 그럼에도 스태프를 고용해야 하니 그래서 결국 내 돈을 쓸 수밖에 없는 상황이 됐다. 2015년 8월부터 준비를 시작해 11월까지 4개월 쓰고 나니그게 1억 8천만 원이었다. 연출팀, 제작팀, 미술팀과 월 계약을 맺고 먹고 쓰고 하니 순식간에 나가더라. 그래도 쇼박스의 투자를 확신했으니 걱정은 안 했다. 그런데 갑자기 12월에 쇼박스에서 연락이 오기를, 투자심사에서 통과되지 못했다는 것이다. 지금은 쇼박스 대표가 된 김도수 당시이사님이 어쩌겠냐면서 3주라도 시나리오 수정을 더 해보자고 했다. 쇼박스에 들어가 한 일주일을 거의 밤씩 새우다시피 매일 회의를 하면서 시나리오를 수정했다.

충격이 컸을 것 같다. 영화인생을 통틀어 가장 큰 시련이었겠다.

그해 겨울은 별로 춥지도 않았는데, 내 기억 속에서만큼은 너무 추웠던 것으로 남아있다. 여기 성수동 사무실에서 성동교를 건너 집까지 걸어 다녔는데, 성동교를 걸어가는 와중 귀가 떨어질 정도로 추웠던 기억이 있다. 가슴이 너무 아팠고 외로웠다. 결국 12월 10일엔가 스태프들에게 공지를 했다. 2주 동안만 헤쳐 모여 하자고. 만약 상황이 잘못되면 내가 다 책임질 테니까 일단 2주만 무급으로 쉬어달라고 부탁했다. 그렇게 다 들여보내고 감독님과 나와 피디만 남았다. 그 와중에도 홍재식 촬영감독과 후배 PD는 매일 사무실에 왔다. PD에게 얼마면 스태프 인건비며 진행비며 다 정리할 수 있는지 계산을 해보라고 했더니 1억 5천만 원 정도가 필요하다더라. 곧바로 아내에게 전화해서 '미안하지만 집을 내놓아달라.'고 얘기했다. 아내도 영화 현장에서 만난 PD 출신이라 이해를 해주더라. 전세를 살고 있었는데 평수를 좀 줄이든 다른 데로 가든 할 작정이었다. PD는 3천만 원 대출을 받을 수 있다며 그것을 보태고 싶다고 하더라. "내가 다 책임질 테니 걱정하지 마."라고 큰소리쳤지만 그 마음만큼은 무척 고마웠다. 머릿속으로는 B플랜, C플랜을 굴리면서도 그 2주가 너무 긴 악몽처럼 느껴졌다. 2주가 지나 크리스마스 시즌 직전이 됐을 때 마침내 쇼박스에서 투자심사를 통과했다는 연락이 왔다. 겉으로는 태연한 척했지만 속으로는 많이 울었다. 12월 30일에야 출금이 됐는데, 한석규 선배님께 드릴 돈을 한꺼번에 출금할 수 없어서 일부만 먼저 드리고 하느라 아주 정신이 없었다. 그렇게 계약을 마무리하고 촬영을 시작했다. 순제작비 52억 수준이었으니 예산이 대단히 크진 않았다.

그렇게 힘든 과정을 겪었지만 결과는 나쁘지 않았다.

〈프리즌〉 촬영은 2016년 초 시작해서 5~6월쯤 끝난 것 같다. 개봉은 이듬해인 2017년 3월이었고. 개봉 당시에는 청소년 관람불가 영화라서 걱정도 많이 했다. 3월 23일 개봉 첫날만 17만 명이 들었고. 토요일에 44만 명이 들고 해서 깜짝 놀랄 정도로 금세 100만을 돌파했다. 손익분기점이 230만 명이었는데 293만 명으로 마감했고 IPTV에서도 잘됐다. 제작사 지분으로 받은 수익도 나쁘지 않았는데 나현 감독님께 그 반을 드렸다.

<프리즌> 제작 과정을 생각해보면 러프한 초고를 투자사에 보여주고 투자를 성공시켜서 돈 한 푼 안 받고 2년 동안 시나리오를 개발했잖나. 결국 제작사가 리스크를 떠안고 일한 결과이기도 한데 감독 지분율이 과하다는 생각은 하지 않았나.

　만약 이 영화를 기획할 때 내가 '이런 이야기를 하는 게 어때?' 하면서 먼저 아이디어를 냈다면 지분율은 달라졌을 것이다. 하지만 이 프로젝트는 나현 감독님이 시작한 것이다. 게다가 그가 24번 시나리오를 고쳐 쓰는 동안 거기에 대해 내가 드린 돈은 없었다. 그건 다 쇼박스 돈이었다. 이 시나리오를 갖고 영화를 만들기 시작해 24고까지 썼던 과정을 돌이켜보면 나와 감독님이 공동제작을 했다고도 볼 수 있다. 아까도 말했지만 만약 이게 내가 시작한 프로젝트라면 감독님에게 그렇게 지분을 많이 주지 않았을 것이다. 지금도 전윤수 감독의 〈미러볼〉이라는 영화를 준비하고 있는데 그것도 감독님이 시나리오를 써왔다. 시나리오 만드는 데 우리 회사 돈이 안 들었잖나. 그래서 감독님과 제작사가 지분을 5 대 5로 계약했다. 제작사니까 무조건 더 많이 가져야 한다는 것은 이상하다고 생각한다. 대신 배우 인센티브와 PD 인센티브는 양쪽에서 똑같이 나눠야 한다.

그러한 견해에 대해서 다른 제작자나 프로듀서들이 다 동의하지는 않을 것 같다.

　모두가 동의할 수는 없을지 모른다. 하지만 나는 이렇게 해야만 재능 있는 감독들과 함께 일을 할 수 있는 여지가 생기는 것 같다. 감독들을 만나보면, 프로듀서와 제작사에 대해서 '대체 너네가 뭘 했기에 이리 많이 가져가냐.'는 불만을 갖고 있다. 훌륭한 감독님들이 직접 제작사를 차린 이유도 그 때문이라고 생각한다. 일종의 피해의식이 있는 것이다. 그런 것을 깨주는 작업도 필요하다고 생각한다.

현재 큐로의 직원은 몇 명인가.

5명이다. 나를 빼면 제작이사와 팀장, 관리 담당 직원이다. 그리고 감독 2명과 계약을 맺고 사무실에 와서 작업하게 하고 있다.

제작자들의 공통적인 어려움이 경상비 부담과 기획개발인데, 큐로홀딩스에서 일하는 게 그런 점에서는 유리하겠다.

〈식객〉과 〈미인도〉를 할 때쯤 작은 회사를 운영해본 적이 있다. 그런데 매달 말일이면 직원들 월급 줄 생각이며 매월 나가는 경상비 걱정이며 시나리오 기획개발 비용이며 이런 것만 신경 쓰게 되더라. 영화에 집중해야 하는데 영수증이나 보고 있는 나를 보면서 이건 아니다 싶더라. 지금은 내가 하고 싶었던 일에만 집중할 수 있다. 경상비며 관리비며 임대료며 이런 것들은 본사에서 온 관리팀 직원이 알아서 다 한다. 나는 작품 외에는 아무 것도 신경 쓰는 게 없다. 내가 직접 이 회사를 운영하는 게 아니라 큰 회사 안의 사업부로 존재하기 때문에 돈 쓰는 것에 관해서 아무 고민도 안 하는 거다. 대신 작가 계약을 하거나 작품 계약처럼 큰 액수를 다룰 때는 본사 대표님에게 결재는 받아야 하지만 그 정도는 당연히 해야 하는 일 아닌가.

사실 제작자는 온갖 어려움을 겪으면서도 대박을 내서 상상 이상의 돈을 번다는 꿈을 꾸며 버티지 않나. 그런데 이렇게 회사에 들어오면 대박의 꿈은 사라지는 것 아닌가.

그런 점은 나도 갈등했다. 이를테면 제작사를 만들어 대박을 냈다고 치자. 100억 원을 벌었다고 해도 100억 전부가 다 내 돈은 아니다. 법인의 돈이지 개인 돈은 아니잖나. 내 마음대로 꺼내 썼다가는 횡령으로 쇠고랑 차게 된다. 그게 과연 현실성이 높은 것인지 모르겠다. 큐로홀딩스에서는 일종의 성과급을 보장해준다. 수익이 많이 났다면 1년 동안 번 돈의 20%를 받을 수 있다. 그건 내 개인 돈이 될 수 있다. 안정성도 내게는 메리트다. 대박을 내는 경우의 수도 생각해봤다. 내 주위에도 대박을 낸 제작자가 많긴 하지만 그렇다고 열 손가락을 다 채울 정도까지는 아니더라. 그리고 대박이라고 해도 사람들이 흔히 상상하는 만큼 그렇게까지 돈을 많이 번 것도 아니더라. 지분이며 세금이며 떼어가는 게 너무 많다. 사실 나는 지금 현실의 영화시장을 보면 후배 PD들이 제작사를 안 차렸으면 좋겠다. 나는 한 10년 전 이 고민을 하기 시작했는데, 그때는 이 이야기가 설득력이 없었다. 하지만 지금은 상황이 다르다.

경상비와 기획개발비가 프로듀서 입장에서는 개미지옥과도 같은 것인데 거기서 해방되기 위해선 제작사를 만들지 않는 게 좋다는 말로 들린다. 그렇게 된다면 결국 PD가 대기업 시스템으로 들어가 일할 수밖에 없는데 그러다 보면 어떤 부품처럼 이용만 당할 수도 있을 것 같다.

내 예를 들어보자. 〈식객〉〈미인도〉는 내 제작사에서 만든 영화가 아니다. 그럼에도 불구하고 영화판에서는 다 이성훈이 만든 것이라고 알고 있다. 그리고 두 영화 모두 CJ와 작업했지만 부품처럼 일하지도 않았다. 중요한 것은 스스로를 브랜드로 만드는 것이다. 〈식객〉이 300만, 〈미인도〉가 250만 정도 들었는데 만약 내 제작사에서 이들 영화를 만들었다면 내 인생이 달라졌을 수도 있다. 하지만 당시에는 아무런 미련이 없었다. 나는 이 두 작품으로 이성훈이라는 PD가 그 뒤의 모든 작품을 할 수 있었다고 생각한다. 그 뒤에는 풀지 못하고 있는 〈너는 펫〉이라는 프로젝트에 장근석을 캐스팅해서 일본에서 대박을 냈다. 이런 식으로 나의 기획력을 인정받을 수 있는, 이성훈이라는 브랜드를 만들어 보여줬다. 그리고 이제

제작사를 만들면 안 되는 이유

이성훈은 프로듀서 후배들을 만날 때마다 "굳이 제작사를 만들지 말라."고 충고한다. 과거 한국 영화계에서 당연시 되었던 '제작부의 길'은 이제 없다는 것이다. 즉, 제작팀원에서 시작해 제작부장과 제작실장을 거쳐 프로듀서로서 몇 편을 경험한 뒤 자신의 제작사를 만드는 식의 진로는 더 이상 성립되지 않는다는 얘기다. 이성훈은 상황이 이렇게 달라지기 시작한 게 2008년에서 2009년경이라고 말한다. 다수의 기존 제작사가 앞서 말한 경로를 따라 프로듀서가 차린 경우가 대부분이었다면, 이때부터 감독이 직접 만든 제작사가 늘어났고 투자배급사 등에 있던 업계 관계나 '제작부 라인'을 거치지 않은 사람들이 제작사를 만드는 경우도 많아졌다. 이러한 변화는 당연히 투자배급사가 제작자나 프로듀서를 거치지 않고 감독과 직접 작업하는 관행이 일반화되는 과정과 맞물리며 진행됐다. 이성훈이 보기에 이 같은 변화 속에서 주목 받는 제작자는 감독과 소통을 잘 하거나 배우들과 인맥관리를 잘 하는 경우가 많았다. 또 이러한 사람들이 유명 감독과 파트너십을 맺으며 제작사를 차리는 경우도 적지 않았다.

제작자나 프로듀서의 위세는 갈수록 움츠러들었다. 프로듀서가 잘 기획한 바탕 위에 감독이 결합된 프로젝트인데도 영화가 끝나고 나면 감독만 빛을 보는 경우가 다반사였다. 프로듀서의 역량과 역할을 주목하는 경우는 점점 줄어만 갔다. 영화가 성공하게 되면 감독은 개런티도 올라가고 대가로 추앙 받게 됐지만, 프로듀서의 경우에는 상황이 나아지지 않았다. "이를테면 어느 프로듀서가 특급 배우, 특급 감독과 작업한 영화가 성공을 거뒀다고 쳐보자. 이제부터 감독의 경우 날개를 단 셈이다. 이후 투자나 캐스팅에서 거의 무한한 힘을 갖게 된다. 하지만 제작사는 다시 특급 배우와 특급 감독을 모셔오지 않는 한 결국 원점에서 출발하게 된다."

제작사를 굳이 만들 필요가 없다는 그의 주장은 이러한 현실에서 출발한다. 촬영이 지연되거나 제작비가 초과되거나 하는 모든 리스크는 제작사가 떠안게 된다. 그럼에도 불구하고 수익을 나눌 때는 이런 점들이 전혀 고려되지 않는다. "그런 스트레스를 받을 거라면 굳이 제작사를 차릴 필요가 없다는 것이다. 그냥 프로젝트를 들고 기존 제작사를 찾아가서 제작사 지분의 20~30%만 달라.'고 해라. 굳이 리스크를 떠안지 말라는 말이다."

이성훈 프로듀서는 보다 가볍고 실용적으로 일하되 자신만의 전문 분야를 개발하고 발전시켜 프로듀서 스스로를 '브랜드화' 하라고 제안한다. "콘텐츠에 집중하고 자신만의 색깔을 만드는 데 힘을 기울여야 한다. 제작사의 이름을 알리는 게 아니라 '어떤 영화를 잘 만드는 프로듀서 아무개'라는 인식을 퍼뜨려야 한다." 결국 그의 주장은 과거의 낭만에 안주하지 말고 현실에 적극적으로 적응하라는 뜻으로 읽힌다.

는 투자사에 종속돼 있는 인하우스 개념의 프로젝트를 나쁘다고만 볼 이유는 없을 것 같다. 지금의 상황은 그것을 수긍하고 들어가서라도 뭔가를 해서 결과물을 보여줘야 자신의 근거도 존재하는 것인데, 고집 때문에 밖에서 버티고만 있는 친구들도 많다고 생각한다. 나는 상황이 이렇게 된 데에는 프로듀서들의 잘못도 있다고 생각한다. 그동안 감독이나 투자자들에게 불신을 키웠기 때문에 이 시장에서 패싱 당하는 게 현실이다. 이들이 다시 시장에서 인정을 받으려면 뭔가를 보여주지 않고는 방법이 없다는 거다. 어쨌든 지금 이 시장 상황에서는 굳이 제작사를 차리지 말고 그냥 정정당당하게 내 프로젝트를 다른 회사 또는 투자사와 하는 게 좋다고 본다. 그렇게 계속 만들면서 스스로를 브랜드화해야 한다.

제작사를 만들건 그냥 프로듀서로서 만들건, 확실한 사실은 예전에 비해 제작을 하기가 쉽지 않아졌다는 점 같다.

확실히 어려워졌다. 이런 상황에서 처음부터 내 돈을 안 쓰고 남의 돈으로만 영화를 만들려는 마음을 가진 사람이 있다면 정신차려야 한다. 내 것은 하나도 희생하지 않고 일을 할 수는 없다. 최소한 초기 개발비용 정도는 들여야 한다. 예를 들어 어떤 후배가 작가를 고용하는데 5천만 원이 필요하다며 자신에게 2500만 원 밖에 없는데, 내게 2500만 원을 넣어 함께 개발하자고 한다면 안 할 이유가 없다. 자기 돈 2500만 원이 들어갔는데 열심히 안 할 친구가 어디 있겠냐.

제작이 어려워졌다는 것은 프로듀서가 되는 길도 더 좁아졌다는 뜻인가.

아니다. 오히려 지금 피디를 꿈꾸는 친구들은 예전에 비하면 쉬워진 면이 있다. 현장 경험도 많이는 필요 없다. 나는 너무 오랜 시간 동안 현장 진행을 했는데 그게 당연하다고 생각했었다. 그런데 지금은 많으면 세 작품이면 된다. 물론 팀장으로서 한 작품은 해봐야 한다. 전체를 관장하는 역할 정도를 겪어보면 되는 거다. 이제는 현장 경험을 통해 노하우를 쌓는 것은 큰 의미가 없다는 얘기다. 예전에는 각자 현장에서 쌓은 노하우들을 후배들에게 전수해줬지만, 지금은 다 컴퓨터로 저장되어 있고 책으로 만들어지고 하니까 '이게 내 노하우야.'라고 자랑할 게 점점 줄어드는 것이다. 이제는 기획을 하는 게 프로듀서로서 훨씬 더 앞으로 가는 길이 될 것이라고 생각한다.

그래도 여전히 현장의 효율성을 만들어내는 프로듀서의 역할은 중요하지 않나.

그렇긴 하지만 이제는 현장 진행만 하는 라인 프로듀서의 개념이 정립됐다고 생각한다. 그 친구들도 이제 꽤 많은 급여를 받으면서 전문가로 대접받는 상황이고 좀 더 전문가로서 인정하는 시기가 올 거라고 생각한다. 결국 프로듀서란 기획을 하는 사람이고, 그렇게 기획을 해야만 자신이 하고 싶은 영화를 할 수 있다는 얘기다. 예전에는 나도 솔직히 마케팅 쪽에서 넘어온 PD, 기획 전문 PD 이런 분들을 인정하지 않았다. '현장도 모르면서 뭘 할 줄 알아?' 이런 식으로 생각할 때가 있었다. 지금 생각하면 그분들이 부럽다. 당시에 현장을 중시하는 제작사와 기획을 중시하는 제작사가 나뉘어 있었는데, 지금 보면 기획을 전문으로 했던 제작사와 PD가 훨씬 좋은 영화도 많이 만들고 오래가는 것 같다. 현장을 중시하는 피디들에겐 한계가 분명히 오는 것 같다. 그런 면에서 보면 나도 애매한 입장인 게 사실이다. 밖에서는 나도 현장 중심 PD로 보고 있지만, 나는 거기서 벗어나기 위해서 노력을 많이 했고 지금도 하고 있다.

한국에서 제작자와 프로듀서는 현실적인 역할이 다르잖나. 그 역할의 차이를 설명해주신다면.

생각해보면 프로듀서와 제작자가 같은 사람일 수도 있다. 나를 기준으로 봐도 나는 아직도 PD이고 싶다. 내가 기획한 영화가 현장에서 어떻게 만들어지고 있는지 보고 싶은 거다. 현장 지휘까진 아니더라도 현장에서 감독과 충분히 대화도 하고 싶은 욕망이 있는데 그러면 안 되는 거다. 나 스스로 피하는 거다. 나는 회사에서 진행하고 있는 시나리오 회의에도 참석하지 않는다. 내가 PD라면 시나리오를 보고 내가 생각하고 있는 것을 정리해서 회의 때 얘기하면 된다. 하지만 대표, 즉 제작자라는 입장은 다른 것 같다. 회의 자리에서 PD의 말은 하나의 의견으로 받아들여지지만, 대표의 말은 단순한 의견을 넘어 어떤 지시나 결정으로 받아들여지는 것 같다. 제작자는 지켜봐 주고 믿어주고 배우쪽이나 투자자들과 관계를 쌓는 게 중요한 일이라 생각한다, 프로듀서는 감독과도 부딪치고 매니저들과도 부딪치고 함께 일하는 친구들과도 부딪치고…. 정말 부딪치는 자리인 것 같다.

제작자와 프로듀서의 차이 중에는 끝까지 올인 할 수 있느냐 아니냐라는 점도 있지 않나. 즉 책임감이라는 면에서 정도 차이가 있을 수밖에 없지 않을까.

　고용된 PD라고 해서 자신의 역할을 제한해서는 안 된다고 생각한다. 〈동창생〉은 더 램프가 제작했지만, 내가 많은 부분을 책임지고 진행한 작품이다. 그 영화는 더 램프의 창립작이라 내게 많은 부분을 대표님이 일임해주셨다. 많은 부분을 내가 결정했고, 현장에 다양한 문제가 발생했을 때도 수습하고 조율해서 극장개봉까지 최선을 다했다. 물론 제작자로서 PD와 고용된 PD의 차이는 분명히 있다. 하지만 어떤 역할을 부여 받았느냐가 더 중요하다. 영화가 메이드 되지 않는 상황에서 PD를 고용하는 것은 제작자가 제작에 역량이 부족하니까 메이드 시켜달라는 뜻일 것이다. 임금에 지분까지 주는 것도 그 이유에서다. 그런데 제작자가 웬만큼 셋업을 다 해놓은 상태에서 결합하는 PD는 말 그대로 고용 피디다. 이 경우에는 처음부터 정해진 개런티만 받고 일할 수 있다. 내 경우에, 제작사에는 일단 내 일을 하고 세팅이 다 끝난 뒤에 돈과 지분을 요구할 테니 그때 계약하자고 말했고 실제로 그렇게 했다. 하지만 〈오직 그대만〉은 소지섭, 한효주 캐스팅이 돼있었고 감독님도 정해져 있었고, 투자사 쇼박스가 합류한 상태에서 내가 들어갔기 때문에 개런티도 적게 받았고 지분도 준다고 하는데 받지 않았다. 결국 현장 진행만 책임지는데 지분까지 받는 건 아니라고 생각했다.

프로듀서로서 새로운 시스템에 대한 고민도 하고 있을 것 같다.

요즘 투자사를 만나면 이런 제안을 한다. 제작사 지분을 더 포기하더라도 다음 작품을 개발할 수 있는 비용을 제작비에 녹여서 받는 시스템에 관한 것이다. 즉, 제작 지분을 낮추는 대신 제작비의 7% 정도를 제작수수료 개념으로 받자는 것이다. 이를테면 마케팅비 빼고 제작비가 50억 원짜리 영화면 제작사가 3억 5천만 원을 받는 대신 수익 배분을 7 대 3 또는 8 대 2로 나눈다는 얘기다. 내 생각으로 수수료는 최소 3억 원에서 최대 10억 원 정도다. 그렇게 되면 영화가 흥행하건 아니건 다음 작품을 준비할 수 있는 시드머니가 생기는 것 아닌가. 대신 이렇게 개발된 시나리오는 해당 투자사에 퍼스트룩 옵션을 준다는 것이 전제되어야 할 것이다. 몇몇 투자사와 대화해 봤는데 긍정적인 입장이더라. 후배 PD들에게도 이런 방식을 권장하고 싶다. 물론 영화가 대박 나면 남 좋은 일만 시켜주는 것 아니냐고도 하는데, 영화가 늘 대박 나는 게 아닌데 안 될 경우를 생각하자는 것이다.

PGK 조합원으로서 바라는 것이 있다면.

예전부터 나는 존경스러운 PD님들, 대표님들을 보면서 '나도 꼭 저런 PD가 될 거다.'라는 동경심을 갖고 이 일을 했다. 그런데 솔직히 지금은 후배들에게 그렇게 동경을 갖게끔 하는, 멘토가 될만한 PD들이 많이 없어진 것 같다. 요즘 영화판의 젊은 친구들 중 PD가 되겠다는 경우는 많지 않다고 본다. 다들 감독이 되겠다고 하지. 그것을 좀 바꿀 수 있으면 좋겠다. PD가 기획한 것에 맞춰서 감독이 연출하는 것이 영화의 길이라고 배워왔고 그렇게 생각해왔는데, 그렇게 될 수 있도록 PGK가 앞장서야 할 것 같다. 그리고 한 방만 노릴 게 아니라 생존을 진지하게 고민했으면 좋겠고, 작은 영화를 하건 큰 영화를 하건 꾸준히 작품을 하는 게 중요하다는 것도 알았으면 좋겠다. 아무튼 PGK가 오래가야 하는데 그러려면 PD로서의 쓸데없는 자존심을 좀 내려놓을 줄도 알아야 한다. 자신이 약자라는 현실을 인정하는 상태에서 협상할 수도 있다는 점을 생각했으면 좋겠다. PD가 항상 우위에 서야 하고, PD가 컨트롤 해야 한다는 생각을 버리지 않으면 PD는 한국영화계에서 생존할 수 없는 직업이 될 수도 있다. 지금 PD란 예산 짜고 집행하는 사람이라고 생각하는 사람이 많은데 조금만 지나면 그런 일은 인공지능이 대신 하는 시대가 오기 때문에 그 전에 PD의 진정한 역할을 알려야 한다. 그러기 위해서는 예전처럼 스스로를 조력자로만 생각하면서 뒤에 서려만 하지 말고 끊임없이 앞에 나서서 자신을 밝혀야 한다는 것이다. 그런 데 밑거름이 되는 조직이 PGK다. PGK가 그렇게 움직여줘야 PD들도 따라올 것이라고 생각한다.

신시장

해외 시장의 개척

이동하–부산행

해외 합작 및 로케이션

강명찬–싱글라이더

이동하
프로듀서

Paris 8대학 철학과 졸업
Paris 8대학 철학과 대학원 수료
Paris 3대학 영화과 대학원 수료
현, (주)영화사레드피터 대표이사

| 필모그래피 |

영화
〈반도〉 (2020 여름 개봉예정) 제작
〈미성년〉 (2019) 제작
〈생일〉 (2019) 제작
〈염력〉 (2018) 제작
〈부산행〉 (2016) 제작
〈남과 여〉 (2016) 프로듀서
〈화이: 괴물을 삼킨 아이〉 (2013) 프로듀서
〈무서운 이야기〉 (2012) 프로듀서
〈고양이: 죽음을 보는 두 개의 눈〉 (2011) 프로듀서
〈시〉 (2010) 프로듀서
〈여행자〉 (2009) 프로듀서
〈여름이 준 선물〉 (2007) 프로듀서

애니메이션
〈프린세스 아야〉 (2020 개봉예정) 프로듀서
〈서울역〉 (2016) 프로듀서
〈카이: 거울 호수의 전설〉 (2016) 프로듀서

〈부산행〉의 제작자라고 하면 가지는 선입견이 있을 수 있다. 전 세계적으로 흥행하고 해외시장에서 더 뜨거운 반응을 얻었던 만큼 철저한 기획의 결과물이라고 생각하기 쉽다. 그런 의미에서 이동하 프로듀서를 처음 만난 사람은 당황할지도 모른다. 그는 차분하고 묵직한 호흡으로 자신의 생각을 전달하는 사람이다. 단어 하나하나를 신중하게 고르고 나지막하게 내뱉는 그의 말들은 정성스럽게 꾹꾹 눌러쓴 글을 닮았다. 사전적인 의미에서 프로듀서는 영화의 법적, 재정적인 요인을 책임지며 상품으로서의 측면을 관리하는 일이라고들 한다. 그런 관점에서 본다면 이동하 프로듀서는 상업적인 면을 관리한다기보다는 영화의 예술적인 지점에 더 매혹된, 창작자에 가까워 보인다. 비단 영화에 대한 애정과 그의 식견 때문만은 아니다. 그는 빔 벤더스 감독의 〈파리 텍사스〉(1984)를 보고 영화를 꿈꾼 청년이고 영화를 배우기 위해 프랑스 유학길에 오르기도 했다. 언뜻 행적만 보면 학자나 감독이 되었어도 전혀 이상할 것이 없는 셈이다. 하지만 오히려 이런 이색적인 경로를 걸어왔기 때문에 이동하 레드피터 대표에서 프로듀서라는 직책은 더할 나위 없이 잘 어울릴 수 있다.

흥행은 부수적인 결과일 따름이다. 모든 프로듀서들은 흥행을 꿈꾸지만 목표로 한다고 해서 반드시 흥행을 할 수 있는 건 아니다. 돈을 좇을 때 돈을 잡을 수 없는 것처럼 흥행이 아니라 다른 요소를 좇을 때 결과적으로 흥행에 한층 가까워질 수 있는 건지도 모르겠다. 〈부산행〉(감독 연상호, 2016)이 딱 그런 케이스다. 레드피터의 창립작이기도 한 연상호 감독의 〈부산행〉은 이야기에 대한 확신이 있었기에 시작된 프로젝트다. 사실 애니메이션 감독의 첫 실사 연출작에 좀비영화라는 콘셉트는 매력적인 만큼 위험 요소도 다분한 아이템이었다. 그럼에도 연상호 감독과 끊임없는 시나리오 회의를 하는 과정에서 즐거움을 발견한 이동하 프로듀서는 아예 회사를 설립하면서 제작에 착수했다. 사람들은 성공 스토리에서 거창한 이유나 의미를 기대하지만 사실 역사는 항상 단순하고 순수한 욕망에서 시작된다. 이동하 프로듀서는 이에 대해 "될 만한 포인트가 있는 아이템이었고 만들어져야 할 필요가 있는 이야기였기 때문에 시작했다."고 말한다. 그 솔직한 답변에서 영화를 향한 그의 애정과 믿음을 읽을 수 있다.

장르색이 강한 〈부산행〉은 〈여행자〉(2009), 〈시〉(2010), 〈화이: 괴물을 삼킨 아이〉(2013), 〈남과 여〉(2016) 등 드라마가 강한 영화들을 만들어온 이동하 프로듀서에게도 일종의 도전이었다. 하지만 그는 "이제까지 겪어온 것 중에 인연이 아닌 경험은 없다."며 어느 날 갑자기 툭 떨어지는 결과물은 없다고 말한다. 반대로 어떤 결과가 나왔다고 해서 그걸 반복할 필요도 없다. 영화사 레드피터가 〈부산행〉의 성공 이후에 걸어온 행보를 보면 이동하 프로듀서에게 우선하는 가치가 무엇인지 짐작할 수 있다. 한국영화에서 보지 못한 시도를 했고 독창적인 CG와 연출을 했던 만큼 따로 기술적인 확장을 시도할 법도 한데, 이동하 프로듀서는 "내가 하고 싶은 건 기술이 아닌 이야기와 사람들의 마음을 끄는 아이템"이라며 선을 긋는다. 〈부산행〉이 탄생할 수 있었던 것도 할 수 있는 일과 해야 하는 일을 정확히 구분하는 그의 엄격함 때문인지도 모르겠다.

이동하 프로듀서는 오늘도 한 작품의 결과에 일희일비 하지 않고 그때도 지금도 '만들어져야 하는 이야기'를 발굴하고 영화로 구현시키는 데 집중한다. 연상호 감독의 두 번째 실사장편영화 〈염력〉(2018), 이성강 감독의 장편 애니메이션 〈카이: 거울 호수의 비밀〉(2016), 세월호의 상처를 어루만지는 이종언 감독의 〈생일〉(2019), 김윤석 배우의 연출 데뷔작 〈미성년〉(2019), 연상호 감독의 차기작 〈반도〉까지 모두 매력적이고 필요한 이야기에서 출발한 영화들이다. 결과적으로 한국영화의 다양성에 기여하고 있는 셈이지만 그게 목표인 것도 아니다. 그저 재미있는 이야기를 발굴하고 좋은 영화를 만들고자 하는 마음, 그 한 가지를 제외한 나머지는 모두 부차적인 결과물일 따름이다. 프로듀서라는 직업의 매력을 묻자 그는 "프로듀싱은 또 다른 창작"이라고 답했다. 당장의 결과에 일희일비하지 않고 다음 이야기를 찾아 부지런히 걸음을 옮기는 사람. 새로운 이야기를 만날 때마다 선물상자를 열어보는 기분이라는 이동하 프로듀서의 들뜬 말투에는 처음 영화를 꿈꿨던 청년의 열정이 여전히 묻어난다.

글 · 송경원

<부산행>이라는 기념비적인 성공작이 있는데 반해 인터뷰를 거의 하지 않았다.

하지 않아도 별 문제가 없을 땐 가급적 안 하는 편이다. 프로듀서가 굳이 대중 앞에 나설 필요는 없으니 조용히 살자는 주의랄까.

반대로 진행한 인터뷰 보면 생각이 분명하게 드러난다.

그렇게 강하게 표현한 건 아닌데, 상대방이 강한 이미지로 받아들이셨던 것 같다. (웃음)

<부산행>처럼 쉽게 시도하기 힘든 프로젝트들에 도전하고 성공시켰기 때문에 강하다는 이미지로 다가오는 것 같다.

사실 잘 안된 것도 있다. 〈미성년〉 같은 경우엔 언론과 평단에서 좋은 반응을 이끌어냈지만 흥행은 아쉬웠다.

<미성년>의 경우 처음부터 대중적인 흥행을 목표로 했던 영화는 아닌 것처럼 보인다. 그럼에도 다양성 차원에서 필요한 얘기와 시도였다고 생각한다.

〈부산행〉을 부산에서 세트 촬영하고 있을 때 김윤석 감독에게 처음 시나리오를 받았다. 〈화이: 괴물을 삼킨 아이〉(감독 장준환, 2013) 끝나고 가서 장준환 감독과 셋이서 꾸준히 만남을 이어가고 있었기 때문에 자연스럽게 자리가 만들어졌다. 시나리오 아이템 자체가 신선하고 좋았다. 초창기에는 내가 제작을 해야겠다는 생각은 없었다. 김윤석 배우도 직접 연출을 하려는 마음은 없었고. 오히려 내가 김윤석 배우에게 역으로 감독직을 제안한 케이스다. 한동안 그 아이템에 관련한 얘기가 없다가 〈염력〉(감독 연상호, 2017)을 세팅하고 있는데, 김윤석 배우가 시나리오를 다시 손봤으니 봐달라고 다시 들고 오셨다. 첫 아이디어에서 2년 정도 시간이 지난 상태였는데 거의 완고에 가까웠다. 솔직히 정말 놀랐다. 이야기 자체가 너무 좋았고 이대로 하면 될 것 같았다. 뭔가를 시도해보고자 하는

젊은 감독들에게도 귀감이 될 수 있는 케이스였다. 마침 쇼박스에서도 투자에 긍정적이었다. 일반 투자배급 상황에 넣을 수 있는 성격의 영화는 아니라고 판단됐지만, 그래도 여기저기 보여주고 의견을 구했다. 마침 투자처에서도 대부분 긍정적이었다. 시나리오도 좋았지만 솔직히 영화에서 다양한 레이어가 더 잘 구현됐다고 생각한다. 현장에서 김윤석 감독에게 "연기야 워낙 잘하시지만, 연출자로 차기작 같이 만들고 싶은 생각도 있다."라고 자주 이야기했다. 그럼 그냥 허허 웃고 만다. 그만큼 안정감 있고 만족스런 작업이었다.

<미성년>은 30만 관객에 약간 못 미쳤다. 완성도와 언론의 평가에 비해 흥행이 다소 아쉽다.

　예산이 순제로 25억 정도 들었다. 그럴 수밖에 없었던 게 이야기가 새롭

긴 하지만 기본적으로 불륜을 소재로 하고 있지 않나. 리스크가 있는 이야기다. 초고와 완고의 사이에서 여러 변화가 있었다. 처음에는 완전한 아이들의 시점에서 아이들을 중심으로 한 이야기였다. 그런데 퇴고를 거치면서 어른과 아이들이 섞이고 내용적으로 더 대등한 관계가 됐다. 그렇게 다듬어 가면서 상업적인 요소보다 연출적인 요소에 방점을 찍어야 한다고 판단했다. 소재적인 면도 그렇고 아이들이 주인공인 것도 그랬고. 김윤석 감독님이 본인의 역량을 발휘해서 관객들이 훨씬 더 편하게 볼 수 있도록 했다고 생각한다. 배역과 인물들에 대한 숨겨진 결을 살린 부분도 좋았다. 다만 그럼에도 불구하고, 불륜이라는 소재의 거부감을 완전히 넘어서긴 어려웠던 거 같다. 접근 방식의 한계도 있었는데 결국 관객들에게 작은 영화로 한번 받아들여지고 나니 일정 정도의 선을 넘기가 쉽진 않았다.

호기심 많은 영화학도가
프로듀싱의 매력에 빠지기까지

흥행과 평단의 반응 둘 다 잡은 영화도 있다. 가장 최근작인 <생일>은 엄청 잘 된 것은 아니더라도 의미 있는 스코어가 나왔다.

1000만 같은 100만이라고 말하고 다닌다. (웃음)

<생일>, <미성년> 이전에 <염력>도 정말 아쉬웠다. 개인적으로 좋았던 영화다. 어떤 의미에서 한국영화의 다양성을 위해 필요한 영화들인데, 독특한 접근과 시도가 일종의 리스크로 작동한다는 점을 부인할 수 없다.

영화를 고를 때 특별한 기준이 있는 건 아니다. 내가 읽었을 때 장르적인 재미가 있는지, 사회적인 은유나 시의성이 있는지, 아니면 해보고 싶다는 느낌이 드는지 정도가 기준이라면 기준이다. 사실 제일 크게 작동하는 건 첫 번째인 것 같다. 대체로 내가 재미있다고 느낀 이야기들을 하면

나중에 다른 영화관계자들이 "아, 할 만한 이유가 있었구나!"라고 공감해주는 편이었다. 그 이후에는 어떤 한계가 있는지, 개발 단계에서의 문세점이 무엇이었는지 등을 치열하게 고민하는 편이다. 영화 흥행이 잘 안됐을 때 대부분 내가 예측한 단점이랑 비슷하게 흘러간 것 같다. 반대로 잘된 경우는 '이렇게까지 잘될 영화인가?' 싶을 때도 있다. (웃음) 잘되는 영화를 하고 싶은 게 많은 제작자들의 생각이지만 의미 있는 영화들이 다양하게 시도되려면 잘되지는 않더라도 손해를 보지 않는 것도 중요하다. 그게 어렵다. 평생 배우고 해야 할 일인 것 같다.

소재는 처음에 어떤 경로를 통해서 접하는 편인가.

감독님들이 직접 아이템이나 시나리오를 주는 경우도 많고 작가들이 직접 쓴 시나리오로 출발하거나 작가들이 소재만 받아가서 직접 구성해오는

경우도 있다. 회사 안에서 자체적으로 개발하기도 하고. 아이템 단계에서 함께 개발하다가 넘어가지 못 하면 중지되기도 한다. 경로는 가능한 다 열어두고 있다.

이제껏 시도한 영화들을 보면 중간에 무산될 수 있는, 리스크가 큰 프로젝트에 주로 도전해온 것처럼 보인다.

그런 의도를 가지고 시도한 건 아니고 어찌어찌하다 보니까 결과적으로 그렇게 보일 수도 있겠다. 이영재 감독이 〈내 마음의 풍금〉(1998) 만들고 난 다음 작품이 내가 처음으로 프로듀서한 작품인데, 〈여름이 준 선물〉(2007)이란 제목이었다. 그때 다 만들어 놓고 극장에 개봉을 못 했다. 시작부터 꼬인 셈이랄까. (웃음) 솔직히 그 전까지만 해도 나는 프로듀서라고 하면 바로바로 다음 작품을 하는 것인 줄 알았다. (웃음) 영화 한 편 만들고 관객과 만나게 하는 과정이 그렇게 만만치 않다는 것을 그때 깨달았다. 이후부터는 리스크가 있는 프로젝트라도 하기로 정하면 후회 없이 작업을 하려고 노력했고 함께 동참해주거나 지지해준 분들 덕분에 한 작품씩 관객들과 만날 수 있었던 것 같다. 운이 좋았다.

영화 프로듀서가 된 과정이 굉장히 독특하다.

프랑스에서 논문을 준비하고 있을 때, 한국에서 해외 로케를 준비하며 자주 연락하던 제작자가 어느 프로젝트의 프로듀서를 해달라고 부탁하시더라. 현장감을 익혀야지 싶어서 한국으로 들어왔다. 논문은 한국에서 쓸 요량으로. 들어와서 2년 정도 지났을 때 '영화는 아무나 하는 게 아니구나.' 생각했다. 결국에 그 영화는 무산됐다. 제작사에선 내가 원하는 대로 작가들도 붙여주고 지원을 해주셨는데 잘 안됐다. 제대로 된 시나리오 한 편 만드는 게 무척 어렵다는 걸 절실하게 깨닫게 된 시기기도 하다. 그 당시에는 감독의 길을 가려면 몇 년이 걸리든 내가 하고 싶은 이야기를 찾을 때까지 한국 영화 현장에 대한 충분한 경험을 쌓는 시간이 필요하다고 스스로 느끼고 있었고 개인적으론 연출에서 한빌 딸어져 현장을 좀 더 빨리 경험하려면 프로듀서가 좋겠다는 생각도 있었다. 유학 시절부터 작든 크든 제작현장을 몇 차례 경험 해보고 나니 프로듀서라는 역할이 내게 덜 고통스러울 수 있겠다, 라고 생각했던 것도 같다. (웃음) 재능 있는 감독과 배우, 스태프들과 함께 뭔가를 만드는 과정을 프로듀서로서 소통하고 조율하는 게 힘들지만 성취감도 있었던 것 같다. 그때까지만 해도 스스로 제작자가 되겠다는 생각은 없었다. 하다 보니 결국 필연적으로 제작도 함께 하고 있지만.

영화에 대해 관심을 가지게 된 계기가 있나.

10대 때는 영화에서 보여주는 세상과 내가 살고 있는 세계가 전혀 다른 곳이라는 생각에 별다른 흥미를 갖지 못했다. 음악에 재능이 조금이라도 있었다면 관련된 일을 하고 싶어 했다. (웃음) 그러다 〈길소뜸〉(감독 임권택, 1985)을 보게 되고, 데이비드 린 감독의 영화 세계에 관한 다큐멘터리를 봤다. 둘 다 TV에서 우연하게 본 거다. 비슷한 시기 극장에서 〈파리 텍사스〉(감독 빔 벤더스, 1984)를 보면서 영화 언어라는 다른 언어가 있다고 느꼈다. 그렇게 흥미가 생기기 시작했다. 『영화의 이해』와 『세계 영화사』을 읽으며 책 속에 등장하는 많은 영화들을 보기 위해 당시에 일종의 씨네클럽과 같은 '영화사랑'과 '씨앙씨에' 같은 영화 동호회에 가입하며 작가 영화들과 아트 영화들을 많이 접하게 되었다. 그 당시에는 어렵게 구한 영화들에 제대로 된 한글 자막이 있는 경우가 드물어서 영화를 보기 위한 외국어에 대한 갈증도 생겼던 것 같다. (웃음) 그러던 어느 날 한겨레신문사에서 독립영화협의회 2기 모집 공고를 보고 경험 삼아 한번 들어가 보자고 생각했다. 본격적으로 영화를 시작한 건 그때부터다, 그때 만나 친구들 중엔 지금도 만나는 인생의 베프들이 있다.

영화 철학을 전공했다고 들었는데, 어떤 경로로 유학을 결심했나.

당시 어르신들이 보기에는 만나면 매일 술만 먹는 우리가 한심해 보였을지도 모르겠다. (웃음) 그렇게 신나게 사람 경험, 세상 경험을 하다가 공부를 하러 프랑스로 떠났다. 불어를 배워서 파리 시네마테크에서 보고 싶은 고전 영화들을 자막 없이 실컷 보자는 단순한 생각에서. 집에서는 어학 공부나 하다가 오겠지 생각하셨는데 그렇게 한국을 떠난 뒤 3년 만에 처음으로 귀국했다. 그때 한국에 오자마자 중앙극장에 걸린 〈초록 물고기〉(감독 이창동, 1997)를 봤다. 그리고 파리에서 〈돼지가 우물에 빠진 날〉(감독 홍상수, 1998)을 보고 나니까 '우리나라가 더 영화 잘 만드는 것 같은데.'라는 생각이 들더라. (웃음) 아무튼 프랑스에서도 3년 차부터 단편, 광고와 같은 여러 작업을 했다. 그때부터 한 해도 쉬지 않고 작은 일이든 큰일이든 필름작업을 계속 해왔다. 처음 유학을 갔을 땐 인문사회학 쪽 공부하고 싶어서 파리 8대학 철학과와 영화에꼴(E.S.R.A)을 다녔고 대학원은 3대학에서 다큐멘터리, 8대학에서는 철학을 전공했다.

변혁 감독의 <인터뷰>(2000)를 촬영할 때 프랑스에서 코디네이터를 했다고 들었다.

〈인터뷰〉가 처음으로 내 이름이 영화 크레디트에 오른 영화다.

과정을 듣고 있으면 감독이나 영화과 교수가 되어야 할 것 같은데 끝내 프로듀서의 길을 선택했다. 본인에게 프로듀서가 잘 맞는다고 판단한 계기가 있었나.

어차피 논문을 못 끝내서 교수는 되기 힘들다. (웃음) 감독을 한다는 건 사실 하고 싶은 분명한 이야기가 있어야 한다. 그런데 그런 창작욕은 언제 어느 순간에 나올 거라곤 확신할 수가 없다. 반면 프로듀서는 그런 씨앗을 가진 분들과 언제든 시작할 수 있을 것 같았다. 그 결과가 항상 생계를 책임지지는 못하지만. (웃음) 내가 확신할 수 없는 것에 매달리는 것보다 확실한 즐거움을 잡고 싶었다. 그렇게 한 편 한 편 하다 보니까 이 역할의 매력을 알게 됐다. 몸에 맞는 옷을 입고 있는 기분이 들었다.

그렇게 이창동 감독님과 인연으로 <여행자>, <시>를 한 후에 <화이: 괴물을 삼킨 아이>를 통해 본격적으로 독자 행보를 걷기 시작했다.

〈여행자〉와 〈시〉에 참여한 후 〈고양이: 죽음을 보는 두 개의 눈〉(감독 변승욱, 2011), 〈무서운 이야기2〉(감독 정범식·임대웅·홍지영·김곡·김선, 2012)를 했다. 〈화이: 괴물을 삼킨 아이〉까지 마친 뒤 제작사를 차렸다. 그 와중에 엎어진 영화도 꽤 있었다. 그중 하나가 이창동 감독의 영화였다. 테스트 촬영까지 하고 중지됐는데 그 이후 〈화이: 괴물을 삼킨 아이〉를 시작하게 됐다.

영화계 입문부터 지금까지 나우필름의 이준동 대표와 꽤 많은 작업을 했다.

앞서 얘기한 이영재 감독과의 작업 이후 이환경 감독과 준비하던 프로젝트의 시나리오를 기다리던 중에 이준동 대표가 〈여행자〉(감독 우니 르콩트, 2009)의 시나리오를 보여줬는데 좋았다. 한참 다른 영화를 준비하던 중이었고 상대적으로 적은 예산의 영화였지만 마음에 들면 알바 한다 생각하고 (웃음) 참여해 보라는 주변의 조언도 있어서 쉽게 결정했다. 그 땐 감독도 프랑스에 있었고 투자도 각 지자체의 지원금을 받아내야 했던 상황이었다. 이준동 대표는 영어 또는 불어를 쓰는 경험 있는 피디 중에서 감독이 불어가 더 편하니까 나한테 제안을 주셨고, 스태프, 배우들은 감독과 영어로 나는 불어로 소통을 하면서 촬영을 했다. 〈여행자〉는 내 스스로의 만족도가 높았다. 하지만 당시엔 너무 힘들어서 이후에 영화를 또 할 수 있는 에너지가 남아 있을까 싶었다. 그렇게 완전히 진이 빠져 있었는데 이창동 감독님이 〈시〉를 같이 해보자는 제의를 주셨다. 그리고 〈시〉를 들고 칸 국제영화제를 갔다 와서는 또 영화 말고 다른 걸 해야 하나 싶었다. 힘들 때마다 그런 생각을 한다. (웃음) 그러다가 이준동 대표의 제안으로 장르 영화를 만나게 되었는데, 그때부터 서서히 장르 영화들의 매력에 빠져들게 되었다. 물론 지금도 여전히 매번 영화 끝낼 때마다 영화를 해야 하나 말아야 하나 생각하고 있다. 습관이다. (웃음) 이준동 대표님이 술만 드시면 "영화계에서 이렇게 나랑 많은 작품을 제작한 사람이 너 밖에 없다."고 하신다. (웃음) 이준동 대표가 주신 프로젝트를 많이 받았고 그게 내가 프로듀서로서 본격적인 경력을 쌓게 된 계기가 되었다. 당연히 이창동 감독님의 존재도 컸다. 제작 과정에서의 고민과 숙제를 스스로 잔뜩 짊어지고 있을 때마다 도움을 청하면 항상 감독님이 새로운 길을 열어 주셨다. 개인적으로는 이창동 감독님과 커뮤니케이션이 잘 된다고 느꼈는데 되짚어 생각해보니 감독님이 마음을 열어 내게 맞춰주신 거였다. 이창동 감독님은 훌륭한 제작자이기도 하다.

소통과 친화력은 중재자, 조정자 역할을 해야 하는 프로듀서의 중요한 역량 중 하나라고 생각한다. 프로듀서마다 중요하다고 생각하는 포인트가 다를 수밖에 없는데 본인이 생각하는 첫 번째 덕목은 무엇인가.

작품을 보는 눈이라고 할 수도 있겠다. 프로듀서라면 다들 공감하시겠지만 많은 시나리오나 기획 아이템을 검토하고 때로는 제안을 받기도 한다. 제안 받은 작품들을 내가 여러 이유로 진행하기 힘들다고 판단되면 그들에게 죄송하다는 얘기를 해야 하는 거다. 친분과의 관계없이. 그 과정이 쉽지는 않다. 일단 모든 게 거기서부터 시작한다. 안목이라고 말하면 너무 무겁긴 하지만 각자가 가진 시선에 따라 영화가 달라질 수 밖에 없다. 그 판단력이 핵심이다. 그 다음에는 잘 듣고 소통하는 문제. 소통과 정성이 프로젝트의 성패를 가르는 경우가 적지 않다. 감독과 얼마나 생각을 맞추고 공감할 수 있는지도 포함된다.

〈부산행〉,
예상 밖의 성공과 그보다 값진 경험

거쳐 온 작품들을 보면 <여행자>, <시>, <화이: 괴물을 삼킨 아이>, <남과 여>와 같은 드라마가 강한 작품들이 있다. 한편 호러영화와 같은 장르영화도 했는데 작품의 결이 달라 의외의 선택처럼 보이기도 한다.

특별히 의식한 적은 없다. 장르영화에서 뭔가를 배워야겠다는 마음으로 한 것도 아니다. 〈고양이: 죽음을 보는 두 개의 눈〉의 경우엔 호러이긴 하지만 정적이고 정서적인 측면이 강한 작품이었다. 이창동 감독이 제작하기도 했고. 무엇보다 이야기가 흥미로웠다. 재밌는 건 내가 호러 영화를 잘 못 본다는 것 정도다. 내 한계치는 스탠릭 큐브릭 〈샤이닝〉(1980) 정도까지다. (웃음) 호러영화를 제작하면서 다른 영화를 봐야 하니까 몇 편을 봤는데 무서워 죽는 줄 알았다. (웃음) 어느 장르나 장르적으로 빼어난 영화가 많다. 결국 중요한 건 시나리오다. 〈화이: 괴물을 삼킨 아이〉도 시나리오의 가능성에 매료되어 시작했다. 〈화이〉의 캐스팅고를 기다리는 동안 민진수 대표(수필름)의 권유로 김곡, 김선 감독과 거의 매주 만나서 〈앰뷸런스〉(〈무서운 이야기〉의 세 번째 이야기)의 기획개발을 했다. 그때 좀비 영화들을 많이 봤는데, 새롭게 느낀 게 많았다. 그 무렵 연상호 감독이랑도 알게 됐다. 어느 하나 인연이 아닌 경험이 없다.

<부산행>은 영화사 레드피터의 창립작이다.

맞다. 2년 가까이 연상호 감독과 주말마다 만났다. 동네에서 술도 마시고 커피도 마시고 이런저런 아이템 얘기를 계속하는 와중에 각자의 작업을 했다. 연상호 감독은 〈사이비〉(2013)를 만들고 나는 〈화이: 괴물을 삼킨 아이〉를 만들었다. 그러던 중에 내가 일본 원작 소설을 연상호 감독에게 주면서 한번 영화화 해보면 어떻겠냐고 물었다. 나중에 연상호 감독에 들으니 나를 만난 지 몇 년 만에 자기한테 처음으로 실사영화 아이템 제안을 한 거라서 웬만하면 해야겠다고 마음을 먹고 있었다고 하더라. 연상호 감독이 부인에게도 그 작품을 들어가게 될 것 같다고 말하곤 밤새 책을 읽었다고 했다. 그리곤 다음날 와이프에게 "큰일 났다. 이걸 왜 영화로 만들겠다는 것인지 모르겠다. 쓰레기만 아니면 하려고 했는데 이거 쓰레기야."라고 말했다고. (웃음) 도저히 안 되겠으니까 나중에 나랑 만나기 3~4시간 전에 다른 아이템을 생각해서 나왔다. 그리고 며칠 후 아침에 전화로 "아버지와 아들이 기차를 타고 있는데, 거기에 감염된 소녀가 나타나는 이야기"가 어떨 것 같으냐고 물었다. 당시 연상호 감독의 애니메이션 〈서울역〉 프리 프러덕션이 끝나가고 프러덕션으로 넘어가기 직전이었다. 애니메이션 팀이 이미 구성되어 있는 상태였기 때문에 "재밌을 것 같은데 지금 당장은 연 감독이 바쁘니까 다른 작가에게 개발 제안을 해보겠다."고 답했다. 느낌은 왔는데 객관적으로 판단해볼 필요가 있었다. 그래서 바로 〈화이: 괴물을 삼킨 아이〉를 쓴 작가에게 그 로그라인에 대해 얘기했다. 그렇게 시작해서 세 달 만에 시나리오가 나왔다. 서로 치고 박고 싸우지만 않았지, 셋이서 거의 인격모독의 극단을 달려가며 이야기를 완성했다. (웃음)

시나리오가 얼마나 좋았기에 직접 영화사를 창립할 생각까지 한 건가. 심지어 연상호 감독은 첫 실사영화였는데.

　　로그라인만 있는 단계라 다른 제작사와 같이하기 힘들었고 감독, 작가와 시나리오 작업을 시작하면서 다른 곳에서 기획개발비라도 받으려면 회사가 필요해서 만들었다. (웃음) 투자사 첫 번째 반응이 "중간까지 읽었을 때는 셋이 천잰 줄 알았다. 계속 보니까 그 정도는 아니더라."고 하시더라. (웃음) 그렇게 〈서울역〉과 〈부산행〉 두 편이 거의 동시에 이뤄졌다. 아이템 준비하고 시나리오 회의를 하면서 저 나름대로 확신이 있었다. 예

산이 좀 들어가긴 하겠지만 우리나라 관객들 특히 10~20대 층은 즐겨볼 수 있는 포인트들이 많았다. 쉽진 않았지만 진행하면서 이렇게 즐거운 작품도 드물었다. 이야기를 만드는 과정이 특히 그랬다. 이게 말이 된다, 안 된다 토론하면서 치열하게 준비했다. 시나리오부터 투자, 스태핑, 캐스팅까지는 감독과 의논하면서 진행했고 콘티부터는 연상호 감독에게 완전히 맡겼다. 워낙 좋은 아이디어도 많고, 좋은 얘기를 귀담아들을 줄 아는 감독이라 큰 문제없이 흘러갔다.

좀비영화는 해외영화로는 익숙하긴 하지만 국내에서 제작된 바가 거의 없었다. 프로젝트 자체만 보면 낯설고 리스크도 크다.

사실 좀비 이야기가 그 전에 아예 없었던 것은 아니다. 좀비 시나리오도 만들어진 곳이 꽤 있었다고 들었다. 웹툰이나 판권을 산 곳들도 있었고. 그런데 왜 진행이 안 됐을까. 여기저기 물어보니 투자사에서는 좀비를 호러 영화로 장르 규정을 한다는 거다. 그래서 예산이 대부분 저예산으로 책정되어 있고 작은 이야기로 끊겨버리는 경우가 많았다. 우리는 이걸 재난 영화로 확장시킬 수 있다는 확신이 있었다. 좀비는 다양한 재난 상황 중 하나의 장치로 넣은 거였다. 덧붙여 기차라는 한정된 공간도 효과적이었다. 서사적으로 보면 사랑하는 사람들이 위험한 일을 당한다는 것에 캐릭터가 어떻게 반응하는지가 핵심이다. 시나리오 작업을 하면서 나 또한 인물들의 행동이 어떻게 이어질지 궁금했다. 무엇보다 기획 방향이 재밌겠다는 확신이 들었다. 당연히 어려운 부분은 기술적인 요소들이었다. 시나리오를 읽어본 지인들은 시나리오대로 나온다면 재미있을 것 같다고 얘기하더라. 그만큼 한국에서 얼마나 구현이 가능한지에 대한 판단을 내리기 어렵다고들 했다. 개인적으로는 중편 좀비 영화인 2012년 〈무서운 이야기〉 옴니버스 작품 중 에피소드였던 〈앰뷸런스〉를 만들어본 경험이 있었다. 그때 깨달은 것이 감독들이 좀비 영화를 좋아하는 것과 현장에서 디렉션 하는 것과 완전 다르다는 사실이었다. '무엇을 그릴까보다 먼저 고민해야 하는 게 어떻게 그릴 수 있는가.'였다. 그래서 〈부산행〉 때는 아무것도 결정된 게 없는 상태에서도 최고의 무술, CG, 특효, 특분 팀들부터 감독이 정할 수 있게 하고 관련한 다양한 현실적인 그림을 미리 가늠해 볼 수 있게 준비했다. 안무가도 미리 섭외했고. 경험해본 것이 있어서 훨씬 도움이 됐다.

〈부산행〉은 예산에 비해 완성도가 매우 뛰어난 결과물이었다. 같은 아이템을 할리우드에서 만들었다면 훨씬 큰 예산이 필요했을 것 같다. 프로덕션 차원에서 영리한 구상이 돋보인다.

처음에 정한 예산에서 크게 벗어나지 않았다. 좋은 스태프, 좋은 배우들과 함께 작업한 덕분에 가능한 일이었다. 투자사에서도 전폭적으로 지지해 줬다 특히 NEW의 전폭적인 지지와 신뢰가 안정적인 작업을 하는 데 결정적인 힘이 되어 주었다.

〈부산행〉은 한국시장에서도 크게 성공했지만 해외에서 반응이 그야말로 폭발적이었다. 이 정도 흥행을 예상했나.

솔직하게 국내에서 400~500만 정도 기대했다. 처음에 투자를 받을 때도 이 정도는 할 수 있을 것 같다고 설득했었다. 하지만 해외시장은 미지수였다. 우리가 볼 때는 재밌는데, 좀비 영화가 많이 나오는 미국이나 기타 국가의 관객들이 어떻게 볼지는 가늠하기 힘들었다. 국내 시장을 전망할 때도 젊은 층에게는 어느 정도 어필할 수 있을 거라고 생각했지만 다른 연령대로 얼마나 확장할 수 있을지는 단정하기 어려웠다. 어쨌든 마니아층이 많은 좀비영화 아닌가. 다행히 드라마 상 보편적인 가족 정서가 잘 먹혔다. 특히 칸국제영화제 스크리닝에서 놀랐다 장르 요소는 장르에 맞게 즐기는 가운데 새롭다는 반응이 쏟아졌다. 아시아에서 이렇게까지 좀비 영화에 대한 수요가 있었나 싶었을 정도로 기대 이상의 성과를 거뒀다.

최종적으로 해외 흥행 성적표는 어느 정도인가.

해외 매출이 대략 5400만 달러 정도라고 들었다. 국내 수익까지 합치면 1억 4000만 달러 정도다. 해외에서 MG(Minimum Guarantee: 최소 금액)로 팔았을 때, 27억 정도에 거래됐다. 칸국제영화제 스크리닝 이후에 반응이 좋아서 액수를 다소 올릴 수 있었다. 대부분의 아시아 국가에서 추가 수익에 관한 오버리지(Overage)를 제대로 받았고 다 합치면 1000만 달러 이상이다. 연상호 감독의 차기작 〈염력〉이나 〈부산행〉 속편도 있어서 제대로 계산을 해준 게 아닐까 싶다. 해외 시장을 개척할 때 차기작에 대한 기대가 그만큼 중요하다는 걸 배웠다.

해외 시장 개척의 경우 예상외의 결과였던 만큼 그 경험 자체가 중요한 자산이 될 것 같다.

맞다. 〈부산행〉이 흥행한 뒤 부산국제영화제에서 전 세계 바이어들을 거의 다 만났다. 그 분들이 2편을 만든다는 이야기를 한 마디 하고 가라고, 안 해주면 안 보내주겠다고 했던 기억이 난다. 1편이 잘 됐기 때문에 서로 믿음이 쌓인 부분이 있다. 사실 칸 스크리닝 이후에 소니 등 해외 배급사에서 월드와이드로 판권을 넘겨달라는 제안도 많이 받았다. 배급을 나라별로 따로 하는 게 좋을지 한 번에 관리하는 게 좋을지 고민이 많았는데 NEW에서 따로 가는 게 전체 매출이 훨씬 큰 것 같다고 판단해서 그렇게 진행했다. 그 다음 〈염력〉 때는 또 다르게 통으로 묶어서 계약을 했다. 이야기 특성도 그렇고 소재도 그렇고 한국적인 요소가 강해서 안정된 통로가 더 중요하다고 봤다. 그래서 넷플릭스에 전체를 넘겼다. 한국 영화 중에서 넷플릭스에서 꽤 높은 비용을 지불한 것으로 알고 있다. 결과적으로는 적절한 선택이었다. 연상호 감독의 차기작 〈반도〉는 아마 하나씩 따로 진행하려고 생각 중이다. 북미의 안정적인 배급사를 통하는 것도 하나의 방법이 될 것이다.

<염력>은 99만 명의 관객을 모아 국내 성적은 아쉬웠는데 해외 반응은 어땠나.

넷플릭스에서는 정책상 수치를 공개하지 않아 정확하게 알 순 없지만 반응이 나쁘지 않았고 개인적으로 판단할 때 구입해 간 비용에 비해 관람 횟수가 많이 나오진 않는 것 같은데 이런 방식의 장르영화를 즐기는 마니아 관객들 사이에서 입소문은 나쁘지 않은 것 같다.

<여행자> 때 해외 코디네이터도 해봤기 때문에 해외 시장이나 바이어 대할 때 수월한 면도 있었을 것 같은데.

외국 사람을 대하는 데 익숙하다는 정도의 도움일까? 나보다 경력 많은

분이 훨씬 많이 있어서 내가 한 일은 별로 없다. NEW의 해외 세일즈팀이 워낙 잘 하고 몇 년간 계속 함께 해오고 있기 때문에 믿고 맡기고 있다.

연상호 감독의 차기작인 <반도>가 궁금하다. <부산행>에서 이어지는 중요한 시리즈인데 어느 정도 밑그림을 그리고 있나.

〈부산행〉 작가를 중심으로 이후에 팀을 꾸렸고 다양한 버전의 시나리오들이 나왔다. 〈부산행〉 이전의 이야기로 8부작 드라마를 만들지, 〈부산행〉 이후의 이야기를 만들지 여러 각도로 구상을 했다. 그런데 연상호 감독이 제안한 〈반도〉 이야기가 훨씬 힘이 있었다. 전작에서 이어지는 연속성은 다소 떨어질 수도 있지만 훨씬 더 해볼 만한 이야기라는 판단이 들었다. 그렇게 구축된 세계관에서 프리퀄, 시퀄, 스핀오프 등 다양한 방법으로 접근해보려 한다. 다양한 플랫폼을 통해 어떻게 내보낼지 계속 고민하면서 제작할 것이다.

<반도>는 어느 정도의 규모로 진행 중인가.

〈반도〉 자체는 160억 정도의 예산이다. 〈부산행〉 4년 뒤의 상황이고 서울을 중심으로 펼쳐지는 이야기라 CG나 세트, VFX 비용이 증가했고 P&A 비용까지 생각하면 최종적으로 200억 정도 되지 않을까 생각한다.

<부산행>은 물론 <염력> 때도 특수효과를 자체적으로 시도한다. 경험 있는 해외 회사와 합작하거나 기술을 빌려올 법도 한데 굳이 오리지널 창작으로 가는 이유가 있나.

참여하는 팀들이 이미 아시아 최강이다. (웃음) 감독의 생각도 중요하다. 연상호 감독이 기술을 만들어가는 걸 선호한다. 그 편이 자신이 구상하는 걸 더 정확하고 재미있게 전달할 수 있다고 판단하는 것 같다. 이미 기술적으로 뛰어난 사람들에게 배우는 것도 좋겠지만 팀을 꾸려 함께 만들어가는 과정에서 얻는 것들이 많다. 〈반도〉의 슈퍼바이저도 특효, 특분, 무술, 좀비 안무 팀들은 〈부산행〉과 〈염력〉 때 함께 작업했던 팀들이 담당한다.

<미스터 고>(2013)를 제작했던 덱스터 필름처럼 대개 이런 식으로 기술이 축적되면 아예 특수효과 회사를 따로 설립하기도 하는데.

나도, 연상호 감독도 그런 방식으로 확장하는 건 생각해 본 적이 없다. 우선 개별영화에서 우리가 하고자 하는 것에 먼저 집중하고 싶다. 당장의 관심사는 기술보다는 이야기다. 어떻게 더 재밌는 콘텐츠를 만들 수 있을까. 아이템을 발굴하고 개발하는 과정이 즐겁다.

새로운 시장을 개척했을 때는 두 가지 경로가 있다. 하나는 시장을 파악하고 적극적으로 맞춰서 공략한 경우, 다른 하나는 의도하지 않았음에도 결과적으로 새로운 시장이 열린 경우다.

그렇게 구분한다면 〈부산행〉의 경우는 후자다. 특정 시장을 공략한 건 아니지만 기회가 열렸다. 생각해보면 예전에 홍콩 영화나 재패니메이션이 해외시장에서 성공할 때도 마찬가지였다. 〈부산행〉이 처음은 아니지만 비영어권 장르영화의 흥행은 중요한 계기가 될 수 있을 거라고 본다. 앞으로도 아시아의 다양한 영화를 세계 시장에서 함께 즐기고 공유하는 사례들이 많아지길 희망한다. 물론 시장 개척은 결과론이고 결국엔 우리가 재미있는 걸 만드는 게 중요하다. 그게 기본이고 필수조건이다. 콘텐츠라는 집은 하루아침에 뚝딱 지어질 수 없다. 어떨 때는 작지만 단단한 이야기로 우리 이웃의 이야기를 할 수도 있고, 어떨 때는 조금 더 확장성을 가지고 보편적인 이야기를 할 수도 있다. 재미있는 이야기를 찾아가는 과정 그 자체를 즐기고 있다. 개인적인 바람이 있다면 〈여행자〉처럼 작은 영화라도 다른 국가와 공동으로 제작하는 영화를 한번 해보고 싶다.

프로듀싱은
또 하나의 창작이다.

<부산행>처럼 큰 성공을 거두고 나면 다음엔 작은 규모의 영화를 제작하려 하지 않는 경우도 있다. 그런데 레드피터는 작지만 필요한 영화들을 꾸준히 시도한다.

　사이즈는 신경 쓰지 않는다. 이야기의 크기보다는 해볼 만하고 만들고 싶은 이야기를 만나는 게 중요하다.

그건 본인이 프로듀서로서 지향하는 가치라고 봐도 될까. 프로듀서가 되기 위해 가장 중요한 자질은 무엇이라고 생각하는가.

　어려운 질문이다. 나는 내가 걸어온 길이 그저 하나의 사례에 불과하다고 생각한다. 그럼에도 굳이 꼽아본다면 내 경험에 비춰봤을 때 대상을 제대로 바라보는 것, 잘 느끼는 것이 첫 관문이 아닐까 싶다. 텍스트를 이해할 때, 나아가 우리 사회의 어느 단면을 바라볼 때 대상을 해석할 수 있는 관찰력이 필요하다. 두 번째로는 그것이 무엇이 되었건 일단 경험하는 것이다. 실패의 경험도 중요하다. 꼭 영화와 관계된 일이 아니라도 좋다. 때론 의도적으로 영화 바깥에서 체험해보는 것도 좋은 일이다. 창작가는 무에서 유를 창조하는 사람인데, 가만히 생각해보면 이게 아무것도 없는 게 아니다. 재료는 항상 주변에 있다. 따라서 사고를 유연하게 하고 사소한 것에서 소재를 발견할 수 있는 폭넓은 사고방식이 요구된다.

프로듀서의 역할은 방대하다. 무엇을 먼저 준비해야 할까.

　영화제작의 중심은 프로듀서다. 우선순위나 취향이나 성격의 문제가 반영되긴 하겠지만 본질적으로는 영화제작 그 자체라고 봐도 된다. 감독을 섭외하든 제작자 역할까지 겸하는 감독의 파트너가 되든, 아니면 투자배급사의 파트너가 되든 어떤 위치에 서 있느냐는 중요하지 않다. 결국 프로젝트의 총괄자로서 모든 단계를 거쳐야만 한다. 사실 개인적으로는 크레디트에서 기획자와 프로듀서를 나누는 것에 그다지 동의하지 않는다. 프로듀서가 곧 기획자다. 역할에 따라 공동작업, 어시스턴트 등으로 세분화할 순 있지만 전체를 총괄하는 시야를 가지고 프로세스를 이해해야 한다. 사전적으로 엄밀히 구분한다면 가능할 수도 있겠지만 현실적으론 결국 업무 전반을 담당하게 된다. 때문에 특정 분야에 흥미를 느끼는 것보다 전체적인 흐름을 파악하는 눈이 필요하다.

작가주의 영화와 관련된 에피소드를 듣다보면 한 가지 오해를 하는 경우가 있다. 시장의 현실과 상업적인 판단을 중요시하는 프로듀서가 감독의 자유로운 창작을 억압하고 대립하는 존재로 인식되기도 하는 것이다.

물론 충돌하는 지점은 있을 수 있다. 하지만 그건 어떤 분야의 일이건 마찬가지다. 기본적으로 프로듀서와 감독은 함께 창작이라는 목표를 향해 걸어가는 동료다. 누군가가 자기의 크리에이티브한 지점을 차단하고 방해하고 막는 사람이라고 느껴진다면 그와 함께 일을 하는 건 불가능하다. 만약 프로듀서의 지적이 단순히 예산을 줄여서 수익을 올리자는 억지 주장이 아니라 현실적인 조언이라면 감독이 이를 수용할 수 있어야 한다. 반대로 프로듀서 역시 영화의 퀄리티나 여러 가지 측면에서 도움이 된다고 납득할 수 있다면 적극적으로 의견을 수용해서 투자사를 설득할 것이다. 프로듀서의 기본 역시 창작이다. 다만 좌뇌와 우뇌처럼 각자 맡은 역할에 차이가 있을 따름이다.

프로듀서를 하면서 가장 어려웠던 지점은 무엇인가.

프로듀서라면 누구나 겪어봤을 텐데 계속 새로운 이야기나 소재를 찾아야 한다는 강박에 시달릴 때가 있다. 굳이 하지 않아도 되는 집착으로 나를 학대하는 게 아닌가 싶은 순간들을 종종 마주한다. 좀 비워내야 오히려 잘 보일 수도 있을 텐데 말이다. 기본적으로는 뭔가를 치열하게 찾는 스타일이 아니다. 그런 내가 이정도인데 다른 분들은 어떨지 짐작이 간다. 내 경우엔 운 좋게 첫 제작 작품이 흥행해서 계속 프로덕션을 이어가고 있지만 사실 한국 시장에선 한 편의 결과에 따라 금방 위태로워질 수 있다. 당연히 매번 필사적일 수밖에 없긴 하다. 스트레스를 덜 받는 요령이 있다면 함께 일하는 모두가 고민을 나눌 수 있는 파트너라고 생각하는 거다. 덕분에 투자배급사들과 커뮤니케이션이 잘되는 편이라고 나는 생각한다. (웃음) 한 가지 덧붙이자면 스스로의 위치를 점검하기 위해서라도 압박감을 내려놓고 잠시 자신을 비워내는 훈련이 어느 정도 필요하다. 그걸 못 하면 악순환이 반복될 수 있다.

스트레스도 많고 매번 시험 받는, 쉽지 않은 작업이다. 그럼에도 계속 해나갈 수밖에 없는 매력을 설명한다면.

'당신에게 영화가 무엇이냐?'고 묻는다면 답할 수 없다. 그런데 '이걸 왜 계속하는 거냐?'고 묻는 거라면 확실하게 답할 수 있다. 이게 아니면 다른 게 할 게 없다. (웃음) 꾸준히 해왔고 잘 할 수 있는 걸 하는 거다. 물론 내가 처음에 흥미를 느꼈던 영화와 오늘날의 영화가 다를 순 있다. 플랫폼이 변화하는 만큼 영화의 정의와 범주도 바뀌고 있으니까. 그럼에도 그 안에서 길을 발견해 나가는 즐거움과 보람을 함께 느낀다. 어릴 적 〈터미네이터 2〉(감독 제임스 카메론, 1991)를 보고 이제 헐리우드 영화를 제외한 다른 나라의 영화는 끝났다는 이야기를 들은 적이 있다. 저런 영화가 나오는데 누가 시시한 드라마를 보겠냐는 거였다. 하지만 알다시피 좋은 영화는 꾸준히 나오고 있다. 〈아바타〉(제임스 카메론, 2009)가 나왔을 때 3D 아니면 다 끝난 것처럼 얘기했지만 현실은 그렇지 않다. 다양한 길이 있고 그만큼 다양한 영화들도 있다. 그 상자를 하나씩 열어보는 재미는 각별하다.

그간 주로 남들이 가지 않은 길을 걷고, 열지 않는 상자를 열어오셨다. 예를 들면 <서울역>, <카이: 거울 호수의 전설>(2016) 등 극장 장편애니메이션은 사실 국내에선 시장 전망이 불투명한데도 꾸준히 시도하고 있다.

　가장 큰 이유는 연상호 감독이 꾀어서다. (웃음) 나는 어렸을 때 좋아했던 애니메이션이나 만화 정도 수준에 머물러 있을 뿐 전문적으로 잘 알지는 못한다. <서울역>의 경우 <부산행>을 들어가면서 관리할 수밖에 없게 되어서 시작한 거였다. 이성강 감독님과 함께 작업한 <카이: 거울 호수의 전설>은 연상호 감독의 소개로 <서울역>보다 먼저 제안 받은 프로젝트였다. 기술적인 관리는 스튜디오 다다쇼의 스태프들이 맡고 나는 주로 더빙을 위한 캐스팅이나 투자 등의 실무를 담당했다. 애니메이션의 경우 아트웍은 연상호 감독이 책임져주니까 전반적인 관리를 도운 것뿐이다. 지금

은 이성강 감독과 〈프린세스 아야〉(가제)를 얼마 전에 완성해서 개봉을 앞두고 있다. 사실 좋은 이야기만 만난다면 그게 애니메이션이든 실사든 중요하지 않다. 가지 않은 길을 일부로 골라가는 건 아니지만 가지 않은 길이라고 돌아갈 필요도 없다고 생각한다.

한국영화 시장을 이야기할 때 빠지지 않고 거론되는 게 양극화 문제다. 프로젝트의 사이즈에 구애받지 않고 작업해온 입장에서 이 문제를 진단한다면.

예산 차원에 국한해서 얘기를 한다면, 40~70억, 또는 20~50억 사이의 좋은 상업영화들이 많이 나와 선순환 되는 성과로 이어지는 게 이상적이라고 본다. 최근 몇 년간 이런 규모의 영화들이 부족했던 게 사실이다. 지금은 단순히 투자자와 제작자의 문제를 넘어선 단계에 접어들었다고 본다. 몇몇 제작자의 의지만 가지고 해결될 수 있는 상황이 아니다. 얼마 전 곽용수 인디스토리 대표와 전반적으로 색이 비슷해지는 영화 시장에 대해 이야기 나눈 적이 있다. 해외 프로그래머들에게 최근 한국영화들은 다 비슷하다는 말도 자주 듣는다. 지금은 〈지구를 지켜라!〉(감독 장준환, 2003) 같은 영화를 허락지 않는 분위기다. 내가 선배 세대들의 영화를 보고 자극을 받았던 시절을 떠올려보면, 젊은 영화인들이 오늘의 한국영화를 보며 자극을 받을 수 있을 거라 말할 자신이 없다. 이렇게까지 해도 된다, 이렇게 할 수도 있다는 과감한 사례를 만들어줄 필요가 있다. 내일로 나아가기 위해선 그런 롤 모델이 필요하다.

지금 시점에서 대표님의 롤 모델은 누구인가.

특별히 한 사람을 꼽기 어렵다. 내가 좋아하는 영화를 만든 모든 제작자들을 존경한다. 이준동 대표나 봄 영화사의 오정완 대표 등등 한국영화의 한 페이지를 장식한 주옥같은 영화들을 만든 분들이 내게 자극을 준 분들이다.

프로듀서를 목표로 하는 젊은 영화인들에게 조언 한 마디 부탁한다.

현장에서 배우는 것보다 값진 건 없다. 다만 반드시 상업영화 현장만이 현장인 것은 아니다. 여러분이 서 있는 모든 곳이 현장이 될 수 있다. 일단 뭐든 직접 해보길 권한다. 스티븐 스필버그에 관한 다큐멘터리를 본적 있는데, 그는 대학을 들어가기도 전에 부모님이 주신 8mm 카메라로 8000편이 넘는 영상을 찍었다고 한다. 그 영상 하나 하나가 걸작일 리 없다. 하지만 그 정도로 많이 작업을 했으면 실력이 쌓이지 않는 게 더 이상한 거다. 막연하게 머릿속으로만 생각하지 말고 직접 해보면 상황에 맞는 답이 나온다. 글 쓰고 노래 부르고 기타 치는 것처럼 영화제작도 즉흥적으로 해볼 수 있는 시대다. 작게라도 일단 시작해보는 게 중요하다. 주변에 글 잘 쓰는 친구가 있으면 친구가 만든 이야기를 영상으로 만드는 작업을 그냥 해보라. 전문적인 카메라로 찍든 핸드폰으로 찍든 상관없다. 한 편의 영화를 완성까지 이끌 수 있다면 당신은 이미 한 사람의 어엿한 프로듀서다.

상황에 맞춘 유연한 접근이 필요하다.
각 나라별 해외 배급 포인트 전략에 대해

"해외 배급 전략은 투자배급사 해외팀이 제작사에게 사전전략을 공유하거나 세일즈 현황을 통보하는 방식이 대부분이라 제작사가 별도의 전략을 가지고 진행하기 어려움이 있다. 여기에는 여러 원인이 있는데 가장 큰 이유는 해외 매출 자체가 전략을 세우고 접근하기에 미비하기 때문이다. 그런 면에서 〈부산행〉의 흥행은 사후적으로 전략의 필요성을 인지하게 된 계기이기도 하다. 칸국제영화제 이후 해외 메이저배급사에서 와이즈릴리즈를 제안해 온 곳이 꽤 있었지만 투자배급사인 NEW에서는 나라별 단매로 직접 판매하는 게 수익이 더 높을 거라고 판단. 제안했고 이를 받아들였다. 반면 〈염력〉의 경우 나라별 단매보다 〈부산행〉의 프리미엄을 더한 넷플릭스의 제안이 더 수익을 높일 거라고 봤다. 현재 후반작업 중인 〈반도〉의 경우 다시 나라별 단매로 진행 중이다. 미국, 프랑스 쪽에서 직접적인 제안이 있기도 했지만 장기적으로 연상호 감독의 이름을 알리는 데 도움이 되는 배급방식으로 시도하려 한다."

강명찬
프로듀서

중앙대학교 영화학과 졸업
현, (주)퍼펙트스톰필름 대표이사

| 필모그래피 |

영화
〈백두산〉 (2019) 기획/공동제작
〈PMC: 더 벙커〉 (2018) 제작
〈싱글라이더〉 (2017) 제작
〈쎄시봉〉 (2015) 공동제작/프로듀서
〈집으로 가는 길〉 (2013) 프로듀서
〈점쟁이들〉 (2012) 프로듀서
〈577 프로젝트〉 (2012) 공동제작/프로듀서
〈마이웨이〉 (2011) 라인 프로듀서
〈평행이론〉 (2009) 라인 프로듀서
〈우리 생애 최고의 순간〉 (2008) 제작실장
〈구미호 가족〉 (2006) 제작부
〈바람난 가족〉 (2003) 제작부
〈YMCA 야구단〉 (2002) 제작부
〈후아유〉 (2002) 현장진행
〈버스, 정류장〉 (2001) 현장진행

TV 시리즈
〈푸른 바다의 전설〉 (2016) 해외 프로듀서
〈태양의 후예〉 (2016) 해외 프로듀서

강명찬 프로듀서는 전형적인 충무로 현장 출신이다. 중앙대학교에서 영화를 전공한 그는 대학을 졸업하기도 전에 촬영장에서 "경광봉 들고 수신호 하는" 법을 배웠다. 〈버스 정류장〉부터 〈마이웨이〉까지, 제작부 스태프로 일한 작품만 해도 10여 편. 무엇보다 그는 이제껏 한눈 판 적이 없다. 2000년 이후 한국영화가 도약과 추락을 거듭하는 동안 수많은 인력이 영화판을 들고 났지만, 강명찬 프로듀서는 지치지 않고 묵묵히 제자리를 지켰다.

지나온 궤적을 잠시라도 훑어보면, 강명찬 프로듀서의 관심과 능력을 쉽사리 예측해 볼 수 있다. 〈마이웨이〉 〈집으로 가는 길〉 〈쎄시봉〉 〈싱글라이더〉 등 해외 로케이션이 필요한 작품이라면 그는 두말 않고 달려갔다. 정확히 말하면, 해외 로케이션이 필요한 현장에서 그는 언제나 '섭외 1순위' 전문 스태프였다. "오랜 제작부 생활을 통해 현장이 요구하는 프로듀서의 기본을 알고 있다. 변수가 많은 촬영현장에서 효율적 대안을 즉각 제시할 줄 안다. 이러한 장점은 제반 조건이 열악한 해외 로케이션에서 더 빛을 발한다. 게다가 영어까지 잘하지 않나. 그러니 다들 찾을 수밖에." (웃음) BA엔터테인먼트 장원석 대표의 말이다.

강명찬 프로듀서와 협업한 이들이라면 다들 흔쾌히 동의할 것이다. "〈집으로 가는 길〉을 만든 이들과 지금도 만나는데, 그때마다 도미니카 또 가고 싶다는 이야기가 나온다. 당시에 촬영하면서 힘들다는 생각조차 해 본 적이 없다. 강명찬 프로듀서가 나도 모르게 손을 써 두어서 매일 여행하는 기분이었다." (웃음) 〈집으로 가는 길〉을 기획한 서영희 프로듀서는 그가 축적한 데이터와 확보한 네트워크에 대해 무한 신뢰를 보내면서 덧붙인다. "이번에 〈수리남〉 촬영 준비 때문에 도미니카에 다시 갔는데, 현지 관계자가 강 프로듀서를 기억하며 반기더라. 제작 시스템을 갖춘 국가나 지역이 아닐 수록 그의 경험과 기지가 더 잘 발휘된다."

〈피랍〉의 촬영을 앞두고 모로코와 슬로베니아, 이탈리아 북부로 1차 현지 조사를 다녀온 김성훈 감독(〈끝까지 간다〉〈터널〉〈킹덤〉)도 해외 로케이션은 처음이지만 우려보다 기대가 크다. "해외 촬영은 강명찬 프로듀서가 국내 최고라고들 한다. 이번에 그걸 내 눈으로 직접 지켜봤다. (웃음) 항공편 확보하는 것부터 촬영장소 구하는 것까지 이중 삼중으로 크로스체크 하더라. 나도 치밀하고 꼼꼼한 편인데, 강명찬 프로듀서는 못 당한다. 그는 내가 묻기도 전에 궁금해 할 만한 것을 파악해서 미리 일러줄 정도니까. 〈피랍〉은 카체이스 등 큰 액션 장면을 해외에서 찍어야 하지만 베테랑인 그가 곁에 있어서 걱정하지 않는다."

강명찬 프로듀서에게 있어 해외 로케이션은 단지 촬영 장소의 변화를 뜻하지 않는다. 강명찬 프로듀서는 성공적으로 해외 촬영을 마치려면 현장에 고착된 패러다임부터 먼저 바꿔야 한다고 강조한다. 특히 우리가 무조건 옳다거나, 그들이 당연히 맞다는 편견은 금물이다. 그렇게 일하면 주어진 조건을 최대한 활용할 기회를 놓치게 된다. 〈마이웨이〉 제작실장 시절, 그가 제안하고 실행한 수많은 아이디어는 발상의 전환을 꾀한 좋은 예다. 예산 절감을 위한 선택이 외려 제작비 초과로 귀결되는 경우가 얼마나 허다한가. 그는 이 모든 실패의 기저에 일차적 대처에 만족하는 현장의 비효율이 자리하고 있다고 지적한다.

흥미로운 건 강명찬 프로듀서가 '한국영화'라는 자장 안에서 스스로 특장을 개발했다는 점이다. 그가 가진 풍부한 매뉴얼과 특별한 노하우는 뼈아픈 과거의 실패가 남겨준 작은 선물이라는 뜻이기도 하다. 강명찬 프로듀서가 자신이 얻은 이 능력을 동료들과 같이 나눠야 하는 공공재라고 여기는 것도 그런 이유에서다. "나 말고도 〈클로젯〉의 정원찬 프로듀서, 〈백두산〉의 최원기 프로듀서 등 실력 좋은 프로듀서들이 주변에 많다. 그들이 아니었다면 몇 개의 프로젝트를 동시에 진행할 수 없었을 것이다. 명필름 시절 내가 선배들에게 받은 것을 오랜 시간 호흡한 후배들과 함께 작업하면서 발전시키고 싶다."

올해 들어 강명찬 프로듀서는 한 숨 돌릴 시간조차 없다. 촬영을 끝낸 〈클로젯〉〈백두산〉의 후반작업을 꼼꼼히 체크해야 하고, 한편으로는 〈피랍〉〈수리남〉의 촬영준비를 서둘러 끝내야 한다. 정신없이 바쁜 와중에도 그는 여기저기서 쏟아지는 각종 문의를 마다하지 않는다. 간단한 문서작성부터 현지 지원제도까지 글로벌 프로젝트와 관련된 내용이 대부분인데, 그는 제 작품인 것처럼 상대에게 아낌없이 조언한다. 장시간의 인터뷰에 응한 것도 어쩌면 같은 마음이 아니었을까. 강명찬 프로듀서가 20년 가까이 한국영화 현장에서 익히고 깨우친 비기의 일부를 여기 내놓는다.

———

글 · 이영진

정신없겠다. <클로젯> <백두산> <피랍> <수리남> 등 네 편의 작품을 동시에 진행하고 있는데.

굉장히 바쁜 시기다. 〈클로젯〉은 포스터 촬영 등 개봉 준비 중이고, 공동제작을 하고 있는 〈백두산〉은 후반작업을 진행하면서 덱스터스튜디오와 함께 마케팅 업무를 진행하고 있다. 11월 2일부터는 모로코로 출장 간다. 〈피랍〉의 로케이션 준비 상황을 체크하고, 현지 프로덕션 서비스 회사와 계약도 해야 한다.

<수리남>도 해외에서 촬영하는데. 지역은 정했나.

콜롬비아와 도미니카공화국이 후보지다. 12월 첫째 주에 윤종빈 감독과 함께 직접 남미에 가서 둘러보고 촬영지를 정해야 한다. 할 일이 많긴 한데, 함께 작업하는 이들이 다들 오래 알고 지낸 이들이라서 크게 힘들진 않다.

<백두산>은 언제 개봉 예정하나.

2019년 연말로 계획하고 있다. 이해준, 김병서 두 감독이 들려준 아이템 중에서 가장 마음에 들었다. 1년 정도 작업해서 2016년 1월에 시나리오 초고가 나왔는데, 남북한이 똘똘 뭉쳐 위기에 빠진 한반도를 구하는 이야기다. 또렷하고 명확한 스토리에 끌렸다. 백두산 폭발 천년 주기설이 엉뚱하게 들리지도 않았고.

김용화 감독의 덱스터스튜디오와 공동 제작을 한 건 CG 작업 때문인가.

시나리오 초고를 저작권 등록하고 수정 중이었던 때로 기억한다. 김용화 감독에게서 연락을 받았다. 〈신과 함께〉 촬영을 김병서 감독에게 의뢰하고 싶은데, 김병서 감독이 나한테 잡혀서 결정을 못하고 있다면서. (웃음) 제작과 CG를 도와줄 테니 김병서 감독을 좀 놔 달라고 하셨다. 사실

두 감독이 시나리오를 가져왔을 때 돈이 없어서 계약도 못해줬다. 그래서 공동제작 제안을 받아들이면서 김용화 감독에게 두 감독의 각본, 연출료까지 좀 쏴 달라고 부탁했다. (웃음) CG 작업의 경우, 올해 6월부터 덱스터스튜디오를 포함한 국내 4개 회사와 유럽의 한 회사, 모두 5개 사가 공동으로 맡아서 진행 중이다.

하정우, 주지훈이 출연하는 <피랍>도 촬영을 앞두고 있다.

〈피랍〉은 와인드업필름 정이준 대표가 개발해서 쇼박스의 투자를 얻어냈다. 다만 해외 로케이션이 필요한 작품이라 요청을 받고 공동제작을 하게 됐다. 1986년 레바논에서 근무하던 서기관 납치사건을 바탕으로 한 영화로, 〈터널〉〈킹덤〉을 만든 김성훈 감독이 연출한다.

<클로젯>은 어떻게 시작한 프로젝트인가.

윤종빈 감독이 시나리오를 봐 달라고 해서 만났다가 결국 같이 제작하게 됐다. 호러 스릴러지만, 한국영화에서는 쉽사리 볼 수 없었던 판타지가 가미된 이야기다. 윤 감독도 그 부분이 좋았다고 하더라. 김광빈 감독이 후배이기도 하고, 각색도 동기인 권성휘 작가(〈공작〉, 〈수리남〉)가 맡으면서 나도 참여하게 됐다. 2020년 1월에 개봉한다.

언급한 제작진 대부분이 중앙대학교 영화학과 선후배들이다. 입학할 때는 감독이 되고 싶었나.

대학 가서 충격을 받았다. 나름 영화를 봤다고 자부했는데, 술 먹다가 영퀴 게임하면 하나도 모르겠더라. 내가 본 건 전부 상업영화였으니까. 얘들은 선수구나, 좌절이 좀 컸다. 35명쯤 되는 동기들이 각자 왜 이 학과에 왔는지 자기소개를 하는데, 80% 정도는 영화감독이었고 나머지는 촬영 아니면 평론이었다. PD를 하겠다는 사람은 아무도 없었다. 1990년대 후반에 신씨네, 명필름, 우노필름 이런 회사들이 알려졌으나 일반 사람들이 알 정도는 아니었고. 그래서 내 차례가 됐을 때 대뜸 선생님에게 물어봤다. '영화는 누구 거냐?'고. 영화사 사장 것이라는 답변을 듣고 "그럼, 영화사 사장할게요." 했다. 프로듀서라는 직종은 나중에 선배들이 일러줘서 알았는데, 그 뒤로 학교에서 단편 찍을 때는 무조건 내가 프로듀서라고 우겼다.

입학 후에 동기들에게 열패감을 느꼈다고 했다. 학기 초에 느꼈던 일시적인 기분이었나. 아니면, 어떻게든 만회하려고 안간힘을 썼나.

못 본 영화 섭렵하려고 방학 내내 주간에는 비디오 가게, 야간에는 비디오 방에서 일했다. (웃음) 낮에는 비디오 보고, 밤에는 비디오 뜨고. 뒤늦게 챙겨 보면서 가장 좋았던 감독은 프랭크 카프라였다. 진짜 신파는 이런 거지, 하면서 눈물을 질질 짰다. 이야기를 풀어내는 능력이 대단한 감독 아닌가. 알프레드 히치콕이나 존 휴스턴 작품도 많이 봤다. 존 포드는 내 취향은 아니더라. 고다르는 당연히 힘들었고. (웃음) 그때 내가 서사 중심의 영화를 좋아하는구나 알게 됐다.

제작사 퍼펙트스톰필름을 배우 하정우와 함께 꾸려가고 있다. 대학 때부터 알고 지냈는지 궁금하다.

3학년 때 영화학과 학생회장을 맡으면서 운명적으로 만났다. (웃음) 하정우 배우가 연극학과 학생회장이 되면서 자주 어울렸다. 학생회장을 하면서 둘 다 뭔가 좀 해보려는 게 있었다. 연극영화학과가 둘로 분리된 이후 두 과는 교류가 거의 없었다. 영화학과에서 단편을 만들 때도 다른 학교 배우들을 썼다. 이런 분위기를 바꿔 보고 싶어 의기투합했고, 그 뒤로는 서로 출연도 하고 작업도 돕고 그랬다.

알려진 필모그래피에 따르면, 첫 작품이 <YMCA 야구단>(2002)이다. 대학을 졸업하지 않은 상황에서 현장에 뛰어든 건가.

첫 작품은 〈버스 정류장〉(2002)이다. 3학년 2학기가 됐는데 대출받은 학자금도 갚아야 하고 빨리 현장에 나가는 것이 좋겠다 싶어, 이현승 감독에게 취직하고 싶다고 했더니 세 군데를 추천해 주었다. 강제규 필름, 싸이더스 그리고 명필름. 강제규 필름은 조감독이었던 선배 연락처를 받아서 찾아갔는데 면접 보고 나오면서 여긴 안 되겠다 싶었다. 프로듀서 방 앞에 제작부 책상이 일렬로 놓여 있었는데, 거의 모두가 중앙대학교 영화학과 출신에 맨 마지막 책상이 나보다 4년 선배 자리였다. 아, 내가 여기서 저 자리까지 가려면 10년이 더 걸리겠구나 싶었다. (웃음) 싸이더스는 하이재킹 소재 영화의 제작부가 필요하다고 해서 갔는데 회사에 사람이 너무 많아서 정신이 없었다. 페이까지 이야기했던 터라 일단 결정을 보류하고, 그 다음 선배의 연락을 받고 명필름을 찾았다. 대학로에 있는 한옥 건물이었다. 학교 사람도 그 형을 제외하곤 아무도 없고, 게다가 강제규 필름에서는 어깨도 못 펼 것 같은 선배가 이은 감독과 심재명 대표를 소개까지 시켜주는 거다. 아, 이게 가능하구나. 강제규 감독과 차승재 대표는 만나지도 못했는데. (웃음) 명필름의 가족 같은 분위기가 좋았다. 기획실, 마케팅실, 배급실 그리고 해외담당도 따로 있었고, 규모가 작아도 있을 것은 다 있었다. 나오면서 곧장 내가 있을 곳은 여기라고 마음먹었다.

면접 보러 가서 회사를 고르고 있었네.

그래도 학교에서 회장님 소리 들었는데. (웃음) 명필름에서는 며칠 후면 〈버스 정류장〉 크랭크 인이라면서, 운전면허 있냐고 묻더니 바로 나오라고 하더라. 70만 원 받으면서 현장 일을 시작했다.

명필름에서 제작부로 일하면서 가장 기억에 남는 작품을 꼽는다면.

〈YMCA 야구단〉. 프리 프로덕션부터 끝까지 참여한 작품이라 애정이 많이 간다. 일단 시나리오를 너무 재밌게 봤다. 2002년 1월부터 시작했고, 현장 지원 역할이었던 내게 제작팀에서 헌팅 작업을 얼마간 할당해줬다. 촬영에 필요한 장소가 30곳 정도 된다 치면, 여기 다섯 군데는 네가 책임지고 진행해 보라고 해서 12만분의 1짜리 지도를 보며 전국을 돌았다. 송종희 팀장(분장), 한철희 기사(동시녹음) 등 그때 만난 스태프는 지금까지도 함께하는 분들이다. 한철희 기사는 가장 많이 작업한 스태프인데, 당시에 나를 너무 힘들게 했다. 현장의 모든 소리를 다 막으라고 했으니까. 날카로운 눈매를 보면 알겠지만, 요구가 엄청 까다롭다. 무서운 형이었으나 한편으로 고마운 멘토였다. 맨 뒤에서 다 보고, 다 듣는 분인지라 제작실장 할 때도 이런 저런 팁을 많이 일러주었다. 감독의 성향이라든지, 배우의 컨디션이라든지. 조용히 불러서 지금 상황이 이러니, 이러면 더 낫지 않을까 조언해 주기도 하고. 작품 경험이 워낙 많은 그 분을 통해서 현장의 판을 읽는 법을 배웠다. 〈싱글라이더〉를 할까 말까 고민할 때도 "좋은 작품이니 결과와 상관없이 네가 잃을 게 없다."고 용기를 북돋아 주었다. 내 인생의 스태프를 만났다는 점에서 〈YMCA 야구단〉은 내 인생의 영화 중 한 편이다.

지금은 촬영 현장 분위기가 많이 달라졌는데. 그런 돈독한 관계가 당시에는 일반적이었나. 아니면 명필름만의 뭔가가 있었던 건가.

명필름이 특별하긴 했다. 배우들하고 제작부하고 격 없이 어울리고. 명필름이 감독 위주의 회사는 아니어서 제작부가 힘이 좀 있었다고 해야 하나. 촬영 현장에서는 제작부가 매니저처럼 직접 배우를 케어 하기도 하고. 그래서 더 다가갈 수 있었던 것 같다. 지금은 뭐. (웃음) 〈YMCA 야구단〉 때 크랭크 업을 2주 정도 남겨놓고 대형 사고가 났다. 새벽에 스태

프 간식을 사오다가 전봇대를 들이받고 일자로 뻗었다. 졸음운전이었는데, 그때 기억이 전혀 없다. 깨어나 보니 전북대학교 병원 응급실이었다. 서울에서 이은 감독과 심재명 대표가 급히 내려와 종합 검사를 받았다. 신기하게도 아무 이상이 없었다. 쓰러진 전봇대 값이 1천만 원, 차 수리비가 1천만 원. 순전히 내 잘못인데도 타박하지 않고 보약을 해 먹이는 회사가 감동이었다. (웃음)

<바람난 가족>은 배우가 교체돼서 일정이 지연된 영화다.

우여곡절이 많았다. 이은 감독과 심재명 대표가 우리에게 일주일만 달라고 하고 배우 구하러 다니고. 열흘 뒤였나. 문소리 배우가 오게 되면서

몇 번이고 제작부에 신신당부했다. 배우에게 지원을 아끼지 말라고. (웃음) 제작부 막내가 스타 크래프트 몰고 그랬다. 매니저가 따로 없어서 스케줄 관리도 제작부에서 하고.

그때는 승진을 좀 했나.

〈바람난 가족〉 때는 선임제작부로 일하면서 로케이션 섭외를 총괄했다. 〈YMCA 야구단〉은 현장진행, 〈바람난 가족〉은 제작진행이라고 보는 것이 맞다. 〈바람난 가족〉은 책임을 어깨에 얹고 작업한 작품이다. 심보경 보경사 대표가 제작이었는데 감독이 원하는 것을 다 해 줬다. 제작부 입장에선 지금까지 한 번도 문 닫은 적 없는 서서갈비를 어떻게든 촬영 장소로 써야만 했다. 매일 박카스 들고 갈비집 앞에서 애걸복걸 했다. 한 일주일 출근해서 하소연했더니 불 피우던 할아버지가 잠깐 따라오라고 하시더라. 알고 보니 그 분이 진짜 주인이었다. 결국 승낙 받았지. 오장동 함흥냉면, 천지 카바레 등도 섭외하는데 애 먹은 곳이다. 감독이 콘티북을 안 만든다고 고집 부려서 김우형 촬영감독과 함께 셋업북을 만들었던 기억도 난다.

명필름 제작 파트의 특징 혹은 강점 중에 기억나는 것이 있나.

명필름에서는 제작 매뉴얼을 많이 만들었다. 헌팅은 어떻게 해야 하는지, 로케이션은 어떻게 해야 하는지, 아주 간단한 업무 내용들까지 문서로 기록해 공유했다. 사용 목적에 맞는 일촬표(일일촬영계획표) 등은 다른 제작사와 현장에서 가져가 쓰기도 했다. 나 역시 명필름을 나온 뒤에도 그러한 문서를 보여주고 사용을 권고했다. 새로 들어온 친구들은 단계별로 일이 진행되는 과정을 전체적으로 파악할 수 있었고, 다른 회사에서 온 친구들은 각 단계에서 무엇에 특히 유념해야 하는지 인지할 수 있었다. 제작 매뉴얼이 일종의 교과서였던 셈이다. 명필름은 당시에도 밤샘 촬영을 되도록 피하려고 애썼는데, 그러다 보니 연출팀이든 제작팀이든 주어진 시간 안에 감독과 배우에게 최대한 많은 테이크를 시도할 수 있도록 계획을 짜는 일이 중요했다.

2004년과 2005년에 참여 작품이 없는 것을 보니 이 시기에 군에 입대한 모양이다. 전에 군 복무 중 아프가니스탄 파병을 자원했다고 했는데. 영어는 파병 생활 중에 익힌 건가.

아프가니스탄 바그람이라고, 카불에서 차로 한 시간 정도 거리의 공군 기지에서 6개월 정도 근무했다. 할리우드 영화에 자주 나오는 곳이기도 하다. 영어는 딱히 공부한 것은 아닌데 귀가 남들보다 빨리 뚫렸다. 미드 보고, 개인 교습 받고 이러면서 자신감이 붙어 워킹 타이틀의 액션 프로그램에 지원한 적도 있다. 기획 파트 한 명, 프로덕션 어시스턴트 한 명, 이렇게 두 명의 인턴을 선발하는 연간 프로그램이다. 이은 감독이 그 이야기를 듣고서는 "한국의 워킹 타이틀 다니는 놈이 뭐 하러 거길 가느냐. 딴 생각하지 말고 돌아오라."고 말했다. (웃음)

돌아와서 첫 작품이 <구미호 가족>(2006)이다. 대학 생활을 함께 한 하정우와 영화로 다시 만났는데.

제대하고 회사에 갔더니 〈구미호 가족〉 촬영 준비 중이었다. 일이 너무 하고 싶어서 몸이 근질근질했다. 제작팀장을 시켜달라고 했는데 전과 달리 새로 제작부에 온 형, 누나들이 서른 살이 넘다 보니 상황이 좀 묘하게 됐다. 결국 다음 작품인 〈우리 생애 최고의 순간〉에서 제작실장을 맡는 조건으로 〈구미호 가족〉에 참여했다. 흥행 결과가 좋지 않았으나 하정우 배우와 함께해서 즐거웠던 적이 많았다. 그 영화에서 하정우 배우가 처음으로 거액의 출연료를 받은 터라 많이 얻어먹었다. (웃음) 그리고 다들 알다시피 얼마 지나지 않아 하정우 배우는 〈추격자〉(2008)로 일약 스타가 됐다.

<우리 생애 최고의 순간>(2008)은 여러모로 남다른 작품일 것 같다. 제작실장이
됐고, 흥행에도 성공했다.

처음으로 제대로 된 타이틀을 얻었다. 예산을 집행하고 주요 스태프 운
용할 권한과 책임을 지게 됐으니까. 게다가 그리스, 폴란드, 헝가리를 돌
면서 해외 로케이션 준비도 경험했고. 결국 경기장면의 해외 촬영은 무산
됐지만 바깥에서 직접 리서치 하면서 많이 공부했다. 제작부가 스코어에
연연하는 것은 아니지만, 흥행이 이렇게 달콤하구나, 내가 결과를 내는데
얼마간 도움이 됐다는 뿌듯함도 느꼈고. 〈YMCA 야구단〉〈바람난 가족〉
정도를 제외하면 전작 모두 흥행 성적이 좋지 않았다. 〈우리 생애 최고의
순간〉은 다들 흥행이 안 될 거라고 생각해서인지 기쁨이 컸다. 임순례 감
독이 빠른 호흡의 영화를 연출한다? 한국에서는 비주류 장르인 스포츠 영
화를? 주요 인물들은 모두 여성 인물인데? 주변의 이런 시선을 한꺼번에
불식시켰으니까.

애초 계획과 달리 국내에서 촬영하게 된 이유가 뭔가.

간단하다. 국내 경기장 조사를 마친 다음 아테네올림픽 경기장을 찾았
는데 분위기가 비슷했다. 굳이 거기서 찍어야 할 이유가 없더라. 게다가
아테네올림픽 국가대표 감독의 도움으로 한국에 전지훈련을 온 덴마크
1부 리그 프로팀을 캐스팅하게 됐고. 다만, 공항장면, 경기장 외관 장면만
아주 짧게 최소의 스태프으로 해외촬영을 진행했다. 당시에 최소의 인원
이 가야 해서 저는 해외촬영에 참여하지는 못했다.

마이너스 40%의 수익률을 기록한 2007년과 2008년은 한국영화 산업이 존폐 위기에
놓였던 시기다. 이 과정에서 많은 제작사가 도산하고, 많은 인력이 외부로 유출됐다.

오죽했으면 심재명 대표가 〈우리 생애 최고의 순간〉이 망하면 은퇴하겠
다고 했겠나. 〈우리 생애 최고의 순간〉 촬영 때는 제작비 압박이 너무 심

했다. 현장에서는 제작비 절감 차원에서 업체에 맡기는 대신 직접 보조출
연자를 모집했다. "2만 원 드릴게요, 주차장으로 나오세요." 외국인 보조
출연자도 이태원에서 모집책을 구해 취업비자 있는 외국사람들을 모아서
직거래했다. 그렇게 만든 영화가 결과가 잘 나와서 보상을 받는구나 생각
하니 정말 희열을 느꼈다. 영화에 대한 마음도 달라졌고.

<걸스카우트>(2008), <고고 70>(2008), <작은 연못>(2009) 등은 명필름 시절
부터 기획됐던 영화이지만, 실제 제작사는 보경사다. 심보경 대표가 독립하면서 함
께 나온 건가.

　〈우리 생애 최고의 순간〉 개봉 전에 명필름은 제작실을 없애면서 인력
감축을 통보한 상태였다. 머리도 컸으니 독립하라는 건데 기분이 좀 묘하

더라. 그래서 자본금을 빌려 김현철, 이종호 프로듀서 등과 함께 TPS를 차렸다. 토털 프로덕션 서비스를 해보자는 뜻에서 회사 이름을 TPS라고 지었다. 자체 기획개발 작품이 없으니 일단 제작대행 전문회사로 출발했고, 명필름에서 먼저 독립한 심보경 대표의 작품들을 받아서 진행했다. 지금은 수수료 받고 일하지만, 때가 되면 우리 작품 해보자는 심산이었다.

현장에서 제작 대행에 대한 수요가 좀 있었나. 불황이 정점에 있던 시기였고, 제작 편수가 감소하는 상황이었는데.

제작대행은 당시에는 실패한 수익모델이었다. 누가 수수료 수억 원을 따로 떼 주고 일을 맡기겠나. 프로듀서 한 사람만 있으면 되는데. 보경사 말고 다른 파트너를 구하지 못했고. 독립 프로젝트로 돈 받아와도 내 주머니에 1백만 원 남기고 나머지는 다 회사에 내야 했고. (웃음) 명필름은 사실 섬 같은 회사다. 정해진 네트워크로 안에서 영화를 만드니까. 명필름에서 일할 때 그 부분에 만족하면서도 다른 관계에 대한 갈증이 있었다. 싸이더스도 궁금하고, 시네마서비스도 궁금하고. 그래서 나왔는데 보경사 밖에 없으니. (웃음) 1년쯤 지났나. 그렇게 불만이 쌓이던 중에 장원석 대표가 〈평행이론〉(2009) 라인 프로듀서를 맡아 달라고 꼬드겼다. 결국 TPS에서 잠깐 나와서 프리랜서로 〈평행이론〉을 찍었다. TPS 소속은 유지하되 개인적으로 작품에 참여하는 식이었다.

처음 프로듀서를 꿈꿀 때만 해도 정해진 길을 가면 된다고 여겼을 것이다. 하지만 막상 독립하고 나니 많은 생각이 들었을 것 같다. 외적으로 가장 힘든 시기였고.

당시에는 산업 전체를 넓게 볼 눈이 없었다. 다만 TPS를 시작하면서부터 제작자가 될 준비를 했던 것 같다. 기획개발도 처음 시작했고. 내 돈 태워서 원작 아이템도 사고, 소설 판권도 사고. 그 전에는 이야기를 받아서 보다가 이제는 내 것을 만들어야 하니까. 온실에 있다가 정글에 나왔으니 살아남으려면 무기가 필요한 것 아닌가. 그런 고민으로 2, 3년 정도 보냈다. 그러면서 글로벌 프로젝트 쪽으로 관심이 모아졌다. 해외 시장까지 염두에 둔 블록버스터라면, 내가 가지고 있는 장점이 구체적으로 드러날 것 같았다. 2009년 〈마이웨이〉(2011) 시나리오를 받았을 때 원했던 조건들이 모두 다 충족된 작품이었고 기꺼이 하겠다고 했다. 강제규 감독의 조감독 출신이자 입봉을 준비하던 송민규 감독(〈목숨 건 연애〉)이 처음으로 프로듀서를 맡았는데 예산 등에 대해서 잘 모르다 보니 경험 있는 제작실장이 필요하다면서 나를 불렀다.

〈마이웨이〉는 기대보다 우려가 많았다. 강제규 감독의 전작 〈태극기 휘날리며〉는 도약을 꿈꾸는 자신감에서 비롯됐다면, 〈마이웨이〉는 추락 직전의 무모한 시도처럼 보였다. 많은 것을 잃은 뒤에 올인 한 느낌이랄까.

제작비 340억 원에 한국, 중국, 일본 배우가 뒤섞여 있고, 로케이션도 한국, 중국, 러시아, 유럽이었으니까. 내부적으로도 이런 다국적 프로젝트가 현실화할 수 있을지에 대해 반신반의했던 것 같다. 모든 것이 도전이었던 셈이다.

제작실장이긴 하지만 실제로는 더 많은 기회를 보장받았을 텐데.

처음에는 굉장히 적극적으로 덤볐다. 예산부터 로케이션까지 150쪽짜리 보고서도 만들었다. 굳이 해외 출장 갈 이유가 없다, 메일, 구글로 다 처리할 수 있다, 그러면서 6개월 정도 프리 프로덕션을 했다. 그러다 조사한 내용들을 눈으로 확인하려고 한차례 해외 출장을 다녀왔는데, 나 없는 사이에 회사에서 사람을 들여와 내가 맡고 있던 자금 관리를 맡겼더라. 그럼 별 수 있나, 내가 나가는 수밖에. 프로듀서가 대신 꼬인 상황을 해결해주겠다고 했는데 결국 바뀐 건 없고. 그때 또 장원석 대표가 〈최종병기 활〉 시나리오를 보냈다. 인센티브도 줄 테니 와서 프로듀서 하라고. 고민

끝에 제작부 후배들 불러서 그만두겠다고 했다. 그랬더니 애들이 그러더
라. 내가 만날 입버릇처럼 도중에 그만두는 친구와는 절대 일 안 한다, 한
번 그만 두면 또 그만둔다고 해놓고서 이러느냐고. (웃음)

계속 남으려면 명분이 있어야 하는 것 아닌가.
　결국 해외 쪽은 내가 맡아서 하겠다, 그쪽 예산은 전권을 달라고 했고,
그렇게 마무리됐다. 해외 쪽 파트만 맡아서 하다 보니 시간도, 마음도 여
유가 생겼다.

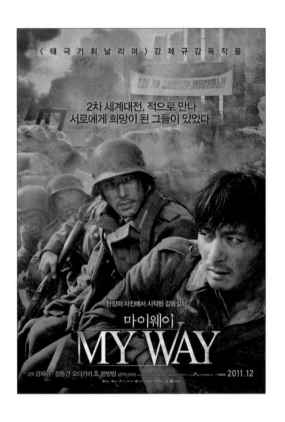

영화에 대한 평가는 부정 일색이었으나 기술적 만듦새는 성취로 자주 언급됐다. 해외 로케이션 과정에서 가장 공들인 부분이 있다면.

한국과 해외에서 영화를 찍는다고 했을 때 장소만 다른 것이 아니다. 개념 자체가 다르다. 이를테면 영화 속 탱크의 경우 한국에서 제작하면 1억 2천만 원이다. 그런데 영국에서 제작해오면 1억 5천만 원이다. 그럼 한국에서 탱크를 직접 제작하는 것이 맞을까. 굴착기를 개조한 한국 탱크는 시속 5km인 반면 진짜 탱크를 분해 조립한 영국 것은 시속 80km다. 그래서 영국에서 직접 만들어서 가지고 왔다. (웃음) 한국에서 외국인 배우를 쓰려면 그때 기준으로 6시간에 30만 원은 줘야 했다. 그럴 바엔 해외 배우들을 직접 데려와 촬영하는 것이 낫다. 〈마이웨이〉 때는 라트비아 현지 신문에 광고를 내고 모집해서 한국에 들어오게 했고, 약 월 2백만 원씩 드리고 촬영했다. 발상의 전환을 할 수밖에 없었던 프로젝트였다. 극중 배경에 따라 현지에 가서 촬영하고, 배우도 그 나라 사람을 쓰는 것은 비효율적인 선택이다. 말도 안 통하고 문화도 다른 외국에 100명씩 나가서 찍는 것보다 한국에서 오픈세트 짓고 데려와 찍는 것이 훨씬 낫다. 물론 노르망디 장면은 라트비아에서 찍을 수밖에 없었는데, 나중에 보니까 10개국 넘는 사람들이 한데 모였더라. 무술팀은 러시아, 동방부대는 우크라이나, 항공촬영 장비는 노르웨이, 의상은 폴란드, 특수효과는 체코, 미술은 리투아니아. 현상은 독일로 보내고, 총기는 영국에서 받고. 실제로 바깥에선 그렇게 작업한다. 그렇게 서로가 얽혀서 영화를 만드는 거다. 사전에 편견이 작동하면 최적의 조건을 찾을 수가 없다.

2년이 다 되는 대장정을 끝내고 나서 아쉬운 점은 없었나.

촬영만 마치고 나왔으니까. 음, 프리 프로덕션 때 만든 두꺼운 보고서를 나중에 본 적 있다. 정답이 거기 이미 다 있었다는 것도 알게 됐다. 그 구상대로 했다면 예산도 더 아끼고. 운용도 더 원활했을 것이다. 왜 설계도를 잘 그리는 것이 중요한지를 알게 됐다. 현장에서 문제가 생기면 다시 설계도를 들여다보면서 해결점을 찾아야 한다. 그때는 왜 이런 선택을 했는지를 끝까지 따져 물어야 한다. 사실 이 영화를 끝으로 프로듀서를 해야겠다는 생각이 컸다. 설계도를 직접 그릴 수 있다는 자신감이 생겼다. 2001년 영화 시작하면서 10편 하고 프로듀서 하겠다고 했는데 까먹고 있다가 세어 보니 어느덧 10년, 딱 10작품 했더라. 〈마이웨이〉 끝나고 나서 제작실장 제의가 정말 많이 들어왔는데, 그때마다 프로듀서 있는지 묻고 있다고 하면 "죄송합니다." 그랬다. (웃음)

〈점쟁이들〉(2012) 〈577 프로젝트〉(2012)에서 프로듀서를 맡았다. 어떤 작품이 데뷔작인가.

변수가 없었다면 〈집으로 가는 길〉(2013)이 프로듀서 첫 작품이 됐을 것이다. 〈마이웨이〉 끝내고 CJ에서 제안을 해서 기획개발을 시작했는데 도중에 감독이 교체됐다. 그러면서 잠시 제작이 지연되고, 그러면서 하정우 배우의 공약으로 시작된 〈577 프로젝트〉를 맡게 됐다. 그러던 중에 갑자기 장원석 대표가 〈점쟁이들〉이 위독해졌다고 하더라. (웃음) 앞서 2009년쯤에 〈점쟁이들〉 프로듀서 제안을 받은 적이 있다. 권성휘 작가가 학교 친구여서 내게 맡기려고 한 것인데 그때는 〈마이웨이〉에 묶여 있던 때라 일 잘하는 다른 친구를 라인 프로듀서로 추천했다. 그랬으니 모르는 척할 수도 없고 일단 들어가서 급한 불부터 껐다. 〈577 프로젝트〉는 미술이나 세트가 따로 없어서 두 작품을 병행할 수 있었다. 현장에서는 하정우 배우가 사실상 프로듀서 역할을 했고.

〈점쟁이들〉은 장르도 색다르고, 참여 작품 중에서 유독 튀는 영화다.

신정원 감독을 잘 몰랐다. 절반 찍고 나서야 그의 개성이나 장점을 알게 됐다. 현장에서 즉흥으로 상황을 캐치하고 설익은 조합으로 웃음을 만들어내는 감독인데. 그걸 모르다 보니 내 입장에서는 대본 대로 밀어붙이려고 한 적이 많았다. 한번은 감독이 밥 먹으러 가다가 봤던 절에서 갑자기 인물의 전사(前史)를 떠올리고는 찍어보자고 한 적이 있다. 대본도, 콘티도 없으니 촬영감독이 막막해 할 수밖에. 그랬더니 본인이 A 카메라를 직접 들고 신나게 찍더라. (웃음) 조명도 제대로 안 치고 찍었는데 나중에 붙여 보니 웃겼다. 술 마시면서 배우 이야기를 듣고 떠올린 장면이라고 했다. 〈차우〉 때도 그런 방식으로 대화 장면을 많이 만들어 넣었다고 하고. 전작들도 다 소동극 아닌가. 감독 입장에서는 그런 즉흥이 영화에 생기를 불어넣는다고 생각했을 텐데. 내 입장에서는 돌이킬 수 없는 상황이었고, 정해진 대로 진행할 수밖에 없었다. 스태프들이 그런 상황을 힘들어 했고, 배우들도 좋아하는 이가 있는 반면 싫어하는 이가 있으니.

<집으로 가는 길>은 한국, 프랑스, 도미니카공화국에서 촬영했다. 해외 로케이션 때문에 제안 받았고 또 수락했을 텐데.

세 곳의 로케이션을 유기적으로 진행해서 영화에 매끄럽게 녹아 들게 하고 싶었다. 하지만 그보다는 전도연이라는 배우와 일해보고 싶은 마음이 더 컸다. 〈집으로 가는 길〉의 정연은 전형적인 한국 여성이다. 극한의 상황에서 포기할 수도 있고, 목숨을 버릴 수도 있는데, 결국 살아서 돌아온다. 전도연은 작지만 근성이 있는 한국 여자캐릭터를 표현할 수 있는 유일한 배우라고 생각했다. 실제 배우로서 걸어온 길을 봐도 항상 전도연은 뭔가를 깨고 싶어 했다. 여자라서 못해, 여자라서 이래, 이런 사회적 시선에 계속 맞서 싸운 거다. 〈접속〉을 찍고 나서 스타가 됐는데 파격적으로 〈해피엔드〉를 찍지 않았나. 〈밀양〉〈하녀〉〈무뢰한〉에서 그녀가 연기한 인물들이 세상과 체제와 싸우는 것처럼 그녀 또한 어떤 틀에 갇히지 않고 작업해 왔다. 그런 점이 굉장히 존경스러웠다. 해외 로케이션 과정에서 힘든 적도 많았을 텐데, 마지막 촬영까지 불평 한 번 없었다.

해외 촬영, 이것만큼은 꼭

강명찬 프로듀서는 한국영화·드라마의 해외 로케이션이 향후 더욱 늘어날 것이라고 보고 있다. 국가나 지역 간 경계에서 자유로운 OTT(Over The Top) 중심으로 영상물의 유통 시스템이 변화하면서 콘텐츠 또한 글로벌한 소재나 이야기가 각광을 받을 것이다. 후배들이 얼마간의 어학 실력을 갖춰야 한다고 그가 강조하는 것도 그 때문이다. "현지인처럼 외국어를 잘 할 필요는 없다. 서로 다른 언어를 쓴다고 해도 영상 언어를 공유하고 있으니 기본적인 표현만 할 줄 알아도 소통이 된다." 글로벌한 마인드도 외국어 실력만큼 중요하다. 그가 말하는 글로벌한 마인드는 거창한 무엇이 아니라 서로 다름을 인정하는 태도다. 우리 방식만이 효율적이고, 합리적이라는 생각은 버려야 한다. "해당 국가에는 그만의 룰이 있다. 룰은 지키라고 있는 것인데, 우리는 왜 안 되느냐고 어기려 든다. 호주에서 길거리 촬영을 한다고 치자. 만약 한국에서처럼 잠깐 도로에 나가서 차를 막고 찍으면 엄청난 문제가 발생한다. 혹여 이런 상황에서 사고라도 나면 수습하기가 어려워진다." 현지 스태프와의 관계에 있어서도 마찬가지다. 강명찬 프로듀서는 그들을 고용된 일용직으로 대하면 도움을 얻기가 어렵다면서 이에 관한 사전 교육이 필요하다고 말한다. 해당 국가의 지원 제도를 적극적으로 활용하는 것도 성공적인 해외 로케이션을 위한 좋은 방안이다. "많은 국가들이 영상위원회와 같은 지원기구를 통해 촬영에 필요한 편의를 제공하며, 제작비의 일정 부분을 돌려주는 환급 정책도 실시한다. 현지에서 사용한 금액의 30%까지 돌려주는 나라도 있다. 다만, 이러한 혜택을 지원받으려면 사전에 철저히 준비해야 한다." 프리 프로덕션 단계에서 현지 파트너와 대화하는 방식 또한 바꿀 필요가 있다. "외국 스태프와 작업할 때 번거롭게 이메일을 사용한다. 왜 굳이 그래야 하는가. 한국에서 일할 때는 상대에게 곧바로 전화하지 않나. 물론 격식과 절차가 중요한 때도 있다. 그러나 전화나 문자로 직접 소통하는 것이 훨씬 중요하다." 촬영이 이뤄질 현지의 정보를 보다 빠르고 정확하게 파악하기 위해선 여러 차례의 답사가 필요하다. "한 번의 출장으로 모든 것을 해결할 수 없다." 는 뜻이다. 그는 여러 차례의 답사를 통해 현지의 배드(bad) 뉴스를 수시로 전해들을 수 있는 창구 확보가 중요하다고 덧붙인다. "대개 현지 쪽에선 '에브리씽 이스 오케이'라고 말한다. 이런 이야기만 믿고 촬영을 진행하다가는 난관에 봉착할 수 있다."

<쎄시봉>은 제이필름, 영화사 좌중간과 공동 제작했다. 처음부터 공동제작 형태였나.

미국 로케이션 때문에 제이필름 이우정 대표가 함께하자고 했다. 스태프도 명필름 때부터 함께했던 분들이라 같이하고 싶었고. 실화 주인공인 선생님들로부터 영화화 허락을 맡는 일부터 시작했다.

뒤늦게 결합했는데 제작자로서의 역할을 얼마나 수행할 수 있었는지 궁금하다.

많은 권한을 준 이우정 대표와 끝까지 신뢰해 준 김현식 감독에게 지금도 감사하다. 다만, 공동 제작은 처음이다 보니 서툰 부분도 많았고, 결단을 내리지 못한 것도 후회스럽다. 그래도 식구 같은 스태프와 함께해서 현장 분위기는 정말 좋았다. 배우 정우, 한효주, 강하늘, 진구, 조복래 같은 친구들도 얻었고. 정우나 한효주와는 지금도 자주 만나는 편이다.

판타지가 가미된 휴먼 드라마를 좋아하는데, 기존 감독 중에서 함께 작업하고 싶은 이를 꼽는다면.

김현석, 강형철, 황동혁 감독의 영화를 좋아한다. 이들의 작품 안에는 사람에 대한 따뜻한 정서가 있고, 무엇보다 독특한 판타지 세계가 있다. 자신이 하고자 하는 바를 정확하게 관객들에게 전달할 줄도 안다. 영화는 판타지가 아니라면 그 무엇도 아니다. 연극이 구현하거나 TV가 재현할 수 없는 판타지를 영화는 풀어낼 수 있으니까. 최근에 워킹 타이틀의 〈예스터데이〉 예고편을 봤는데, 도대체 이야기를 어떻게 끝내려는 거지, 자꾸 상상을 불러일으키더라.

〈싱글라이더〉는 퍼펙트스톰필름의 첫 작품이다. 하정우와 본격적으로 동업하게 됐는데.

퍼펙트스톰필름은 2014년 1월에 만들었는데, 시작은 〈PMC: 더 벙커〉가 먼저였다. 김병우 감독을 만나서 비무장지대 아래 지하 벙커에서 일어나는 남북미의 전쟁이라는 아이템을 전하고 시나리오 개발에 들어갔는데, 개발 기간만 1년 정도 걸렸다. 그러던 중에 아는 매니지먼트를 통해서 〈싱글라이더〉라는 시나리오를 받았다. 시나리오 모니터를 했을 때 반응은 나쁘지 않은데 다들 한마디씩 덧붙였다. 돈을 못 벌 영화라고. (웃음) 갈등을 좀 했더니 전달해 준 쪽에서 서운해 하는 눈치였다. 그 회사 배우가 하고 싶었던 프로젝트여서. 일단 톱 배우들을 확보할 수 있으니 투자 쪽에 기획안을 넣었는데 예기치 않은 일이 벌어져 거절당했다. 그래서 하는 수 없이 예산을 20억 원 아래로 낮추고 캐스팅도 다시 진행했다. 투자배급사를 어렵게 구했는데 같이 하기로 한 투자배급사는 도장 찍기를 미루고. 첫 제작 작품인데 촬영에 들어가기까지 굉장히 힘들었다.

20억 원으로 이병헌, 공효진이 주연하는 호주 로케이션 영화를 만들 수 있나. (웃음)

두 배우가 받은 개런티를 들으면 깜짝 놀랄 거다. 〈577 프로젝트〉에 무료로 출연했던 공효진 배우는 시나리오 보고 하겠다고 하면서 나보고 그랬다. "이번에도 안 줄 거지?" (웃음) 배우뿐만 아니라 감독과 스태프들도 개런티를 적게 받았다. 다들 인연이 있는 분들이라 쉽게 부탁했고, 그들 또한 선뜻 응해줬다. 현지 로케이션을 진행하는 동안 먹고 자는 것은 부족하지 않게 신경 썼으나, 타이트한 일정만큼은 어쩔 도리가 없었다. 지금도 미안하게 생각한다.

독립 후에 가시밭길의 연속이었다. (웃음) 흥행작이 없는데, 어떻게 생각하나. 프로듀서로서, 제작자로서 책임이 있다면 어떤 부분인가.

제작하는 입장에서는 두 번의 중요한 포인트가 있다. 시나리오를 보고 '자, 이걸로 촬영합시다.'가 첫 번째고, 편집하면서 '자, 이걸로 상영합시다.'가 두 번째다. 이 두 번의 중요한 결정에서 감독과 제작자, 투자자 간의 서로 다른 취향이 드러난다. 맥주 마셔도 취하고, 소주 마셔도 취하는데, 맥주파와 소주파가 갈리는 거다. 서로 다른 취향이 있어서 영화가 만들어지지만, 서로 다른 취향 때문에 영화 만드는 것이 힘들다. 이 과정에서 타협이나 합의 같은 건 없다. 누군가는 져야 한다. 감독이 됐든, 제작자가 됐든 누군가는 물러서야 한다. 게다가 먹고사는 문제가 달려 있고 다들 마음이 급하니 이 과정에서 패키징의 함정에 빠지기도 한다. 제작자 입

싱글라이더

그에게서 모든 것이 사 라 졌 다

전찬상영중

이병헌 공효진 안소희

장에서 설명하면 이렇다. 배우 붙고, 감독 붙고, 스태프 붙고, 투자도 받았겠다, 그럼 배 띄워. 배를 띄운 순간 그 배를 돌리거나 막을 길이 없다. 이게 패키징의 함정이다. 본질에 대해서 눈감는 것이다. 뒤늦게 아차, 하면 뭐 할 것인가. 나중에 감독은 대안이 없다고 하고, 제작자는 미봉책이라도 찾고 싶고. 나도 까딱 잘못하면 이 길로 빠지겠구나, 그런 경각심이 들었다.

분단은 여전히 글로벌한 관심을 끄는 한국영화의 소재다. <PMC: 더 벙커>는 여기에 머물지 않고 지역적 한계를 넘으려는 여러 가지 시도를 선보였다.

　외국 손님을 가이드 한 적이 많았는데, 가장 인기 있는 여행 패키지가 뭔 줄 아나. DMZ다. (웃음) 퍼펙트스톰필름을 만들기로 하고 하정우 배우와 창립작에 관해 논의한 적이 있다. 드라마에 비해 영화는 아무래도 글로벌 확장성이 좀 떨어지는데. 이런 부분에 대해 개인적인 관심도 있고 해서 좀 더 많은 나라의 관객들이 즐길 수 있는 프로젝트를 기획해보자고 했더니 하정우 배우도 선뜻 동의하더라. 사실 〈PMC: 더 벙커〉를 만들게 된 건 〈설국열차〉 때문이기도 하다. 하정우 배우가 출연한 〈더 테러 라이브〉가 국내 개봉 시에 〈설국열차〉와 맞붙었다. 〈설국열차〉는 좋은 의미의 자극이었다. 한국의 자본과 인력이 중심이 되어 세계 배우와 스태프를 끌어들인, 글로벌한 작품이었으니까.

공교롭게도 <더 테러 라이브>의 김병우 감독이 연출을 맡았다. (웃음)
　후보가 많지는 않았다. 기획개발 단계서부터 중심이 된 하정우 배우가 한 번 같이 호흡을 맞춰 보았던 감독이었고. 무엇보다 〈더 테러 라이브〉를 연출한 김병우 감독의 실력에 기대를 걸었다. 〈더 테러 라이브〉의 제작비는 30억 원 내외였지만, 만듦새는 400억 원짜리 〈설국열차〉에 전혀 밀리지 않았다. 게다가 두 달 만에 다 찍었다. 제작자 입장에서는 김병우 감독 이야기가 나왔을 때 다른 감독을 생각해 보자고 할 이유가 없었다. 감독 역시 우리 이야기를 듣고 외려 "가보지 않은 길"이어서 흥미로워했고.

투자배급사에서 신뢰할 만한 감독과 배우가 있는데도 촬영에 들어가기까지 오랜 시간이 걸렸다. 어디서 제동이 걸린 건가.

　2014년 1월에 시작했는데, 그때는 두 줄짜리 콘셉트 밖에 없었다. 감독은 자료 조사에, 나는 다른 영화를 제작하느라 1년이 흘렀다. 2015년 7월에야 시나리오 초고가 나왔다. 당시 시나리오에서는 주인공이 미국 용병이었고, 하정우 배우는 북한 의사 역을 맡을 예정이었다. 초고에서 크게 바뀌지 않은 각색본을 번역하고, 피칭용 영상 자료를 만들어서 미국에 건너간 때가 2016년 2월이다. 톰 하디 같은 미국 톱 배우를 캐스팅하려고 했는데 솔직히 자신이 없었다. 누가 우리를 믿겠는가. 한국에 와서 몇 달 간 촬영을 하겠다고 나설 톱 배우가 과연 있을까. 그래서 처음부터 배우들이 신뢰할 만한 파트너와 공동제작을 해야겠다고 생각했다. 그게 북미시장에 안착하기에 더 유리하기도 했고. 우리 몫이 줄더라도 파이를 키우면 결과적으로 득 아닌가. 그래서 소니, 폭스, 콜롬비아 같은 스튜디오는 물론이고 리젠시를 비롯해 〈엑스맨〉을 만든 제작사, 〈메이즈 러너〉〈트와일라잇〉 시리즈를 만든 템플 힐 엔터테인먼트 등 중견 제작사 여섯 곳 정도를 돌았다.

할리우드 스튜디오와 제작사의 반응은 어땠나. 그곳 책임자와 진지한 만남을 가졌나.

　나 혼자 갔으면 안 됐겠지. (웃음) 그래도 하정우 배우가 있으니까 대표가 있는 자리에서 피칭할 기회를 얻을 수 있었다. 돌아와서 받은 회신은 리젠시를 제외하고는 다 노우, 이유는 〈디 인터뷰〉로 인해 촉발된 소니픽쳐스 해킹 사건의 여파 때문이었다. 진실 규명도 안 된 상황에서 북한을 다루는 것에 모두 주저했다. 할리우드 배우가 출연하는 북한 소재의 영화이고, 주인공들이 김정은을 살리는 내용의 영화인데. (웃음) 너무 나간 것 아니냐는 반응이었다. 반면, 리젠시와는 수차례 논의를 했고, 미국에 한 번 더 들어가겠다고 약속까지 했는데, 관심을 보였던 대표가 갑자기 회사를 그만두면서 프로젝트가 붕 떠 버렸다. 그게 2016년 6월이다. 이러지도 못하고, 저러지도 못하고, 그러면서 모두 끝난 거지. 미국 시장에서 과연 먹힐 것인가 하는 내부적 의심도 있었고. 그렇다면 프로젝트를 더 키워야 하나 했는데 투자배급사에서는 난색을 표시했고. 결국 시나리오 수정 과정에서 지금 구도대로 정리가 됐다. 다국적 용병 리더 역을 바꿔 맡게 된 하정우 배우도 현실적 상황도 고려하자면서, "나 영어 할 수 있어!" 그러고. 그러면서 200억 원 이상으로 예상했던 제작비가 절반 수준으로 줄었다.

김병우 감독도 이러한 상황을 흔쾌히 받아들였나.

처음엔 어렵지 않게 설득할 수 있으리라 생각했다. 한데, 반문하더라. 안 가본 길 가보자면서요? 타협하기까지 꽤 오랜 시간이 걸렸다. 나 역시도 헷갈렸다. 끝까지 밀어붙여야 했던 것 아니었을까. 아니야, 그렇게는 절대로 영화를 못 만들어. 결과적으로 2017년 초에 재정비해서 프리 프로덕션을 시작했고, 8월에 촬영에 들어갔는데, 가장 아쉬운 점은 이 기간 동안 시나리오를 붙들고 제대로 고민하지 못했다는 것이다.

기대 이하의 국내 개봉 성적을 받아 들었을 때 참담했을 텐데.

해외 반응도 좋지 않았다. 북미 시장에서 영어 대사 하나 없는 〈극한직업〉보다 훨씬 못했으니까. 내세울 만한 성과가 거의 없다. 비싼 값에 팔린 대만의 경우, 〈신과 함께〉 시리즈와 〈부산행〉의 성공으로 한국영화에 대한 기대감이 높아진 상황에서 하정우의 신작이라는 점이 현지의 관심을 끈 것이고. 국내 관객들로선 하정우 배우의 말맛을 느끼는 재미도 없는 영화이고. 그렇다고 액션 비중이 큰 영화도 아니고. 나중에 정치적 상황이 바뀌는 것을 보면서 아, 그때 어떻게든 미국에서 누구라도 데리고 왔어야 하나 생각하기도 했다. 감독이 좀 더 고집을 피웠으면 좋았을 텐데. (웃음)

제작자로서 하정우는 결과에 대해 뭐라고 하던가.

영점을 맞춘 시간이었다고. 실패를 극복하려면 우리 셋이 더 좋은 아이템으로 승부를 한 번 더 보자고. (웃음) 한 번 안 됐다고 해서 여기서 손 놓으면 바보다, 무조건 이 멤버로 한 번 더 해야 한다는 거지. 이제는 서로가 잘하는 것, 못하는 것, 다 알았으니까, 그렇게 호흡을 맞췄으니까 하는 입장이다. 이 영화를 만드는 동안 느꼈던 감정들이 내게는 크나큰 흉터로 남았다. 사람은 다들 같은 실수를 반복하는데, 이 영화는 다른 작품들보다 흉터가 커서 샤워할 때 잘 눈에 띄지 않을까 한다.

다국적 용병 역할로 많은 외국 배우들이 출연했다. 캐스팅 과정이 번거롭거나 복잡하지는 않았나.

미국 배우와 일하려면 SAG(Screen Actors Guild, 미국배우조합)에 우리 회사가 먼저 인증을 받아야 한다. 조합의 승인번호가 있어야 오디션 및 계약 등을 진행할 수 있다. 등록을 하고 나면 좋은 캐스팅 디렉터를 찾아야 한다. 현지에 누군가 체류하면서 공고를 내고 직접 면접, 오디션 등을 진행할 수도 있지만 효율적인 방법이 아니다. 비용 문제도 있지만 그보다는 할리우드 에이전시와 소속 배우들에 관한 정확한 정보를 얻기 어려워서다. 〈PMC: 더 벙커〉의 경우, 이전부터 알고 지냈던 존 잭슨이라는 유능하고 많은 솔루션을 갖고 있는 현지 캐스팅 디렉터의 도움을 많이 받았다. 우리가 전달한 영화와 배역 정보를 바탕으로 그가 에이전시를 돌면서 적당한 배우들을 물색했고, 그렇게 1차 선택된 배우들의 소개 영상을 감독이 건네 받아서 추려 나갔다. 에이전시 쪽에서는 한국영화에 대한 관심이 높은데 배우가 결국 촬영 일정 등으로 인해 자국영화를 선택하는 경우도 꽤 있었다. "곧 리들리 스콧 영화가 들어가는데…." "나, 데이빗 핀처 영화 대기 2번인데…." 이런 식으로. (웃음) 캐스팅은 크게 어려움이 없었는데, 배우들의 입국 과정은 좀 골치가 아팠다. 일단 워킹 비자가 있어야 한다. 전 세계 주요 국가 중에서 한국과 미국만이 워킹 비자를 요구한다. 미국은 배우조합 쪽의 입김 때문이다. 굳이 한국 배우를 써야 하느냐, 미국에 코리안 아메리칸이 얼마나 많은데 하는 식이다. 몽골 혹은 베트남계 미국인을 써도 된다고 생각하고. 우리의 경우, 출국하기 6~7주 전에 취업 비자를 포함해서 신원보증, 계약 등 모든 서류 작성을 끝내야 했는데 그야말로 고역이었다. 비자를 받으려면 계약서를 첨부해야 하는데, 그러려면 몇 달 뒤에 진행될 촬영 스케줄을 미리 못 박아야 하니까 골치가 아프더라.

그럼 끝인가.

계약이 끝난 다음에도 챙겨야 할 것이 있긴 하다. 이를테면 배우의 출연료가 100만 원이라 치면, 별도로 18만 6천 원을 헬스 앤 팬션(health & pansion), 건강연금보험료 명목으로 SAG에 보내야 한다. 입금이 완료됐음을 조합이 확인하고 에이전트에 통보한 뒤에야 해당 배우가 한국에 나올 수 있다. 레지듀얼(residual), 그러니까 영화가 극장 외 부가시장 즉 TV, 케이블, 홈 비디오 등에 판매, 활용될 경우 배우가 추가적으로 받아야 할 금액 역시 줘야 한다. 나중에 이를 정산하기가 어렵다 보니, 전체 출연 배우들 중에서 SAG 소속 배우들이 차지하는 비율과 그들이 극중에서 차지하는 비중을 시나리오 페이지로 계산해서 산출한 금액을 보증금으로 거는 식이다. 마지막은 22%의 원천세 납부다. 이건 계약할 때 아주 중요하다. 우리는 세금은 무조건 개인 부담이다, 라고 못 박고 시작했다. 어차피 한국의 국세청으로부터 받은 완납 증명서가 있으면 미국에서 세금을 또 낼 필요가 없다. 이걸 제대로 처리하지 않으면 나중에 제작사가 다 떠안아야 한다. 아, 그리고 촬영이 시작되면 매주 한 번씩 배우들에게서 서명 받은 근로 리포트를 조합 쪽에 보내줘야 한다. 해외 로케이션 관련 규약을 준수했는지에 관한 내용이다.

미국 배우의 출연료 수준은 어떤가.

SAG에서 제시하는 미니멈 주급이 3천 달러를 조금 넘는데, 우리가 최종 계약한 배우들은 대부분 미니멈 웨이지(wage)에 계약했다. 환산하면 주급이 400만 원 이하다. 주 5회 풀로 촬영한다고 치면, 한국보다 싸다. 한국에서도 웬만한 단역들에게 1일 기준으로 100만 원씩 지급해야 한다. 경험 많은 배우들의 경우, 더블 스케일(double scale)이라고 해서 주급을 곱절로 주기도 했고, 1억 원을 통으로 준 배우도 있었지만, 10주가량 머물면서 촬영하는 것을 고려하면 괜찮은 편이다. 오버 차지를 따로 요구하진 않으니까.

출연 배우들의 경우 언제 한국에 들어온 것인가.

크랭크 인 10일 전에 왔다. 감독과는 스카이프로 시나리오 리딩과 장면별 회의는 다 마친 뒤라 리허설만 진행하고 곧바로 촬영에 들어갈 수 있었다. 미국 배우들은 스크립트에 메모를 해서 보내주는데 이 장면에서 감독의 의도가 이런 것인가 묻고 확인되면 오케이, 토씨를 달지 않는다. 이 장면에서 연기 표현 방법을 여러 가지 제시하고, 어느 것이 더 좋은지를 묻기도 하고. 일단 시나리오 분석을 되게 잘한다.

영화에 출연한 미국 배우들 모두 그런 방식으로 작업했나.

대사 있는 네 명의 배우들은 그렇게 하고. 나머지 배우 중 일부는 실제

퇴역 군인 출신이다. 할리우드는 퇴역 군인들이 군사 자문이나 실제 출연을 많이 한다. 전역한 베테랑들에게 그런 식으로 일자리를 제공하는데 수입이 꽤 짭짤하다. (웃음) 혹시라도 사고가 발생할 까봐 촬영 후에 되도록 붙어 다니려고 했는데, 한번은 저녁을 먹자고 했더니 정장을 입고 나왔더라. 나는 트레이닝 복 입었는데. (웃음) 알고 보니 현지에서는 프로듀서와의 디너가 아주 포멀한 자리였다.

앞서 할리우드 에이전시가 한국영화에 대해 관심이 많다고 했다.

할리우드 에이전시나 현지 조연급 배우들의 경우 한국영화가 아시아시장에서 힘이 있음을 알고 있다. 미국에서 경쟁이 워낙 치열하다 보니 한국영화에 출연해서 아시아로 진출하려는 배우들도 많다. 당시에는 중국영화가 출연료를 워낙 높게 부르던 상황이라서 더 관심이 많았던 것 같다. 실제로 캐스팅 과정에서 봉준호 감독이 소속된 WME나 이병헌 배우가 이전에 있었던 CAA 등 유명 에이전시의 도움을 많이 받았다.

최근 몇 년 사이, 한국영화 제작비가 급상승했다. 상업영화만을 기준으로 하면, 평균 제작비가 60억 원 이상이다. 다들 스태프 인건비 상승을 첫 번째 이유로 꼽는데, 제작자와 프로듀서들 사이에서 볼멘소리가 터져 나온다. 스태프의 임금은 계속 오르고 있지만 현장의 효율성은 자꾸 떨어진다는 내용이다.

2015년만 해도 제작비가 100억 원이면 대작이었다. 현재는 제작비 60억 원이면 저예산 영화라고 봐야 한다. 그만큼 한국영화 제작비가 요 몇 년 사이 크게 뛰었다. 초창기에 한국영화제작가협회가 한국영화산업노조와 교섭할 때 사측 위원으로 참석한 적이 있다. 그때는 너무 현장 상황이 열악한지라 사측에 섰지만 노조 편이었다. 밥은 먹고 살아야지, 잠을 자야 일을 하지, 기본은 지키자는 거였다. 근로기준법을 지키는 현장이 그때만 해도 한군데도 없었으니까. 이제는 상황이 완전히 바뀌었다. 지금은 우리가 죽을 지경이다. 적어도 상업영화를 만들면서 법을 지키지 않는 현장은 거의 없다. 최저 시급조차 받지 못했던 스태프 처우도 몰라보게 바뀌었다. 퍼스트의 경우, 편당 월 임금이 900만 원부터 많게는 1200만 원이다. 촬영 때 휴식 시간도 보장되어 있고, 연장 근로의 경우 비용을 지불한다. 문제는 돈이 아니다. 연장 근로를 예로 들면 이렇다. 두 컷만 찍으면 출연 배우의 해당 분량을 모두 찍을 수 있다 치자. 사용자 입장에서는 연장 근로를 요청할 수밖에 없고, 이런 경우에 촬영 종료 2시간 전까지 근로자 대표에게 뜻을 전달한다. 연장 근로는 스태프가 선출한 근로자 대표가 각 파트 팀장급들과 협의를 한 다음 과반수가 동의해야 가능하다. 대개 회의는 1시간 가까이 걸리고, 이 부분에 대해서도 비용을 지불한다. 연장 근로로 인해 촬영이 늦게 끝난다고 해서 휴식 시간이 주는 것도 아니다. 만 10시간의 휴식 시간을 어떻게든 보장해야 한다. 한데 긴 회의 끝에 불가 결정이 내려졌을 때, 특히 그 이유를 듣고 있노라면, 지금 현장이 과연 합리적이고 상식적인가 되묻게 된다. 이 과정에서 협의는 없고, 통보만 있다. 같이 영화를 만든다는 가치의 공유가 사라진 것 아닌가 싶다. 〈PMC: 더 벙커〉 때 한번은 연장근로 요청이 받아들여지지 않을 것 같아서 조수급 스태프 없이 헤드 스태프들과 촬영을 진행한 적도 있었다. B카메라 감독이 포커스 잡고, 프로듀서가 슬레이트 치고.

주 52시간 제도가 예외 없이 본격 도입되면 현장에서의 갈등 양상이 더 복잡해질 것 같다.

미국 영화계에도 없는 법이 한국에 생겼다. 인건비는 높은데 근로시간은 정해져 있다. 한국영화의 가격 경쟁력이 떨어질 뿐만 아니라 장기적으로는 제작 편수도 줄 것 같다. 해외 영화 로케이션 유치도 어려워질 것이다. 냉정하게 말해서 대작들의 경우, 굳이 한국에서 촬영할 필요가 있을까. 감독과 배우, 헤드 스태프만 베트남 다낭의 세트장에 들어가서 영화 찍고 오는 날이 올지도 모른다. 우스갯소리가 아니다. 모든 이들이 다 같이 더 오래 일하려면 영화산업이 앞으로 어떻게 갈지, 어떻게 가야 하는지 머리를 맞대고 고민해야 한다.

후반작업 중인 <백두산>의 순제작비는 260억 원, 프리 프로덕션 중인 <피랍>의 순제작비는 약 200억 원이다. <PMC: 더 벙커>에 이어 연달아 대작을 제작 중이다. 규모가 큰 영화를 제작하면서 느끼는 제반 환경이나 조건에 관한 아쉬움은 없나.

안정적으로 일할 수 있는, 기본 시설이 갖춰진 대형 스튜디오가 하나만 있어도 소원이 없겠다. (웃음) 내 작품을 위해서가 아니다. 실제로 한국 영화 제작에 있어 대작 편수가 많아졌다. 할리우드를 보면 알겠지만, 이런 경향은 앞으로 더욱 심화될 것이다. 대작이 늘면서 CG 비중이 높아졌

고, 세트 촬영 또한 늘어났다. 참고로 최근에 작업한 영화들의 로케이션 촬영 비율은 평균 10% 이하다. 그런데 현실은 어떤가. 한국영화가 사용하는 세트는 말이 세트지 그냥 창고다. 집진 설비는 물론이고 냉난방 시설도, 휴게시설도 없다. 미국이나 영국, 캐나다 스튜디오는 규모도 규모지만 편의 시설이 굉장히 잘돼 있다. 그게 바로 시스템이다. 우리는 매번 화장실차 부르고, 트레일러 부르고, 부르다가 진이 빠진다. 그것뿐인가. 물통 옮기랴, 자바라 치랴, 모니터는 어디 두느냐. 이런 잡무에 골머리를 썩인다. 최저임금이나 근로시간만큼 노동 환경도 중요하다. 조건이 갖춰져야 시간을 컨트롤하고, 예산을 지켜낼 수 있다.

2008년 이후 메이저 투자배급사의 영향력이 절대적으로 커지는 과정에서 선배 제작자들 대신 젊은 프로듀서들에게 기회가 주어졌다. 그러나 이전의 제작자와 비교했을 때 운신의 폭은 크지 않다. 이후 공동제작이 대세가 된 것도 이러한 변화와 관련 있을 텐데.

이유는 제각각 다르지만, 꼭 필요해서 공동제작을 택한 거다. 앞으로도 필요하다면 얼마든지 한다. 능력 있는 프로듀서를 고용하고 흥행 감독을 데리고 있는 탄탄한 제작사가 얼마나 되나. 개별 프로듀서들 또한 프리랜서로는 힘을 못 가지니까 직접 회사를 차리는데, 알다시피 제작사로는 돈 못 번다. 그러니 기획 단계서부터 리스크를 나누는 방법을 찾을 수밖에 없고, 공동제작이 그 방안 중 하나다. 이러한 추세는 앞으로도 계속될 것이다.

지난 5년 간 관련 통계를 보면, 한국영화의 해외 시장 수출액은 0.3~0.4억 달러 수준에 묶여 있다.

해외 시장을 확대하려면 〈기생충〉이나 배우 이병헌의 사례처럼, 국제적인 브랜드를 만들어 내는 게 먼저 필요하다. 글로벌한 소재와 이야기를 가진 개별 콘텐츠를 발굴하는 것도 중요하지만 감독이든, 배우든, 스태프든 전 세계 시장에서 통할 수 있는 브랜드를 가진 인력을 키워내야 한다. 특정 국가에 편중되어 있는 시장 또한 개척하고 확대해야 한다. 그러기 위해선 단순한 판권 세일즈로는 어렵다. 현지 프로모션이나 쇼케이스 등을 활성화 해 적극적으로 홍보해야 한다. 아시아 지역만 놓고 보면 지금 대만, 홍콩, 싱가포르 등에서 한류에 대한 관심이 높다. 개인적으로는 인도네시아, 베트남처럼 인구와 극장 수가 많은 국가들이 잠재력이 있다고 본다. 현지 티켓 값이 지금의 2배, 우리 돈으로 5천 원 수준으로만 오른다면 한국영화에도 활로가 될 것이다.

향후 미디어 및 콘텐츠 환경 변화 등을 고려해서 퍼펙트스톰필름이 새롭게 시도하는 것이 있다면.

여러 프로젝트를 동시에 개발 중이다. 그 중 윤종빈 감독과 함께하는 〈수리남〉은 10부작 TV 시리즈로 제작한다. 한국 출신의 남미 마약왕을 붙잡기 위해 거대 조직에 침투하는 이야기인데, 실화가 바탕이다. 국내 방송사와 논의 중이고, 여러 글로벌 OTT 업체와도 협의 중에 있다. TV 시리즈를 시도하는 이유는 조금 더 긴 호흡으로 이야기를 풀어보고 싶은 욕심이 있어서다. 2시간 안에서 플롯과 캐릭터를 짜야 하는 영화의 경우, 너무 정형화되어 있다는 생각이다. 한편으로는 지금까지 기성 감독, 배우와 너무 많이 작업을 했다는 생각이 든다. 넷플릭스 콘텐츠를 보면, 대부분이 신인 감독, 신인 배우 작품이다. 내가 가진 나름의 노하우를 앞으로는 젊은 세대가 공감할 이야기를 만들 수 있는 후배들과도 나눌 생각이다. 그래야 나도 살고, 후대도 살고 할 것 아닌가. (웃음) 더불어 살자는 거다.

해외 촬영준비 관련 팁

해외를 찾는 목적은 '이국적인 로케이션'이다. 시나리오 상에 특정 국가가 명시되어 있더라도, 그 국가의 랜드마크가 등장하지 않는다면 여러 사항을 고려하여 다른 국가에서 촬영할 수 있다. 촬영이 용이하고 더욱 효율적으로 프로덕션을 운영할 수 있는 국가들을 찾을 수 있는 방법이 있다. 아래는 대안을 모색하는 데 있어 큰 도움이 될 팁이다.

1. 제작진이 생각하는 2~3개 국가를 골라보자.
2. 그리고 각 국가 별로 영화 서비스 경험이 있는 2~3개의 회사를 찾아보자.
3. 그렇게 선택한 각 업체에 아래의 3가지 사항을 요청하자.
   - 로케이션 이미지 : 대본에 있는 주요 장소의 톤 앤 매너를 고려하여 선정한 레퍼런스를 먼저 보내고, 이에 맞는 장소 선별과 해당 장소의 사진을 요청한다.
   - 예산안 : 우선 상대가 예산을 정리할 수 있도록 메모를 보내라. 전체 일정, 장소별 촬영 회차, 한국 스태프 및 배우 목록, 현지에서 고용할 스태프 및 배우 목록, 대략의 장비 리스트, 기타 예산에 반영할 특이사항 등.
   - 인센티브 규정 : 해당 국가에서 지출한 비용 중 인정되는 항목에 한하여 15~30%를 돌려주는 시스템이 각 국가 별로 있다. Tax Rebate, Tax Incentive 등으로 불린다. 이에 해당하는 정부의 문서를 요청하여 검토해보고, 해당사항을 체크하고 비교한다.
4. 각 로케이션 이미지, 예산안, 인센티브 규정을 비교해서 보면, 직접 답사를 하지 않더라도 최선의 국가와 회사를 추려볼 수 있다.
5. 그렇게 검토한 국가와 회사를 최소의 스태프들이 방문해 보자. 주요 로케이션을 돌아보고 그들의 업무 방식, 촬영 여건을 확인한 후 정부 관계자와의 미팅을 통해 인센티브 가능 여부까지 체크하고 나면 국가와 업체 선정이 가능하다.

5

중저예산
영화의 약진

중예산 영화

김재중 – 청년경찰

저예산 영화

김순모 · 김지혜 · 이진희 · 제정주 – 살아남은 아이

김재중
프로듀서

단국대학교 영화콘텐츠전문대학원 졸업
현, ㈜무비락(無非樂) 대표

| 필모그래피 |

영화
〈유열의 음악앨범〉 (2019) 제작
〈이월〉 (2019) 제작
〈증인〉 (2019) 제작
〈지금 만나러 갑니다〉 (2018) 제작
〈청년경찰〉 (2017) 제작
〈우아한 거짓말〉 (2014) 제작, 프로듀서
〈완득이〉 (2011) 프로듀서
〈홍길동의 후예〉 (2009) 프로듀서
〈눈에는 눈 이에는 이〉 (2008) 프로듀서
〈도화지〉 (2007) 제작
〈경의선〉 (2006) 조감독
〈연리지〉 (2006) 제작관리
〈가문의 위기〉 (2005) 제작실장
〈역전의 명수〉 (2005) 연출부
〈아는 여자〉 (2004) 제작부장
〈페이스〉 (2004) 연출부
〈나비〉 (2003) 연출부

TV
tvN 드라마 〈반의 반〉 (2020년 3월 방송예정) 제작
tvN 드라마 〈아이 러브 이태리〉 (2012) 제작
TBS 동경방송(일본) 드라마 〈론도〉 (2006) 제작실장

프로듀서의 활동영역은 영화의 시작부터 끝까지 모든 과정을 아우른다. 허공을 떠돌던 아이디어가 안착하여 생명을 얻고 스크린을 통해 관객을 만나기까지 작업 전반을 관리하고 책임지는 사람이 다름 아닌 프로듀서다. 따라서 준비단계에서 최종 마무리 전 과정에서 중요하지 않은 공정이란 있을 수 없다. 그럼에도 프로듀서의 특질에 따라 각자가 특기로 삼는 분야는 존재한다. 취향이라고 부르기도 힘든 미세한 차이일지 몰라도 각 프로듀서마다 즐기고 좋아하는 공정은 있기 마련이다. 자신의 역량을 더 잘 발휘할 수 있는 공정, 좋아하는 단계의 작업이야말로 프로듀서의 개성을 확인할 수 있는 중요한 지표 중 하나다. 그런 의미에서 김재중 프로듀서의 특질은 한 마디로 현장체질이다. 현장에서 직접 발로 뛰면서 차근차근 영화 일을 배워온 사람 중 하나인 그는 영화를 하고 싶어 무작정 현장에 발을 들였고 제작팀과 연출팀을 오가며 영화를 배웠다. 필름잇수다, 태원 엔터테인먼트의 작품들을 거치며 현장에서 잔뼈가 굵은 그는 2008년 〈눈에는 눈 이에는 이〉로 드디어 프로듀서 활동의 첫 발을 디딘다. 좌초될 수도 있었던 쉽지 않은 프로젝트였지만 그야말로 A부터 Z까지 모든 공정을 관리하며 결국 영화를 세상에 내놓았다. 김재중 프로듀서는 이때의 경험이 무엇이든 해낼 수 있다는 자신감으로 이어졌다고 고백

했다. "1년6개월, 해가 두 번이나 바뀌는 동안 이어진 지난한 작업은 영화현장의 밑바닥부터 체험하고 파악했던 경험이 있기에 버틸 수 있는 시간"이었다고 말이다.

영화제작의 전체 공정을 관리하고 책임지는 게 프로듀서의 일이라지만 그것을 실제로 전부 수행할 수 있는 이는 그리 흔치 않다. 예산이 적은 영화일수록 프로듀서 한 사람이 책임지고 감당해야 할 일이 늘어나기 마련이고, 그 드문 일을 해낼 수 있다고 스스로 증명한 김재중 프로듀서에게 비슷한 프로젝트들이 몰리는 건 시장의 자연스러운 반응에 가깝다. 거꾸로 말해 중저예산 영화일수록 김재중 프로듀서와 같은 통제력이 있는 프로듀서의 역량이 빛을 발할 기회가 늘어난다는 말이다. 이한 감독과 함께 한 〈완득이〉(2011) 이후 김재중 프로듀서의 무비락은 〈우아한 거짓말〉(감독 이한, 2014), 〈청년경찰〉(감독 김주환, 2017), 〈증인〉(감독 이한, 2019) 등 상대적으로 중저예산이라 볼 수 있는 규모의 영화들을 연이어 제작해왔다. 여기서 중요한 건 이 영화들의 제작 규모는 단지 결과일 뿐 의도된 목표라고 보긴 어렵다는 점이다. 다시 말해 김재중 프로듀서는 중저예산 영화를 하나의 시장으로 파악하고 공략한 것이 아니다. 다만 본인이 잘 할 수 있는 프로젝트, 컨트롤 해낼 수 있는 규모의 이야기가 중저예산 규모에 적합했을 따름이다. 김재중 프로듀서는 작품을 선택하는 기준에 대해 "관객의 성향을 파악하고 짐작하는 건 내가 잘할 수 있는 분야가 아니다. 나는 그저 이야기의 힘을 믿고 내가 재미있다고 생각하는 이야기를 고를 뿐이다."고 말한다. 이 솔직한 고백이야말로 프로듀서로서 김재중이 가진 진정한 역량이자 특색이다. 그는 자신이 잘 하는 것, 할 수 있는 것, 좋다고 생각하는 것에 집중한다. 그러다 보니 자연스럽게 한국영화시장의 허리라고 할 수 있는 중저예산의 의미 있는 프로젝트들이 모이고, 그 결과 김재중이라는 하나의 브랜드가 형성된 것이다.

김재중 프로듀서는 우직한 장인에 가깝다. 그의 목표는 단순하다. 좋은 이야기를 믿고, 재미있는 이야기를 고르고, 제대로 만들어 내는 것. 그게 전부다. 그렇게 자신의 길을 걸어가다 보니 결과는 자연스럽게 뒤따라왔다. 업계에서 '착한 영화'라고 지칭하는 영화들을 연이어 만들어 온 것은 지향해온 목적이 아닌 축적된 결과다. "최소한 내 아버지나 내 아이가 보고 공감할 수 있는, 마음속에 남는 게 있는 이야기를 만들고 싶다."는 그의 소박한 바람은, 그렇기에 어쩌면 산업이라는 고정관념 아래 우리가 잊고 있던 영화제작의 본질인지도 모르겠다. 사람을 증명하는 건 결국 말이나 생각이 아니라 그가 지나온 걸음, 그의 행동이다. 그렇게 현장체질인 김재중 프로듀서가 선택해온 좋은 이야기는 한국영화의 든든한 한 축이 되어 제 몫을 담당하고 있다. 다양한 개성을 지닌 건강한 시장은 이렇게 자신의 길을 묵묵히 걷는 이들이 많아질 때 자연스럽게 만들어지는 것이라 믿는다.

―――

글 · 송경원

처음 어떻게 영화계에 발을 디뎠나.

원래 꿈은 영화감독이었다. 사실 중학교 때부터 영화감독이 되고 싶었다. 그런데 공부를 열심히 하지 않아서 대학교 연극영화과에 낙방한 후 한동안 잊어버리고 살았다. 어쩌면 그게 기회가 된 것 같다. 덕분에 순수하게 관객의 입장에서 영화를 바라보는 게 어떤 감각인지 잘 알 수 있었다고 생각한다. 사는 곳이 시골이었기 때문에 아마추어 동호회 같은 수준이라도 영화 관련한 일을 체험해볼 기회조차 없었다. 그렇게 군대에 다녀와서 졸업반이 됐는데 뭘 하고 싶은지 전혀 모르겠더라. 당시엔 딱히 하고 싶은 것도 없었다. 그때 〈공동경비구역 JSA〉(2000)를 봤는데 너무 좋았다. 잊고 지냈던 꿈이 살아나는 기분이었다. 그래서 무작정 영화사에 취직을 해야겠다는 의지에 불타올랐다. 수소문 끝에 유명 영화사를 찾아가 최종 면접까지 갔는데 영화사 대표께서 기획실에 남자 직원을 뽑지 않는다고 해서 결국 떨어졌다. 그때 기획실장님이 차라리 연출부를 하면 어떻겠냐고 제안을 주셨다. 하지만 당시엔 떨어졌다는 상실감이 커서 제대로 대답을 못하고 나왔다. 지금 되돌아보면 이상한 친구라고 생각하셨을 것 같다.

전화위복,
쉽지 않았던 출발이 토양이 되다

그야말로 실패와 낙방의 역사다. (웃음) 그럼 언제 영화현장 일을 시작했나.

그게 신기한 게 막상 시작은 또 거창한 계기나 사건이 없다. 그냥 자연스럽게 기회가 왔다. 우연히 아는 형을 통해 촬영 현장을 견학하게 됐다. 아는 형님이 조명팀이었는데, 촬영장에 놀러갔다가 손이 남으니 조명기구를 들고 서보라는 거다. 그렇게 조명팀이라고 말하기도 민망하지만 그게 첫 작품이 됐다. 그때 조명팀의 리더가 홍승철 조명감독이었는데 내가 체격도 왜소하고 힘도 없어보여서인지 선배들이 하나 같이 네가 할 수 있겠냐고 걱정을 했다. 차라리 연출팀이나 제작팀을 해야 하지 않겠냐고 해서 또 그런가 보다 했다. 아무것도 모르니까. (웃음) 그렇게 영화 스태프 일을 뭐라도 해야겠다 싶어 다시 찾아간 회사가 필름잇수다 그리고 태원엔터테인먼트였다. 거기서 제작팀을 했다가 연출팀에 갔다가 다시 제작팀에서 일하는 식으로 여러 단계를 경험했다. 제작실장 하다가 다음 작품은 조연출을 하고 그렇게 번갈아 하게 됐다. 내가 생각해도 진짜 특이한 이력이긴 하다. 당시엔 충무로에 약간의 거품이 끼어 있기도 했고 어딜 가나 인력난이 있어서 무수히 많은 사람들이 데뷔를 했다. 나도 그중 한 명이었다. 그렇게 당시 내가 가진 능력보다 빠르게, 20대에 프로듀서 데뷔를 하게 됐다. 다들 영화라고 하면 막연히 감독을 꿈꾼다. 나 역시 시작은 그랬으니 프로듀서라는 정확한 목표를 가지고 된 경우는 아닌 셈이다. 프로듀서를 해보지 않겠냐는 제의가 왔을 때 무슨 자신감이었는지 모르겠지만 잘 할 수 있을 것 같았다. 아마도 선배들이 하는 것 어깨 너머로 보고 배우면서 나도 해보고 싶다는 열망이 점점 커졌던 것 같다.

어떤 영화로 프로듀서 첫 데뷔를 했나.

〈눈에는 눈 이에는 이〉(감독 곽경택·안권태, 2008)다. 영상대학원을 다닐 때 〈눈에는 눈 이에는 이〉와 〈도화지〉(감독 김선희, 2007)라는 영화를 같이 제작했다.

첫 작품인 만큼 두려운 것도 많았을 텐데.

막상 시작은 했지만 정확하게 프로듀서라는 개념이 잡혀있지 않았던 시기다. 그때 당시엔 총괄 피디라기보다는 일정 역할만 제한적으로 맡는 라인피디라는 생각이 더 강했던 것 같다. 〈가문의 위기 – 가문의 영광2〉(감독 정용기, 2005)를 끝내고 잘 했다는 칭찬을 많이 들었던 때라 자신감도 어느 정도 있었다. 그리고 내게 주어진 기회가 〈눈에는 눈, 이에는 이〉

였다. 그때 곽경택 감독님이 촬영을 거의 마무리하셨을 때쯤 드라마 촬영도 하러 가셨어야 했고 여러 가지 시행착오가 좀 있었다. 결국 후반부 촬영 일부와 편집과 후반작업 등은 제가 다 했는데 과거의 제작실장이나 조연출을 했던 경험이 도움 됐다. 솔직히는 그때는 너무 바빠서 두렵거나 주저할 틈도 없었다.

<눈에는 눈 이에는 이>는 제작 과정이 그리 순탄치 않았던 작품으로 기억한다.

맞다. 제작기간이 너무 길었다. 후반작업을 하다가 개봉일이 바뀌는 바람에 개인적으로는 결혼식장 예약을 미뤄야 했을 정도였다. 대략 촬영 시작 후 개봉까지 1년 6개월가량 걸렸다. 당시엔 해가 두 번이나 바뀌었는데 끝나긴 하나 싶었다. 그때 많은 걸 겪어서 앞으로 무슨 영화도 다 할 수 있을 거라고 생각했다. 하지만 다음 영화에 더 큰 고난이 기다리고 있었다. (웃음) 〈홍길동의 후예〉(감독 정용기, 2009)의 프로듀서를 다음으로 맡았는데 당시엔 제작비 일부를 제작사에서 책임져야 했다. 그런데 흥행 성적이 좋지 않아서 빚 독촉을 받기 시작했다.

이야기를 들어보면 첫 번째, 두 번째에 혹독한 경험을 했다. 반드시 프로듀서가 되어야겠다고 결심하고 시작한 게 아닌데 끝까지 버틴 이유가 있었나. 중간에 그만둘 수도 있었을 법한데.

들어보면 알겠지만 인생을 구체적으로 설계하고 사는 스타일이 아니다. 대신 내 앞에 주어진 것, 나를 믿어주는 사람들의 기대를 쉽게 저버린 적은 없다. 가급적이면 하고 싶고 재밌는 것을 하려고 애를 쓰고 있었다. 거기에다 당시엔 할 수 있는 일이 그것밖에 없는 상황이기도 했다. 물론 언젠가는 역전되리라는 기대도 있었다. 모두 선배들의 작업을 보면서 느낀 것들이다. 살면서 영화를 그만둬야지 했을 때는 체력적으로 힘들 때말고는 없었다. 너무나도 운이 좋고 감사하게도 쉬는 시간 없이 쭉 작업을 했다.

어쩌면 그래서 가만히 멈춰서 그런 고민을 해볼 시간조차 없었던 건지도 모르겠다. 실제로 세 번째 영화를 해서 앞에 빚졌던 것도 다 정리가 되었다.

일이 끊이지 않고 주변에서 계속 맡긴다는 것 자체가 신뢰를 얻었다는 증거처럼 보인다.

아마 내가 그만둘 거라고 생각을 안 하는 거 같아 보여서 계속 맡긴 게 아닐까. (웃음) 〈눈에는 눈 이에는 이〉 때는 완성될 때 즈음엔 끝까지 붙들고 있었던 오리지널 멤버가 나밖에 없었다. 심지어 너무 기간이 길어져서 제작자들도 영화가 어떻게 돌아가는지 잘 모를 정도였다. (웃음) 전부 나가거나 바뀌고, 감독까지 중간에 교체되면서 1년 6개월 동안 끝까지 남은 사람이 없었다. 그걸 수습하려다 보니 만능이 될 수밖에 없었던 것 같다. 시나리오를 쓰는 걸 돕다가 저녁에는 영수증 정산을 하고, 다음날 오전에는 편집실에 가고, 다시 시나리오를 쓰다가 밤에는 정산을 했다. 거꾸로 자잘하게 모든 분야를 어느 정도 처리할 수 있었기 때문에 버틸 수 있었던 걸 수도 있고.

결국 <눈에는 눈 이에는 이>를 완성시킨 것이 김재중이 어떤 사람인지를 주변에 알린 계기가 되었다.

그런 것 같다. 그때 주변에서 개봉 걱정을 많이 해주셨다. 투자배급사가 교체가 되는 일까지 겪었으니 첫 작품에 충무로에서 겪을 수 있는 모든 것을 다 겪었다고 해도 과언이 아니다. 배우, 감독들도 교체가 됐으니 어찌 보면 두 편을 한 것 이상의 경험치가 쌓인 셈이다. 심지어 〈눈에는 눈 이에는 이〉는 손익분기점도 넘겼다. 만들 때 너무 힘들어서 그렇지 결과적으로는 내게 큰 자양분이 된 영화다. 내가 프로듀서 이름 달고 유일하게 손해 본 영화는 〈홍길동의 후예〉 딱 한 편이다. 연출을 맡은 정용기 감독님과는 〈가문의 위기-가문의 영광 2〉 때 제작실장으로 함께 작업했었고 당시엔 흥행이 안정적인 코미디 장르이기도 했기 때문에 내가 너무 쉽게 생각하지 않았나 싶다. 꼼꼼하게 접근하지 못 했다. 결국 개봉하고 호되게 당했다.

중저예산 영화?
이야기에 어울리는 프로덕션을 할 뿐이다.

프로듀서의 역할은 매우 방대하다. 특히 많은 영역을 책임지고 있는 분이기도 한데, 우선순위를 정한다면 핵심은 무엇이라고 생각하나.

영화 시작하기 전에 감독님들에게 이런 얘기를 많이 한다. 영화에서 큰 역할과 많은 부분을 감독님이 해주셔야 한다고. 스케줄도 고민해야 하고, 생각하는 시나리오나 표현 소품 예산도 감안해 줘야 한다고. 말이나 문서로 규정한 약속 이외에 암묵적인 약속도 있는데 감독님이 이런 부분까지 확실히 지켜주셔야 한다고 다짐을 받는다. 왜냐면 영화는 프로듀서와 감독의 이인삼각 경기이기 때문이다. 프로듀서가 감독과 같은 고민을 할 수는 없다. 하지만 프로듀서는 최소한 감독이 어떤 의도를 가지고 있는지는 알고 대화를 할 수 있는 사람이어야 한다고 생각한다. 엄청난 아이디어와 플랜을 보여줄 수는 없어도 최소한 원하는 그림 정도는 이야기하고 얘기해 줄 수 있는 수준, 그러니까 영화의 설계도가 그려져 있어야 한다. 그게 기본이다. 거기에 더해서 감독이 스태프와 배우들과의 내적인 커뮤니케이션을 한다면, 외적인 커뮤니케이션을 프로듀서가 맡아야 한다. 정리하자면 프로듀서의 기본은 교감과 소통이다. 감독의 의중을 파악하고 어떤 게 빠르고 용이한 길인지를 제시해 줄 수 있어야 한다. 옛날에 한참 배울 때는 시키는 거나 잘하라는 말을 너무 많이 들었다. 요즘은 자신의 생각을 가지고 의견을 낼 수 있는 사람들이 두각을 드러내는 것 같다.

아무도 예상하지 못한 고난을 뚫고 첫 작품을 하셨고, 두 번째 작품으로 쓴맛도 좀 보셨고, 세 번째 작품 <완득이>로 드디어 두각을 드러내기 시작했다.

내가 어떤 영화를 좋아하는지 프로듀서로서의 방향을 발견한 것을 기준으로 삼는다면, 맞다. 그런 셈이다. 그 사이에 일본 드라마 기획도 했는데 영화로는 <완득이>가 세 번째였다. <눈에는 눈 이에는 이> 때 김동우 대표(제작자 겸 시나리오 작가)가 소설을 먼저 소개해 주었다. 책이 너무 재밌었고 특히나 대사들이 많이 기억에 남았다. 근데 상업 영화화시키기에 쉽지 않을 것 같긴 했다. 근데 김동우 대표가 시나리오를 써서 다시 보여주어서 읽어보고 피드백을 했다. 그랬더니 이 작품도 같이 하자고 했다. 고민을 살짝 하다가 영화로 만들어지려면 당시 최고 배우가 해야 될 것 같다고 얘기했다. 그리고 이한 감독님께 초고 정도의 시나리오를 드렸는데 다음날 아침에 전화 와서 이거 정말 상업영화로 만들 수 있는 거냐고 묻더라. 과정은 꽤 길었지만 감독님은 쉽게 설득했다. (웃음) 나머지는 김윤석 배우가 한다고 해서 이후로 쉽게 풀렸다. 그전에는 크게 관심 있는 투자사가 하나도 없었는데 김윤석, 유아인 배우가 한다는 소식이 나온 그 날 저녁에 대부분의 투자사에서 찾아왔다. 사실 책을 좋아하는 팬들이 정말 많았다. 동시에 너무 이상적이기만 한 영화가 되지 않을까 하는 회의론들이 그만큼 많았다. 다들 시나리오를 보곤 "그래서 이 영화는 클라이맥스가 뭐야?"라는 질문을 제일 많이 했다. 참여하는 모든 분들이 영화에 대한 애정이 워낙 강해서 결과적으론 영화적 욕심은 많지만 사심은 별로 없는 프로젝트가 됐다. 그렇게 개봉을 했는데 다행히 반응이 좋았다. 그 경험들이 내게 굉장히 큰 방향의 전환점이 됐다. 그러니까 꼭 상업적인 성공 요소를 고민하는 것보다 '내가 하고 싶은 얘기를 전하는 것이 더 빠른 길이 아닐까?'라는 생각이 강해졌다. 이제는 모든 분들이 제 필모그래피를 보면서 "<완득이>가 널 살렸다."라고 말한다. (웃음)

당시에는 너무 밋밋한 이야기라 안 될 거라는 의견이 지배적이었다. 이한 감독조차 "이게 될까?"라고 고민이었다고 했는데, 또 그걸 쉽게 설득을 했다는 게 재미있다.

사실 설득이 크게 필요 없었다. 시나리오를 보여 준 다음날 정말 상업영화로 만들 수 있는지 물으러 찾아왔다. 하고 싶은데 확신이 필요했던 것 같다. 그래서 거짓말 좀 섞어서 무조건 할 수 있다고 했다. (웃음) 작품을 계속 함께 하면서 나와 이한 감독님은 많이 닮아갔던 것 같다. 함께 걸어갈 수 있는 영화적 동지를 만난다는 건 이 업계에서 버티기 위해 가장 중요한 행운이 아닐까 싶다.

<우아한 거짓말>, <청년경찰>, <지금 만나러 갑니다> <증인> 등 이후의 프로듀싱을 맡은 작품들 보면 흐름이 잡힌다. 큰 틀에서 당신이 생각하는 좋은 이야기는 무엇인가.

우선 첫 번째 기준은 내가 재밌게 본 이야기다. 솔직히 관객과 대중의 성향을 짐작하고 예측하는 건 내가 잘 할 수 있는 영역이 아닌 것 같다. 대신 내가 어떤 이야기를 좋아하는지는 확실히 말할 수 있다. 나는 인물의 성장담을 좋아한다. 이한 감독님과 한 세 작품은 누가 봐도 성장담이다. 〈완득이〉는 겉돌던 소년 완득이가 동주 선생님을 만나서 성장하는 이야기. 〈우아한 거짓말〉 같은 경우에는 가족이지만 동생이 죽고 나서 성장하는 엄마와 큰딸의 이야기다. 〈증인〉 역시 증인을 만나서 성장하는 변호사의 이야기고. 〈청년경찰〉, 〈지금 만나러 갑니다〉(감독 이장훈, 2018)까지 결국은 캐릭터가 성장하는 이야기가 대부분이다. 나는 바닥에 있는 인물들이 성장해서 올라오는 이야기를 좋아한다. 과거 연출부나 제작부를 하던 시절 내가 참여한 영화를 보고 아버지가 전화를 하실 때면 항상 영화에 욕이 너무 많이 나오는 거 아니냐고 걱정을 하셨다. 최소한 내 아버지나 내 아이가 보고 공감할 수 있는, 마음속에 남는 게 있는 이야기를 만들고 싶다. 그게 현재 나의 최종적인 기준이다.

<완득이>에 김윤석 배우가 캐스팅 된 후 주인공 완득이 역의 유아인 배우는 어떻게 캐스팅 됐나.

솔직히 말해도 되나? 내 기억에는 5차까지 오디션을 봤다. 그런데 그때마다 유아인 배우가 사무실에 와서 기다리고 있었다. 원래 유아인 배우의 캐스팅 순위는 후순위였다. 사실 그 때 김윤석 배우가 배역을 맡고 난 뒤 꽤 많은 매니지먼트에서 완득이 역할을 하고 싶다고 연락이 왔다. 젊은 남자 배우들이 원하는 캐릭터였다. 최종적으로는 유아인 배우의 열정이 그 역할을 따낸 셈이다.

김윤석 배우 캐스팅 후에 모든 게 순탄하게 진행된 것 같다.

대체로 그렇다. 이한 감독 성향이 누군가가 힘들고 상처 받는 일은 아예 안 한다. 누가 힘들거나 무리한다는 얘기를 들으면 그냥 다른 방향을 생각해보겠다고 하시는 분이다. 물론 그렇다고 모든 게 순조로운 현장은 세상에 존재하지 않는다. 가장 신경 쓴 부분은 김윤석 배우와 이한 감독 사이에서 소통을 담당했던 부분이다. 두 분이 머릿속에 그리는 그림이 다를 경우 내가 조율을 맡았다.

프로듀서의 업무는 최종적으로 사람을 상대하는 일처럼 보인다.

요즘은 사람들이 똑똑해서 계산을 한다. 이 영화 끝나고 감독이 내게 남을 사람이다 하면 그쪽으로 줄을 서는 거다. 사실은 영화가 남아야 하는데 사람을 남기려고 하는 것에는 좀 회의적인 편이다. 그렇게 해서 그 감독과 다음 작품을 한다고 해도 잘 된다는 보장이 없다. 그런 식으로 감독에게 일방적으로 맞춰 가다보면 감독이 상대를 프로듀서로 대한다기보다 비서 정도로 보게 된다. 그런 케이스를 적지 않게 봤다. 이한 감독도 나에게 잔소리 많다고 투덜거리긴 하지만 그걸 싫어하진 않는다. 사실 그 잔소리가 감독에게 도움이 되는 얘기라는 걸 알기 때문이다. 작품을 잘 이해하는 첫 번째가 감독인 건 당연하다. 하지만 감독이 모든 영역을 다 책임질 수는 없다. 설사 쓴소리처럼 들릴지라도 서로 보이지 않는 부분을 챙겨줘야 하는 것이다.

<청년경찰>, <지금 만나러 갑니다>, 지금 제작 중인 <유열의 음악앨범>(감독 정지우, 2019)까지 장르적으로 보면 중저예산의 휴먼드라마에 집중하는 것처럼 보인다.

일부러 찾아다니지는 않는다. 하지만 소설이나 콘텐츠를 볼 때 재밌다 싶은 건 결국 이런 이야기더라. 대부분이 '무설탕 껌'같다는 느낌이다. 누

군가는 '착한 이야기'라고 말하기도 한다. 근데 이 착한 이야기들이 사실 마케팅이 너무 어렵다. 하지만 내가 좋아하는 성향이 이렇다 보니까 어려운 걸 알면서도 자연스럽게 손이 간다. 물론 마케팅이 걱정되긴 한다. 극장 마케팅도 있지만 투자사나 배우에게 설명할 때도 쉽지 않은 부분이 있다. 다들 시나리오만 보면 재밌겠다고 하는데 다음에 꼭 이어지는 질문이 "이게 돈이 되겠냐?"는 거다. 그때 꺼내는 나의 가장 큰 무기가 "내가 했던 영화 중에 손해 본 작품이 없다."는 말이다. (웃음) 〈증인〉 같은 경우는 무대인사만 16~17일 동안 200번 가까이 했다. 그걸 다 소화해준 정우성, 김향기 배우에게 정말 감사하다. 배우나 스태프들에게 그렇게 하고 싶어지는 영화라는 말을 들었을 때 제일 뿌듯하다. 우리가 하고 싶은 이야기를 던졌을 때, 그 진심이 전달되는 영화들, 스태프와 배우들이 본인이 참여한 작품을 보고 실망하지 않을 수 있도록 하는 게 프로듀서의 몫이다. 그들이 창피하다는 생각이 들면 사실 관객들도 좋아하지 않을 거다. 그런 작품을 만들지 않으려고 하고 있다.

휴먼 드라마라는 장르가 설명하긴 애매하다. 비유하자면 "사람은 착한데…."라고 말할 수 있는 영화들이랄까. 이야기가 좋은데 매력 포인트가 두드러지기 어려운 영화들이다.

적절한 표현이다. (웃음) 착한데 밋밋한? 그걸 밋밋하게 않게 전달할 수 있도록 팀을 꾸리는 게 나의 몫이다.

<청년경찰>과 <지금 만나러 갑니다>의 해외 성적은 어땠나.

〈청년경찰〉은 해외 수입과 부가판권 수입이 총 제작비의 80%를 커버할 정도였다. 〈지금 만나러 갑니다〉는 30% 정도다. 〈지금 만나러 갑니다〉의 경우엔 가족적인 이야기였기 때문에 베트남에서 반응이 좋았고 〈청년경찰〉은 두 배우의 한류열풍 때문에 동남아에서는 골고루 잘됐다. 특히 〈청년경찰〉의 리메이크 제안이 많았다. 인도, 중국, 베트남을 비롯해 4개국에서 요청이 있었다. 〈지금 만나러 갑니다〉는 독특한 게 일본의 원작이 있음에도 불구하고 우리나라 버전으로 리메이크를 하고 싶다는 요청이 꽤 있었다. 일본영화는 잔잔한데 반대 우리 정서는 좀 더 끈끈하고 보편적인 면이 있다는 걸 새삼 확인한 계기가 됐다.

현재 '무비락'과 '도서관 옆 스튜디오' 공동제작의 형태를 이어가고 있다.

원래는 같은 회사로 시작했다. 농담 반 진담 반 돈을 너무 많이 벌면 싸움이 날까봐 같은 사무실과 모든 걸 공유하는데 법인만 분리된 형태다. 사실상 같은 회사로 보셔도 된다. 그런데 프로젝트의 성향이 약간 달라서 따로 분리된 게 유리하기도 하다. 각자 잘하는 것에 집중하는 편이 좋다. 〈청년경찰〉과 〈지금 만나러 갑니다〉의 경우 기획을 같이했는데 내부에서 의견이 갈리면 이상하게 보일 수 있지 않나. 그럴 때 한쪽이 적극적으로 양보한다. 주로 도서관 옆 스튜디오의 김도형 대표가 양보하는 편이다. (웃음) 내가 조감독부터 다양한 경험이 있으니 주로 현장을 상대한다. 전반적으로 대표가 거시적인 부분, 내가 미시적인 부분을 맡고 있다.

앞서 말씀하신 것처럼 관객 이전에 영화 관계자들, 그러니까 투자자와 스태프와 배우를 먼저 설득해야 하는데, 특별한 요령이 있나.

한 번도 망하지 않았다고 강조하는 건 최후의 상황에서 써먹는 방법이다. (웃음) 보통은 본질로 접근하려고 한다. 내가 중저예산 영화를 좋아해서 그런 영화만 한 게 아니다. 내가 좋아하는 이야기로 고예산이 되면 아무도 투자를 안 하지 않을까 싶어서 그런 거다. (웃음) 프로젝트의 규모와 이야기 중에 이야기가 먼저인 것뿐이다. 그렇다고 부족하게 프로덕션을 하지는 않는다. 프로듀서가 작품의 본질을 감독만큼 이해해야 한다고 생각하는 이유 중 하나는 영화 전체의 예산과 스태프를 알맞게 꾸리기 위해서다. 장면은 감독이 생각한다 하더라도 각 스태프마다 결이 있지 않나. 그걸 파악해서 적재적소에 배치해야만 한다. 이한 감독의 경우 연출을 할 때 서프라이즈나 서스펜스에 그다지 관심이 없다. 그럴 때 오히려 호러영화 등에 경험이 많은 스태프를 붙여두면 교묘하게 잘 어우러지는 경우가 있다. 작품을 하면서 배운 것 중 하나가 하모니다. 사람들끼리의 시너지 효과라고 해도 좋겠다. 예를 들면 〈증인〉 때 조영욱 음악 감독이 작업을 하면서 "이렇게 착한 음악만 만든 적은 처음인데 계속 이렇게 만들어도 되는 건지 모르겠다."라고 걱정한 적이 있다. 그런데 막상 음악을 들은 이한 감독은 "음악이 좀 센 거 아닌가?"라고 했다. 한쪽엔 너무 착하다고 생각하고 한쪽에선 좀 강하다고 느낄 때 중간에서 설득을 하고 조율을 하는 거다.

전체를 보는 시야가 정말 중요하겠다. 연출자의 성향을 파악하는 건 기본이고 전체 스태프와 밸런스를 맞추는 작업이다. 그야말로 조율사라고 할 만하다.

사실 그 작업이 제일 힘들기도 하다. 감독, 스태프들과 오래 작품을 해서 장, 단점을 잘 아는 게 큰 도움이 된다. 여러 번 작업한 분들과 계속 함께 하게 되는 이유이기도 하다. 처음에는 낯가림도 심하고 표현이 서툴러 오 해를 받기도 한다. (웃음) 충돌이 있어야 적절한 거리를 발견할 수 있다.

한국 영화에서 중간 허리가 없다는 얘기가 요즘 많은데 제작을 맡은 작품들이 상당 부분 그런 역할을 맡고 있다. 의도한 건 아니라도 의식은 될 것 같은데.

내가 허리 역할이라고 생각하진 않는다. 다만 의식은 하고 있다. 내 가 생각하는 허리 역할을 해줄 필요한 영화들은 오히려 독립 영화들이다.

2017년 서울독립영화제에서 대상 받은 〈이월〉(감독 김중현, 2019)이라는 영화가 있다. 무비락에서 제작한 작품이다. 김중현 감독에게 어떻게 해달라는 기획 방향에 대해 얘기한 건 하나도 없었다. 그저 예산만 지원했다. 예전에 베를린국제영화제에서 만났던 인연으로 우리 회사에 들어와 글을 쓰고 있었는데, 중간에 계속 준비만 하다보면 감이 떨어질 것 같다고 다른 영화를 한편 찍겠다고 하더라. 처음에는 자비로 한다고 했는데 시나리오가 너무 좋기도 했고 나와 이한 감독 모두 좋아하는 감독이기도 해서 적극 지원을 했다. 한국영화에서 내가 어떤 역할을 맡고 있다면 그런 식이 아닐까 한다.

저예산 독립 영화에 대한 지원 말인가.

그렇다. 꾸준히 생각하고 있다. 내가 옛날에 대학원에서 찍는 독립영화 프로젝트에 참여했다가 호되게 당한 경험이 있다. 하고 싶어서 찍긴 했는데 그때 빚이 한 2억이 남았다. 그때 깨달은 것이 독립영화 현장에서 상업영화의 기준과 잣대를 들이밀어선 안 되겠다는 것이었다. 그래서 일체 간섭 없이 제작비와 개봉 비용을 지원해주는 방향으로 독립영화 감독들과 꾸준히 접촉 중이다.

착한 영화에 반하다

단국대 영상대학원을 다녔다. 원래 영화감독을 꿈꾸기도 했으니 나중에 언젠가 연출에도 관심이 있는 건가.

아니다. 그저 공부를 체계적으로 한번 해보고 싶었다. 중앙대도 잠시 다니다가 그만 두고 단국대를 갔다. 감독들의 마인드를 좀 더 이해하고 싶은 생각도 있었고 뭐든 제대로 배워보자는 생각이었다. 그렇게 해서 얻은 결론은 '나는 연출을 하지 않아야겠다.'는 거였다. (웃음) 다만 다큐멘

터리에는 조금 관심이 있긴 하다. 다큐멘터리는 대상과 교감이 가장 중요하다는 게 매력적이다. 하지만 영화를 찍고 상업화했을 때 뒷감당이 어려울 것 같다. 능력이 부족하니 죄송한 결과물을 내놓으면 어쩌나 걱정도 되고. 시나리오를 쓰긴 한다. 내가 말주변이 없어서 글로 표현하는 게 더 편하다. 내가 시나리오를 써서 작가에게 보여주면 영화의 톤 앤 매너를 맞추기 더 쉽다. 글은 이해하기에 더 직접적이니까. 〈지금 만나러 갑니다〉도 그런 방식으로 작업했다.

〈청년경찰〉은 일련의 '착한 영화' 중에서도 결이 살짝 다르다. 좀 더 가볍고 쾌활하고 장르적이다.

　〈청년경찰〉은 이준우 PD가 시나리오를 가지고 와서 모니터를 해주었다. 처음 봤을 때는 영화화되기에 다소 모자란 인상이었다. 시나리오라기보다는 트리트먼트를 읽은 기분이랄까. 미사여구가 너무 없고 이야기가 평면적이었다. 이 시나리오의 특징이 뭐냐고 물었더니 젊은 친구들이 뛰어다니고 액션 하는 게 너무 재밌을 것 같다는 것이다. 내가 보기엔 그것만으론 돌파가 어려워 보였는데 이상하게도 감독이 무엇을 원하는지는 명확하게 보였다. 그게 매력적인 부분이지만 동시에 그것이 문제이기도 했다. 뒤에 뭐가 나올지 정확히 보이는데 무슨 재미가 있겠나. 이준우 PD, 김주환 감독을 만나서 시나리오 수정을 시작했다. 나는 코미디 장르가 적합할 것 같다고 조언했다. 코미디로 엮으면 다소 어설퍼도 사람들이 이해해줄 것 같다 싶었기 때문이다. 그렇게 시나리오를 모니터링 해주다 보니 점점 작품에 빠져들게 됐다. 당시 영화계에는 20대가 주인공인 영화는 만들어지면 흥행이 힘들다는 암묵적인 분위기가 있었다. 2000년대 초반과 달리 코미디는 '후지다.'는 인식도 있었고. 쉽지 않은 상황이었다.

결은 다르지만 <청년경찰> 역시 <증인> 등의 '휴먼드라마'와 마찬가지로 도전적인 시도라고 할 수 있다.

창작자라면 대부분 아무도 안 하는 거에 끌리는 면이 있을 거다. 나 역시 40대에 접어들면서 젊은이들의 이야기가 예뻐 보이는 경험을 종종 한다. <청년경찰>의 시나리오가 처음으로 그런 느낌을 받은 계기였다고 해도 좋겠다. 현장에서 교복 입는 학생들이 나오는 영화를 만들고 싶다는 얘기도 했는데 그런 부분이 상당히 반영됐다. 기본적으로 성장할 수 있는 폭이 큰 연령대들의 이야기였기 때문에 좋았다. 최근에 한국영화에 코미디가 없어서 일부러 하고 싶은 것도 있었다. 시나리오는 코미디가 다소 부족한 부분이 있었는데, 막상 현장에서 감독이 너무 잘 찍어 주었다. 촬영된 화면에선 엉성함이 잘 안 느껴졌다. 그래서 개봉을 위해 주변을 설득했다. 여름 시장에 필요한 영화라고. 결과적으론 개봉시기도 잘 맞았다. 관객들이 충무로에서 한동안 보지 못했던 새로움을 발견한 것 같다. 모든 게 신선했다. 풋풋한 느낌이 묻어있어서 되레 날 것의 느낌이 잘 살았다고 할까.

남들 안 하는 거 한다는 게 듣기에는 좋지만 한편으로는 리스크를 안고 가는 건데 그것에 대한 두려움은 크게 없는 것 같아 보인다.

그런 편이다. 물론 누구에나 흥미로울 수 있는 이야기를 만들고 싶은 마음은 너무나 간절하다. 기획의 기본이기도 하니까. 하지만 그렇지 않더라도 꼭 하고 싶은 이야기가 있다. 이상하게도 승부욕도 생기고... 그런 이야기에 프로젝트를 맞추다 보니 나는 필연적으로 중저예산을 할 수밖에 없는 것 같다. (웃음) 배우들, 스탭들, 투자사들에게 아무도 하지 않는 이야기이기 때문에 돋보일 수 있다고 설득을 했다. <지금 만나러 갑니다>도 그랬다. 멜로영화는 한국에서 절대 안 된다고 투자사들이 멜로의 'ㅁ'도 꺼내지 말라고 했지만 아무도 하고 있지 않으니 새로울 수 있다고 열심히 설득을 했다.

멜로드라마 역시 한때는 정말 많았는데 어느 순간부터 한국영화에서 사라진 장르다. 원래 식상해야 하는 영화인데 2018년에 개봉하니 신선하게 다가온다.

바로 그거다. 근래에 멜로영화 없으니 된다고 투자자는 물론 배우들도 설득했다. 이제 나올 때가 됐다고. 〈눈에는 눈 이에는 이〉부터 여느 프로듀서들이 할 수 있는 범주를 넘어선 일들을 한 것 같다. 그러다 보니 주변에서 나를 일정 부분 제작자로 인정해주는 것 같기도 하다. 〈청년경찰〉의 경우 제작비 45억으로 찍는다고 하니까 오히려 그 돈으로 찍을 수 있냐고 반문이 왔다. 그래서 그 정도로 찍을 수 있다고 했다. 더 커지면 신선함이 떨어질 수 있는 이야기니까. 반면 〈지금 만나러 갑니다〉의 경우 롯데엔터테인먼트에서 예산을 많이 받아서 멜로드라마 치고는 제작비가 상당히 들

어갔다. 왜냐면 익숙하고 인지도 있는 배우들이 필요했기 때문이다. 초반엔 좀 더 젊은 배우들로 가야 한다는 의견이 많았는데 나는 원숙한 경험이 필요한 이야기라고 판단했다. 〈지금 만나러 갑니다〉의 핵심은 연인과의 애틋한 사랑보다는 가족이었다.

어떻게 보면 남들이 관심이 없어 보이는 장르 틈새시장을 잘 공략하는 것 같다.

결과론이다. 일부러 하는 건 아니고 그때그때 그런 이야기들이 나에게 다가오는 편이다. 이야기가 괜찮으면 리스크는 사실 별로 상관하지 않는다. 〈지금 만나러 갑니다〉의 경우 멜로에다가 일본영화의 정서가 한국에서 잘 안 통할 수 있다. 신인감독에게 리메이크를 시키는 것도 위험부담이 컸다. 하지만 그럼에도 불구하고 해야 했던 이유는 감독이 가장 잘 할 수 있는 이야기였기 때문이다. 사실 어렵게 기획한 것도 아니었다. 이장훈 감독이 시나리오 쓰다 한참 슬럼프에 빠진 시기가 있었다. 그때 이장훈 감독에게 인생에서 제일 재밌었던 영화가 뭐냐고 하니까 도이 노부히로 감독의 〈지금 만나러 갑니다〉(2004)를 얘기했다. 그때, 그럼 재밌는 걸 하라고 해서 나온 게 이 영화다.

제작을 하다보면 중간에 무산된 프로젝트도 있기 마련인데.

보통은 아주 많을 거다. 나는 너무나 감사하게 딱 1편이었다. 정확히 시나리오를 쓰다가 글이 안 풀리는 작품은 많았는데 캐스팅 시작하고 나서 무산된 영화는 딱 1편이다. 다작을 하는 편은 아니지만 쉬지 않고 끊임없이 할 수 있었다는 데 감사하다. 첫 데뷔작인 〈눈에는 눈 이에는 이〉 때부터 하겠다고 마음먹으면 어떻게든 길이 열렸다. 사실 기시감이라는 게 정말 무섭다. 투자사, 배우들 모두 시나리오가 한번 유행이 돌기 시작하면 대부분이 어디서 본 것 같다는 생각이 들기 마련이다. 좋아도 좋은 것 같지가 않고, 지난번에 본 것 같다는 질문이 너무 많다. 그런 측면에서 무비락의 시나리오는 어디서도 본 적 없는 이야기라는 것만큼 보장할 수 있다. 대신 "이게 되겠냐?"는 물음이 많지만. (웃음) 근데 생각해보면 되겠냐고 묻는 사람은 사실 어느 정도 마음이 있다는 뜻이다. 될 수만 있으면 하고 싶다는.

단 1편 제작이 무산된 영화가 무엇인가.

〈초콜릿 도넛〉(감독 트래비스 파인, 2012)이라는 영화를 리메이크 하려고 했다. 아직 실패라고 단언할 수는 없지만 안 되더라. 사랑하는 두 남자가 다운증후군 아이를 입양해서 가족이 되는 이야기다. 기본적으로 동성애를 소재로 하다 보니 한국에서는 아직 대중상업영화로서 벽이 있다는 걸 느꼈다. 시나리오를 재밌게 봤다는 배우들이 많았지만 캐스팅이 쉽지 않았다. 프로덕션의 역량에 대한 불안 때문이라고 생각한다. 내가 크레디트를 몇 개 더 쌓고 성공시켰을 때 나를 믿고 오라고 하면 되지 않을까. (웃음) 잠시 중지된 거지 아직 실패라고 생각하진 않는다.

리메이크 영화를 만든다면 꼭 만들고 싶은 인생의 영화가 있나.

만들어져 있는 영화지만 예를 들면 〈포레스트 검프〉(감독 로버트 저메키스, 1994) 같은 영화다. 언젠가 꼭 만들고 싶다. 인생이 꼭 비극이어야 할 필요는 없다고 생각한다. 희극처럼 누군가의 실수나 웃음으로 벌어지는 일일 수도 있다. 나 역시 치밀하게 계획하고 작전을 짜며 살지 않았다. 영화도 흘러 흘러 가다가 하게 됐으니까. 〈포레스트 검프〉에는 그런 큰 흐름에 대한 성찰과 그걸 받아들이는 태도가 담겨 있어서 좋아한다. 한국판 〈포레스트 검프〉를 만들어 봐야지 생각 중이었는데 윤제균 감독의 〈국제시장〉(감독 윤제균, 2014)이 나왔을 때 선수를 뺏겼다는 생각이 들기도 했다. (웃음) 내가 제작한다면 또 다른 느낌의 영화가 나올꺼라는 생각으로 꿈을 접지는 않았다.

가장 최근에 작업한 <유열의 음악앨범>(2019)은 요즘 젊은 세대에게 흔치 않은 감수성으로 공략하는 영화다.

　요즘 젊은 세대를 두고 사랑이나 사람을 기다리거나 그리워하는 법을 잘 모르는 세대라고들 한다. 나는 그게 비단 세대의 차이가 아니라 공감의 차이라고 생각한다. 태초부터 "요즘 애들은 버릇이 없어."라는 말이 있었다고 하지 않나. (웃음) 기준이란 말하고자 하는 사람들의 가치에 따른 것일 뿐이다. 정지우 감독님과는 <침묵> 이전부터 다음 영화를 함께 해보자는 이야기를 나눠왔다. <우아한 거짓말>의 이숙연 작가님의 시나리오가 무척 재미있게 나왔고 정지우 감독의 섬세한 연출이 어울릴 거란 생각에 제안을 했더니 흔쾌히 함께해주었다. 유쾌하고 가벼운 분위기의 영화들이 유행하는 최근의 경향과는 조금 다른 결의 영화를 만들어보고 싶은 마음도 컸다. 정지우 감독이 그런 점을 잘 살려줄 수 있기도 하고. 120만 명의 관객들이 극장을 찾아주었는데 결과적으로 스코어는 많이 아쉽다. 제작자의 마음이야 관객 수가 많으면 많을수록 좋지만 그것보다는 함께한 스태프들에게 감사하는 마음이 더 크다. 그래서 더 많은 사랑을 받았으면 하는 바람이 있었다. 그럼에도 정통 멜로라는 장르를 다시금 보여줄 수 있었다는 부분만큼은 만족한다.

음악이 워낙에 중요한 영화다. 선곡할 때 1994년부터 2005년까지의 가요, 팝송 등 300곡 정도의 플레이리스트를 놓고 스태프, 배우 등이 반복적으로 들으며 마음 가는 음악을 골랐다고 들었다. 저작권 문제는 어떻게 해결했나.

저작권자에게 영화의 취지나 스토리를 설명하고 필요한 경우에는 해당 부분의 영상을 보여주면서 허락을 받았다. 영화에 한 곡의 노래가 나오게 하려면 작사가 작곡가 음악 소유권자 음악저작권협회 음반회사 등의 연락을 거쳐야하기 때문에 한 곡 한 곡에 공을 많이 들여야 하고 비용 또한 많이 든다. 특히 〈유열의 음악앨범〉의 경우는 또 하나의 주연이 음악이었기 때문에 그 중요함이 남달랐고 비용 또한 많이 들었다. 총 10곡의 저작권을 해결하는데 4개월 내외의 시간과 노력을 들였다. 물론 그럼에도 원하는 곡을 모두 다 사용하지는 못했다. 저작권자가 허락을 해주지 않아서 사용하지 못한 곡도 있고 저작권료가 너무 비싸서 사용하지 못한 곡도 있고 저작권자가 연락이 닿지 않아서 사용하지 못한 곡도 있다.

그 말씀처럼 아무래도 감독은 쓰고 싶은 곡이 많을 테고 현실적으로 다 받아들이기 어려웠을 텐데, 이 부분에서 프로듀서의 역할은 무엇이었나.

음악에 대해서는 감독과 프로듀서의 역할을 크게 나누지 않았다. 자유롭게 음악을 추천을 하고 피드백이 오면 바로 바로 공유하고 이유에 대해서도 같이 고민했다. 우선은 어떤 곡이 좋은가에 초점을 맞췄고 다행히도 원하는 많은 곡을 사용할 수 있었다. 실은 감독도 제작자 중의 한 분이기도 했다. 제작비도 한계가 있는 부분이라 큰 무리를 할 수 만은 없는 상황이었고 감독도 현실적이지 못하다는 판단이 드는 부분은 프로듀서보다 빠른 판단을 했다. 비틀즈나 U2 등의 곡을 고민해보긴 했으나 고민이 길진 않았다. 그랬다면 제작비보다 더 많은 음악예산이 필요했을 거다. (웃음) 할 수 있는 선에서 최선의 곡을 찾았다. 가령 루시드 폴의 〈오, 사랑〉 같은 곡은 어쩌면 덜 대중적일 수도 있지만 노랫말과 정서가 주인공 현우(정해인 역)에게 잘 어울리는 최적의 선곡이었다고 생각한다.

끝까지 걸어가 보면
모든 길은 통한다. ·

한국 영화의 현재와 시스템에 대한 이야기로 넘어가보자. 중저예산 영화들, 이른 바 한국영화의 허리에 해당하는 영화를 제작 중인 입장에서 대형 기획에 쏠리는 한국 영화의 양극화에 대해서 어떻게 생각하나.

심각하다. 현재 한국독립영화 시장은 거의 사라졌다고 봐도 좋은 상태다. 그 시장을 어떻게 살려야 하냐에 대한 고민도 필요하다고 본다. 가령 일본은 작은 영화들에 대한 마니아층이 두텁다. 나는 한국영화에도 마니아층이 있다고 본다. 극장에 찾아가는 노력을 얼마나 효과적으로 이끌어 낼 수 있느냐의 차이다. 매체를 다르게 해서라도 작은 영화들이 소개될 수 있는 시장을 유지하는 방법을 모색할 필요가 있다. 수입구조도 다변화해야 한다. 기본적으로 독립영화는 15회 차 정도를 찍는데, 상업영화는 가볍게 60회 차가 넘어간다. 돈이 많이 들어가는 만큼 회수도 크게 해야 하기 때문에 규모의 경제로 나아가는 게 자연스러워 보인다. 하지만 이제 어떤 것이 효율적인지 좀 더 고민해야 할 시기가 왔다. 사실 상업영화 현장도 좀 더 효율적으로 할 수 있지 않을까? 기간이 길어진다고 무조건 다 옳은 건 아니라고 본다. 스태프들 인건비 탓만 하지 말고 전체 기간을 줄여서 규모를 좀 줄이고 효율적으로 만들어야 살아남을 수 있다.

영화 시장은 포화상태에 이르렀다는 분석이 있다. 반면 넷플릭스를 비롯한 OTT 시장은 여전히 성장세다.

채널을 여러 가지 만드는 것도 하나의 방법인 것 같다. 나도 방송을 하나 하려고 생각하고 준비 중이다. 항상 위기라고 하지만 식상하게 들려도 위기는 기회이기도 하다. 넷플릭스, 디즈니, 아마존 등의 플랫폼에서도 사실 지속적으로 콘텐츠가 필요하지 않나. 그게 곧 기회가 될 것이다. 독립영화나 저예산영화로 준비하시는 분들이 그쪽 채널에서 좋은 콘텐츠를 만들 수도 있으리라 본다. 꼭 극장에 걸어야 한다고 생각하지 않고, 방송에 나간다고 현재의 정해진 단가를 받아야지, 라는 생각을 버리는 것도 필요하다. 정해진 틀에 따르려 하면 생각도 굳어진다. 독립영화의 제작비를 확보하는 차원에서라도 그 채널을 사용할 수 있는 것도 좋은 방법이 아닐까 싶다. 만약 새로운 플랫폼에 접근할 때도 규모를 늘려서 경쟁력을 확보하는 쪽으로 방향을 잡는다면 빈익빈 부익부 현상이 심화될 것이다. 검증되거나 성과가 있는 감독, 배우, 스태프들만 기회가 돌아갈 수도 있다. 그렇다면 이 시장에 새롭게 진입하려는 이들은 어떻게 해야 할까. 채널이 다변화 되는 순간의 수요에 부응해야 한다. 덩치가 가벼울수록 변화에도 빠르게 대처할 수 있다. 다양한 플랫폼에서 경험을 할 수도 있고 능력을 보일 수 있는 기회를 잡을 수도 있을 것이다. 시스템이 문제라고 말할 시간에 다가오는 여러 가지 시스템에서 내가 어떻게 대응하고 어떤 기회를 잡을 수 있을지 고민하는 게 낫다.

<눈에는 눈 이에는 이>처럼 "해보면 돼!"라는 말의 설득력을 보여주는 분이 하는 말이라 설득력이 있다.

뭐라도 해야 한다. 놀면 뭐 하나? (웃음) 창작자들이 창작물을 혼자 끌어안고 있는 건 아무런 도움이 안 된다. 자기발전을 위해서라도 누군가에게 피드백을 받고 얘기를 들었으면 좋겠다. 찍어서 몸으로 익힌 분들은 이길 수가 없다. 스필버그는 유년시절부터 비디오카메라를 들고 찍었다는데, 절대적인 양이나 시간에서 어떻게 이기겠나. 그렇다고 작은 영화만 하자는 건 아니다. 나도 프랜차이즈 무비를 한국에서도 만들어야 한다고 생각한다. 꼭 〈어벤져스〉 시리즈가 아니더라도 공포영화 같은 장르는 시리즈로 찍을 수 있을 것 같다. 어떤 세계관만 가지면 프랜차이즈가 되는 거니까. 기존의 선배들이 찍어둔 영화도 리부트할 수 있고. 예전에 〈워

킹 데드〉의 프로듀서를 만날 기회가 있었는데 원신연 감독의 〈세븐 데이즈〉(2007)라는 영화를 아냐고 묻더라. 그걸 원, 투, 쓰리 데이로 해서 드라마로 한 시즌으로 만들면 된다고 하더라. 최소 7편은 나오지 않나. 왜 그 생각을 못 했을까 싶더라. 대단한 게 아니라 단순하게 접근할 필요도 있다는 거다. 시장이 없는 게 아니라 우리가 아직 그 시장을 제대로 못 보는 것 같다. 한국영화라는 카테고리 안에서도 뭔가 만들 수 있는 소재를 찾고 만들다 보면, 여러 가지 가능성들이 태어날 것이다. 봉준호, 박찬욱 감독님뿐 아니라 다른 한국영화 감독이 기괴하고 특이한 걸 만들어서 할리우드에 진출하지 말라는 법도 없다. 공포영화 찍던 제임스 완 감독이 〈아쿠아맨〉(2018)을 찍는 것처럼 언젠가는 메인 스트림에서 활동할 수 있을지도 모른다.

그런 기회들을 잡기 위해 프로듀서 지망생들이 어떤 준비를 해야 할까.

조심스런 부분이긴 한데 한국에는 영화학과가 지나치게 많다. 나도 뒤늦게 학교에서 공부를 했지만 영화를 하고 싶다고 굳이 영화과를 가야만 하는 건 아니라고 생각한다. 영화과에 가서 많이 찍어보는 건 기술 스태프들에게는 중요하다. 기술적인 부분, 특히 현장에서 배워야 하는 건 결국 현장에 와서 배울 수밖에 없다. 하지만 연출이나 프로듀서 하려는 사람들이 꼭 영화를 공부해야 하느냐는 좀 다른 문제 같다. 차라리 인문학이나 어문 계열이 더 도움이 될 수도 있다. 예를 들면 법을 제대로 공부한 영화감독이 있다면 법정 영화는 내가 최고라고 할 수도 있지 않은가. 프로듀서도 마찬가지다. 프로듀서는 말하자면 일종의 거간꾼이다. 사람 사이에 감정 안 상하게 각자의 의견을 듣고 소통할 수 있도록 다리를 놓아주는 게 큰 덕목이다. 상대방이 뭘 원하고 어떻게 하면 내가 설득을 할 수 있는지를 배우길 바란다. 싸우는 경험, 화해하는 경험, 집단을 이끌어보는 경험 등 어떤 경험이라도 많이 해보는 게 정말 중요하다. 혼자 있는 시간보다 사람들 만나고 얘기하는 시간을 가지기 바란다. 꼭 영화가 아니더라도 다양하게 해봤으면 좋겠다.

그래도 기술적인 부분, 전문 용어 등을 알고 있으면 현장에 적응하기 더 수월하지 않을까.

나는 슬레이트가 뭔지, 신과 컷이 뭔지도 모르고 영화판에 왔다. 그거 배우는 데 일 년도 안 걸렸다. '옛날'이라고 하면 뭔가 꼰대 같아서 조심스럽지만 초창기엔 집에 가는 차비가 아까워서 사무실에서 자고, 형들 따라다니면서 술자리 가고 그랬다. 노는 것 같아 보이는 시간이지만 마냥 노는 게 아니다. 거기서 주워들은 이야기가 학교에서 배운 것보다 훨씬 큰 경험치가 됐다. 시나리오 얘기를 술자리에서 정말 많이 했다. 술자리에서는 각자의 생각을 가감 없이 들을 수 있기 때문이다. 꼭 술이 아니더라도 그런 식으로 마음을 터놓을 장소와 만남이 중요하다. 프로듀서는 촬영감독의 생각, 배우의 생각 등을 다 듣고 정리해서 전할 수 있어야 한다. 강조하고 반복하지만 결국 핵심은 소통이다. 개인적으론 자기 주관이 지나치게 뚜렷한 프로듀서는 일을 부러뜨린다고 생각한다. 프로듀서는 들어주는 사람이다. 왜 상대가 이렇게 생각하는지 이해하고 상대의 마음을 상상할 수 있어야 한다. 신입사원들과 이야기할 때 학교 다니면서 좋아하는 것도 없었고, 재밌었던 것도 별로 없었다고 할 때 제일 안타깝다. 그럼 영화는 왜 하냐고 물으면 그나마 영화가 제일 좋은 것 같아서 한다고, 뭘 하고 싶은지를 4년 동안 고민하다가 왔다고 하더라.

이제 막 사회에 진출하려는 젊은 세대들의 고민은 대개 비슷하다. 그건 시대의 문제는 아닌 것 같다. 무엇을 하고 싶은지 찾는 것만큼 어려운 일이 있을까.

맞다. 그래서 내 경험을 바탕으로 조언을 해줄 수 있는 것 같다. 일반화할 순 없겠지만 먼저 한걸음 내딛은 선배로서 제안을 해보고 싶은 거다.

이제 막 영화계에 들어온 친구들과 이야기할 때 가장 아쉬운 건 뭐를 끝까지 해본 경험이 없다는 거다. 커트라인을 통과할 정도만 하고 나면 다음에 할 걸 찾고 다닌다. 소위 스펙을 채워야하기 때문이다. 어쩌면 다변화하는 것이 요즘 시대를 살아가는 생존법일 수도 있다. 내가 시대에 뒤떨어진 것일지도 모르고, 하지만 그럼에도 나는 뭐든 끝이 뭔지 한번 가보면 좋겠다. 가수이자 배우인 김창완 씨가 "끝까지 하면 프로다."라는 말을 하셨는데 그게 내 카카오톡 프로필 사진이다. 철학을 했으면 철학을 끝까지 하고 영화를 하시라. 그러면 충무로에서 철학을 제일 많이 아는 프로듀서가 될 수 있다. 앞으로는 콘텐츠의 절대적인 양이 많아질 것이고 동시에 세분화될 것이다. 콘텐츠 속도가 빨라지는 만큼 소비량도 많아 질 수밖에 없다. 거기서 필요한 것이 거꾸로 한 분야를 제대로 이해하는 전문성이라고 생각한다. 인문학 전문 프로듀서라면 '알뜰신잡'과 같은 콘텐츠를 만들 수도 있을 것이다. 요약하자면 영화는 일종의 창틀이다. 예쁜 창틀을 만들 게 아니라 창문 밖에 내비치는 풍경이 어떤 것일지를 고민했으면 좋겠다.

2008년 <눈에는 눈 이에는 이>로 프로듀서 데뷔를 했느니 약 10년이 지났다. 앞으로 10년 뒤에는 어떤 모습을 하고 있을지 상상해 본 적 있나.

  지금 내 모습은 선배들의 10년 전 모습과 닮았다고 생각한다. 회사의 규모가 커지고 경험치가 쌓이면 의무감이 생기기 마련이다. 회사를 운영해야 하고 직원들 월급을 줘야 하니까. 그러다보면 대중적인 영화, 소위 잘 팔리는 영화를 고민하고 일정 부분 타협할 수밖에 없다. 이상적으로 바라는 건 회사의 규모를 크게 키우지 않고, 지금 내가 하고자 하는 걸 할 수 있는 거다. 내가 하고 싶은 건 누가 봐도 뚜렷하니까. 시나리오에 표지가 없어도 이거 너네 회사 꺼 아니냐고 물어볼 정도니까. (웃음) 지금에 와선 그게 나쁘지 않은 것 같다. 기본적으론 〈청년경찰〉처럼 약간의 결이 다른 형태의 상업 오락영화를 하고 싶다. 〈구니스〉(감독 리처드 도너, 1985)

나 〈호소자〉 시리즈와 같은 아이들을 위한 영화도 하고 싶고, 걱정 멜로도 해보고 싶다. 남들이 요즘 잘 안 만드니까. (웃음)

하고자 하는 영화를 할 환경과 능력을 갖추는 게 중요할 것 같다.

당장은 그렇게 하고 있는데 장기적으로 그걸 지속할 수 있는 시스템을 갖추려 한다. 스티븐 스필버그처럼 대중적인 작업과 최신 트렌드를 동시에 달성하고 싶다. 최근작 〈레디 플레이어 원〉(2018)을 보면 젊은 세대들이 콘텐츠를 소비하는 방식을 잘 파악하고 있어 놀랍다. 〈지금 만나러 갑니다〉 개봉 했을 때 다른 관에 관객이 어느 정도 있나 하고 보러 갔다가 그대로 빠져서 보게 되더라. 전체를 다 보지 않아도 장면 장면에 빠져든다. 그게 요즘 세대의 감각과 이어지는 것처럼 보였다. 그런 의미에서 〈레디 플레이어 원〉은 유튜버들이 꿈꾸는 영화라고 느꼈다. 노장의 감독이 콘텐츠를 향유하는 세대를 잘 파악하고 영상 감각과 해석이 20, 30대 감독들 보다 뛰어나다. 콘텐츠 창작자에게 나이는 숫자에 불과하다는 걸 새삼 알려준 것 같아 왠지 용기가 났다.

이제껏 어려움을 헤쳐온 일을 주로 말했다. 프로듀싱을 하면서 즐거웠던 기억도 궁금하다. 힘들지만 영화 프로듀서라는 일을 놓을 수 없는 이유라고 할까.

일단 먹고살 만하다. (웃음) 덧붙이면 재미있게 돈을 번다. 최근 어느 영화감독의 가족과 이야기를 나눌 기회가 있었는데 이런 질문을 하더라. "아유, 프로듀서 되면 먹고살기가 너무 힘들지 않아요? 우리 애가 프로듀서 되려고 연극영화과를 가서 걱정이에요." 영화인 가족이니 업계 상황을 아예 모르지 않을 텐데 주변 인식이 그 정도구나 싶었다. 그래서 내가 "제 친구들 중에 저가 제일 돈 많이 벌어요."라고 답했더니 깜짝 놀라시더라. 현재는 수입의 크기도 있지만 무엇보다 재밌게 번다. 물론 영화 하면서 간접 체험을 해보고 많은 사람들을 생각이나 상황을 여러 입장에서 고민해 보는게 가장 좋다. 예를 들면 살면서 변호사들과 만날 일이 얼마나 있겠나. 그런데 '증인' 같은 법정영화를 하면서 그들과 만나서 그들의 이야기를 듣다 보면 인간극장 한 편을 보는 것 같다. 새로운 경험도 재밌고 경험에 대한 이야기를 듣고 변형을 통해 이야기를 창작하는 것도 즐겁다. 내가 즐겁다 보니 책임감도 생긴다. 사명감이라고 할 건 없지만 우리 아이가 볼 수 있는 영화들을 남기고 싶다. 예전에 호랑이는 가죽을 남기고 사람은 이름을 남긴다고 했는데, 이름보다 더 좋은 콘텐츠를 남기는 거니까. 그런 부분에 자부심이 있다. 우리가 만드는 데 뭔가 좀 다른 게 있어야 하지 않겠냐는 이야기를 동료들과 많이 한다. 똑같은 이야기를 하더라도 관점을 틀어 만들면 어떨까, 남들이 안 하는 이야기를 하면 어떨까 다양한 고민을 하는 거다. 내가 전달하고 싶은 게 하나 있다면 "그래도 인생은 살만하다."는 메시지다. 뉴스가 사는 게 항상 고단하다는 사실을 이야기만 한다면, 우리가 만든 영화를 보러 온 극장에서는 이런 고단함 속에서도 이런 사람도 있다고 보여주고 싶다. 세상은 그렇게 조금씩 아름다워 지는 거라고, 그 기분을 느끼게 해드리고 싶다.

스튜디오 드래곤의 주식을 일부 인수했다. 향후의 비전과 전망이 궁금하다.

　앞으로 영화와 드라마의 개념이 많이 바뀌게 되지 않을까, 하는 생각이 든다. OTT의 등장으로 이야기에 맞춰 좀 더 긴 상영시간이 필요하다면 꼭 극장에서 관객을 만나지 않아도 되는 세상이 되었다. 물론 극장이 주는 정서나 감성이 분명히 있지만 만드는 사람의 입장에서는 플랫폼에 맞게 기획을 하고 제작을 해야 한다고 본다. 영화 같은 드라마라는 말을 예전에는 많이 썼지만 요즘 영화보다 더 잘 만드는 드라마가 너무 많아진 세상이 되었다. 기획 단계에서 매체를 어떻게 정하는지가 중요하고 감독이나 스태프들의 교류가 더욱 활성화 될 것으로 기대한다. 내 입장에서는 스튜디오 드래곤의 무수히 많은 IP와 판권 인력들을 수혈 받을 수 있는 좋은 기회가 될 것으로 기대한다. 무비락에서 기획을 해서 스튜디오 드래곤과 영화나 드라마를 동시에 만들 수 있는 기회도 생겼다. 양쪽 영역 모두 확장되었다고 보면 맞을 것이다. 감독 및 스태프들의 장점을 살려 드라마를 제작할 수 있는 사례로 만들 것이다. 물론 반대로 드라마의 우수한 분들을 모셔와 영화를 만들 수도 있다.

차기작으로 어떤 작품들을 준비 중인가.

스튜디오 드래곤과 연말부터 〈반의반(가제)〉이라는 드라마 촬영을 시작한다. 〈유열의 음악앨범〉과 〈우아한 거짓말〉을 쓴 이숙연 작가의 대본이고 〈아는 와이프〉, 〈쇼핑왕 루이〉 등을 연출한 이상엽 감독과 함께한다. 정해인, 채수빈, 김성규, 이하나 등의 배우들이 캐스팅 되어 3월 중순에 tvN에서 방송될 예정이다. 영화는 조선호 감독과 〈다시 처음이라오(가제)〉라는 영화를 캐스팅 중이고, 이한 감독의 〈어바웃 어스(가제)〉를 12월 중으로 캐스팅 시작하려 한다. 김광태 감독의 〈어느날 갑자기〉는 각본 작업 중이다. 정지우 감독과는 차기작 선정에 대해 모든 걸 열어두고 이야기 중인데, 팬심으로써의 바램은 또 다른 사랑이야기를 만들어 주었으면 한다. 그밖에도 박세열 작가의 공포물인 〈초연〉, 유갑열 작가의 〈깡치 프로젝트〉, 최정미 작가의 〈덕암〉, 이수아 작가의 〈노 키즈〉, 박지하 작가의 〈꼴찌들이 온다〉 등을 각본 작업 중이다.

아토
김순모·김지혜·이진희·제정주
프로듀서

—

한국예술종합학교 영상원영화과(M.F.A) 기획전공 졸업
현, 아토 공동대표

김순모 프로듀서

영화
〈애비규환〉 (2020 개봉예정) 제작
〈생일〉 (2019) 프로듀서
〈소공녀〉 (2018) 제작
〈홈〉 (2018) 제작
〈그물〉 (2016) 프로듀서
〈우리들〉 (2016) 제작
〈메이드 인 차이나〉 (2015) 프로듀서
〈일대일〉 (2014) 프로듀서
〈신의 선물〉 (2013) 프로듀서
〈뫼비우스〉 (2013) 프로듀서
〈피에타 〉(2012) 프로듀서

김지혜 프로듀서

영화
〈우리집〉 (2019) 제작
〈용순〉 (2017) 제작
〈코리아〉 (2012) 프로듀서
〈스카우트〉 (2007) 프로듀서
〈아이스케키〉 (2006) 제작실장
〈광식이 동생 광태〉 (2005) 제작실장
〈사마리아〉 (2004) 제작부장
〈맛있는 섹스 그리고 거짓말〉 (2003) 제작부
〈일단 뛰어〉 (2002) 제작부

이진희 프로듀서

영화
〈용순〉 (2017) 라인프로듀서
〈남과 여〉 (2016) 제작관리
〈은밀하게 위대하게〉 (2013) 제작관리
〈페이스메이커〉 (2012) 제작실장
〈카운트다운〉 (2011) 제작부장
〈이층의 악당〉 (2010) 제작부장
〈반가운 살인자〉 (2010) 제작부장
〈불꽃처럼 나비처럼〉 (2009) 제작회계
〈용의주도 미스 신〉 (2007) 제작회계
〈리턴〉 (2007) 제작회계
〈오로라 공주〉 (2005) 제작회계

제정주 프로듀서

영화
〈한낮의 피크닉〉 (2019) 총괄프로듀서
〈우리 지금 만나〉 중 〈여보세요〉 (2019) 프로듀서
〈살아남은 아이〉 (2018) 제작/프로듀서
〈어른도감〉 (2018) 프로듀서
〈너와 극장에서〉 (2018) 총괄프로듀서
〈환상속의 그대〉 (2013) 프로듀서
〈무서운 이야기〉 중 〈앰뷸런스〉 (2012) 프로듀서
〈해결사〉(2010) 프러덕션슈퍼바이저
〈귀〉 중 〈내 곁에 있어줘〉 (2010) 프로듀서
〈밀양〉 (2007) 제작실장
〈오래된 정원〉 (2006) 제작실장
〈몽정기 2〉 (2004) 제작팀장
〈투가이즈〉 (2004) 투자회계
〈여자는 남자의 미래다〉 (2003) 제작부
〈마들렌〉 (2002) 제작부

TV
tvN 드라마 〈잉여공주〉 (2014)

'따로 또 같이.' 김순모, 김지혜, 이진희, 제정주 4명의 프로듀서가 의기투합해 만든 제작사 아토(ATO)의 운영의 전략이자 활동의 기반이 돼주는 대원칙이다. 한국예술종합학교 영상원 기획 전공 출신인 이들 4명은 기획자, 스토리텔러, 제작자라는 프로듀서의 역할과 정체성을 공유하며 건강하고 완성도 높은 영화를 만들어보자는 일념으로 프로듀서 중심의 제작사를 차렸다. 창립작은 윤가은 감독의 〈우리들〉(2016)이다. 아이들의 시선으로 아이들의 세계를 사려 깊고 섬세하게 그린 〈우리들〉은 제53회 백상예술대상 영화 시나리오상, 제37회 청룡영화상 신인 감독상, 제25회 부일영화상 신인 감독상 등을 수상하며 큰 관심을 모았다. 아토는 신생 제작사로서는 이례적으로 첫 작품부터 평단과 관객 양쪽으로부터 고른 지지와 호응을 이끌어내며 좋은 출발을 알린 것이다.

작품을 거듭할수록 아토는 자신들이 선호하고 관심 두는 영화가 무엇인지, 아토가 잘 해낼 수 있는 영화는 어떤 것인지를 증명한다. 열여덟 살 소녀의 사랑과 성장을 그린 〈용순〉(감독 신준, 2017), 가족의 의미를 다시 묻게 하는 10대 소년의 이야기 〈홈〉(감독 김종우, 2018), 정통 드라마로 소년의 죽음을 둘러싼 진실로의 접근을 그린 〈살아남은 아이〉(감독 신동석, 2018), 다시 한 번 윤가은 감독과 손잡고 만든 〈우리집〉(2019), 그리고 2020년 개봉 예정인 최하나 감독의 〈애비규환〉에 이르기까지. 하나같이 아이들 혹은 소년 소녀들의 내면과 이면, 가족 공동체의 균열과 그 틈새에 있는 진실을 보여주고자 하는 영화다. 아토는 이제 막 다섯 편의 영화를 만들었을 뿐이지만 그들의 지향과 색깔만큼은 더없이 확실해 보인다.

물론 이 말은 아토가 정형화된 이야기를 반복한다거나 자신들의 틀을 깨지 않는다는 의미와는 전혀 다르다. 아토는 침착하게 자신들의 서사적 관심사를 벼르며 작품의 완성도를 높여가고 있다. 그와 동시에 최근에는 회사의 외연을 넓히고 제작의 규모를 키우는 방향을 적극적으로 모색하려 한다. 그러기 위해서는 물론 넘어야할 산이 많다. 그동안 아토는 적은 예산으로 작은 규모의 영화를 만들면서 어떻게 하면 보다 안정적인 제작 운영을 가능하게 할 것인가를 고심해왔다. 이러한 고민은 영화 산업 내에서 독립영화가 직면하고 있는 난제와 상당 부분 맞물려 있는 문제이기도 하다. 그렇기에 아토의 외연 확장의 실마리는 기획개발에서부터 투자, 제작, 배급, 홍보 마케팅 등 영화 제작의 각 단계를 거치며 프로듀서로서 체감한 현실적인 문제와 한계, 제안하고 싶은 정책적 방향 등과 함께 두고 이야기해야만 한다. 상황은 결코 녹록하지 않지만 그럼에도 아토는 표준근로계약서 작성과 수익 배분 등을 둘러싼 나름의 원칙을 마련했고 실천으로 옮기고 있다. 이 또한 건강한 창작 공동체를 지향하는 아토의 지향일 것이다. 아토의 프로듀서들이 들려주는 아토 이야기를 전한다. 그 속에서 프로듀서의 역할을 짐작해보고 아토의 다음 행보를 가늠해볼 수 있으리라 기대한다.

글 · 정지혜

아토의 김지혜 프로듀서가 이번 책자의 기획 단계부터 적극적으로 참여했다. 프로듀서들 간에 머리를 맞대고 활로를 모색하는 자리가 꼭 필요하다고 판단했을 것이다. 그런 생각을 하기까지는 영화 산업 내에서 프로듀서의 입지와 역할을 둘러싼 위기감이 감지되고 프로듀서의 역할 재고를 둘러싼 논의가 있지 않았을까 싶다.

김지혜　　영화 산업에서 힘이 대기업 중심으로 쏠리다 보니 프로듀서들이 상당히 위축됐다. 내가 영화 일을 처음 시작한 2000년대 초반과 비교해도 현재 프로듀서의 위축의 정도는 상당히 심하다. 어째서 이렇게까지 됐을까. 프로듀서 역시 영화를 만드는 과정에서 굉장히 중요한 일을 하는 사람인데 말이다. 현재 프로듀서는 산업 내에서 어떤 위치에 있고 어떤 상태에 처해 있는 걸까. 과연 우리에게 대안과 전망은 있는 걸까. 그런 생각을 하다 보니 우선은 현 상황을 제대로 바라봐야겠더라. 문제가 있다면 그 원인을 찾아봐야 했다.

위축에 관해서 좀 더 구체적으로 말해보자. 대기업 중심의 자본 편중에 관해 말했다. 가장 직접적으로는 자본력과 시스템을 갖춘 대형 투자배급사와 감독들이 프로듀서를 거치지 않고 직접 일을 하는 게 있을 수 있겠다. 과거 제작사가 투자배급사와 감독을 이어주거나, 작품의 기획에서부터 제작 이후 단계까지를 관장하던 것과는 확연히 달라진 양상이다. 그러면서 프로듀서의 역할이나 일의 범위가 줄거나 분화된 게 아닌가.

제정주　　영화산업의 변화와 함께 제작사의 기능이 바뀌고 있으니까. 기획과 투자, 배급과 마케팅의 전문영역에서 자본과 규모를 갖춘 투자배급사가 과거의 제작사에서 담당했던 역할들을 나눠가지니까 제작사로서의 역할이 당연 줄어들 수밖에 없다.

김순모　　프로듀서들이 변화하는 시대를 따라가지 못하고 있다는 생각도 많이 했다. 오히려 세상의 변화를 가장 빠르게 받아들이고 신속하게 대처하는 쪽은 자본을 대는 사람들과 감독들이다. 지금 시대에 가장 중요한 건 콘텐츠가 아닌가. 감독이야말로 그 자체로 하나의 콘텐츠로서 각광받는다. 과거에는 제작사를 통해 감독을 만나고 정보를 공유해야만 했다면 이제는 과거와 같은 브릿지로써의 제작사의 역할은 불필요해졌다. 콘텐츠를 만드는 감독 입장에서는 당연히 투자자를 직접 만나는 게 좋을 테니까. 그렇다면 프로듀서는 다른 역할을 찾아야 하고 또 다른 역할을 해야만 한다. 그게 뭘까. 또 어떻게 하면 되는 걸까. 그런 질문에 프로듀서들이 빠르게 답을 찾지 못하고 있는 게 위기감을 불러일으킨 원인 중 하나일 것이다.

광화문시네마나 봄내필름과 같은 감독 중심의 제작사와 다르게 프로듀서 중심의 아토가 체감하는 위기의 정도는 또 다를 것이다.

제정주　매해 제작되는 작품 편수, 제작비 규모는 계속해서 늘어나고 있다. 제작비 100억, 천만 관객이 새삼 놀라울 일은 아니니까. 그래서 기획의 과정을 거쳐 투자까지 이루어지는 상업영화들에 기준이 생겼고, 이 기준은 곧 기획의 다양성을 헤치는 것 같은 생각이 많이 들었다. 아토에서 그동안 만들었던 영화들이 모두 저예산영화라 광화문시네마, 봄내필름과 같은 제작사의 고민과 크게 다르진 않다. 두 회사에 비해 아토는 피디들이 모여 있으니 제작사로서의 위기감을 더 빨리, 깊이 느끼는 것일 뿐.

총괄, 책임, 라인 프로듀서 등 프로듀서의 크레디트만 봐도 역할의 분화를 알 수 있다.

김순모　한국에서 프로듀서는 현재 라인 프로듀서(예산과 일정에 따른 제작 진행을 관리하는 프로듀서)에 가깝다. 영화의 시스템은 몰라도 일단 자본을 끌어올 수 있다거나 콘텐츠를 확보할 수만 있어도 총괄 프로듀서가 되기도 한다. 그런 의미에서라면 누구나 영화를 만들 수 있게 된 셈이다.

위기 속 첫 발,
아토의 출발

시장 상황이 프로듀서에게 결코 유리하지 않았던 2014년에 아토(ATO, 이하 아토)를 만들었다. 회사를 만들게 된 이유, 혼자가 아니라 함께하면서 기대했던 바가 있었을 것이다.

이진희   비슷한 시기에 학교를 다녔고 졸업 이후에도 주기적으로 만났다. 그러다가 '우리 좀 더 생산적인 일을 해볼까?'라는 생각을 했다. 2014년 한국예술종합학교(이하 한예종) 졸업영화제 때 봤던 단편영화들의 배급을 시도해보자는 것으로 시작됐다. 그러다가 기획개발도 해보고 싶어졌고 회사가 있으면 넷이 같이 뭔가를 해볼 수 있지 않을까 하는 막연한 기대가 있었다.

제정주   네 명 모두 영화 현장에서 얼마간 경험을 쌓고 뒤늦게 학교에 들어간 경우다. 학교 졸업하고 몸이라도 녹일 곳이 필요했다. (웃음) 영화 제작에 대한 비슷한 고민을 하고 있던 터라 나이도 비슷하고 현장 경험도 얼추 비슷한 넷이 있으니 뭐라도 할 수 있지 않을까 하는 생각이었다. 혼자 하긴 어렵지만 여러 명 있으니 묻어갈 수도 있고. 단편 배급으로 시작한 건 배급 그 자체에 뜻이 있었다기보다는 배급 과정에서 앞으로 파트너가 될 수도 있을 감독들, 스태프들을 만날 수 있을 거라는 기대감 때문이다.

영화의 여러 파트 중에서 어떻게 프로듀서에 관심을 갖게 된 건가. 영화 일을 시작하게 된 이유도 궁금하다.

김순모   솔직히 말하면 깊이 생각하고 뛰어든 건 아니었다. 이민용 감독의 제작부를 시작으로 해천필름을 거쳐 우문기 감독의 〈서울유람〉(2012)의 프로듀서로 참여했다. 그러다 한예종에 입학했고 때마침 김기덕 필름의 작품에 참여하게 됐다. 그 일련의 과정에서 영화 한 편을 기획해서 제작하기까지가 정말 어렵다는 걸 알았다. 준비하던 작품이 엎어지기도 했다. 그러다 보니 오히려 오기가 생기더라. (웃음)

이진희　누구나 얼마쯤은 영화를 좋아하고 영화에 관심을 갖고 있지 않나. 돌이켜보면 나 또한 중고교 시절에 영화를 많이 챙겨봤다. 영화 잡지도 사서 열심히 읽었고. 하지만 영화 일을 바로 시작하지는 못했다. 한동안 증권사를 다녔다. 그 일을 그만둔 뒤에야 내가 좋아하는 영화가 어떻게 만들어지는지 알고 싶어졌다. 당시만 해도 프로듀서가 감독과 마찬가지로 영화 작업 과정에서 상당히 큰 역할을 하던 때다. 제작 파트부터 시작했다. 이스트필름에서 방은진 감독과 준비했던 영화가 있었는데 결국 진행이 안 됐다. 정말 열심히 했는데 엎어지니까 나 또한 묘한 오기가 생겼다. 지금 생각하면 그때 그만뒀어야 했는데…. (웃음) 이후 방은진 감독의 〈오로라 공주〉(2005)에 제작회계로 참여했다. 〈불꽃처럼 나비처럼〉(감독 김용균, 2009) 등의 제작회계로 일하다가 한예종에 입학했다. 그때 마침 영화사 봄의 오정완 대표가 학교에 강의를 나오셨다. 그러면서 나에게 함께 일해보자고 제안해주셔서 〈카운트다운〉(감독 허종호, 2011)의 제작부장, 〈남과 여〉(감독 이윤기, 2016)의 제작관리 등을 진행했다. 그렇게 여기까지 왔다. '변화하는 시장에서 나는 얼마나 그 변화에 맞춰가고 있나.'를 생각해본다. 그런 면에서 보자면 나는 요즘 방황기를 맞고 있다. (웃음)

김지혜　고등학교 시절 감독이 되고 싶다는 꿈을 꾼 적이 있다. 대학을 영화과로 진학하지는 않았지만 영화를 향한 관심만큼은 놓지 않았다. 제1회 부천국제판타스틱영화제 자원활동가로 참여했다. 그때 서울예술대학교 영화과 출신의 김동원 감독(〈해적디스코왕이되다〉 연출)을 알게 되었고 단편영화 촬영현장을 경험하게 되었다. 그러면서 '아, 감독은 나와 맞지 않는 일이구나'를 바로 알았다. (웃음) 때마침 제작자, 프로듀서에 관한 기사를 읽으면서 프로듀서라는 직업을 알게 됐고 그 일을 해보고 싶다

는 꿈을 키웠다. 그때 나의 롤 모델은 명필름의 심재명 대표였다. 물론 김
미희, 오정완, 차승재 대표도 있다. 대학 졸업 후에 한겨레교육문화센터
의 영화 과정 수업을 들었는데 김혜준 현 공정환경조성센터장이 강사로
오셨다. "피디가 되고 싶다."고 하니 "현장으로 가라."고 하더라. 막막했
다. 부천국제영화제 때 만난 김동원 감독에게 조언을 구해 제작사 기획시
대를 알게 되었고, 기획시대에서 곧 시작하는 다른 팀의 영화가 있다며 피
디님과의 미팅을 마련해 주었다. 그게 조의석 감독의 〈일단 뛰어〉(2002)
였다. 제작부 막내로 들어갔고 그게 시작이었다.

제정주　　중고교 시절 유일한 취미는 비디오대여점에서 값싼 비디오를 잔뜩 빌려와 밤새보고 다음 날 친구들에게 쉬는 시간마다 전날 본 영화의 줄거리를 설명해주는 일이었다. 공부는 뒷전이고 밤새본 영화, 수업시간 몰래 읽었던 소설에 빠져 고교시절을 보냈다. 그러다 부산국제영화제에 스태프로 일하면서 영화제의 이상한 열기에 매료되었고 나도 영화를 만드는 사람이 되고 싶었다. 특히 프로듀서, 제작자가 되고 싶다는 막연한 포부를 가지고 무턱대고 서울에 올라와 〈마들렌〉(감독 박광춘, 2002)의 제작부로 현장 일을 처음 경험했다. 이후 홍상수, 임상수, 이창동 감독 작품에 참여했고, 뒤늦게 한예종에 입학했다. 작가의 개성이 강하게 묻어나는 작품들을 제작해 보고 싶은 마음이 컸다.

아토 하면
섬세하고 탄탄한 드라마

4명의 프로듀서가 각자 관심 있는 아이템을 개발하고 그 각각에 큰 문제가 없으면 제작에 들어가는 것으로 안다. '따로 또 같이'의 대원칙으로 회사를 운영하는 거 같은데. 작품을 선택할 때의 기준, 제작을 결정하는 아토만의 방식이 있다면 말해 달라.

김지혜　　각자의 활동으로 정말 바쁘다. 창립 초기에는 일주일에 한 번이라도 만나 회의를 하곤 했는데 요즘은 분기별로 만나는 정도다.

이진희　　지금은 거의 각자도생하는 시스템이랄까. 각 작품을 기획, 개발하는 프로듀서를 지지하는 방식으로 협력한다. 각 프로듀서의 작품에 다른 프로듀서가 관여하는 일은 거의 없다. 작은 예산의 영화에서는 하나의 몸으로 다양한 일을 소화하는 게 노하우라면 노하우랄까. 그러면서 4명의 프로듀서 저마다가 다 자기 식의 제작 방식이 생긴 거 같다.

제정주　　작품이 제작에 들어가려면 4명의 동의가 있어야 한다. 가장 우선되어야 하는 것은 당연히 시나리오의 완성도다. 작품을 보는 눈이랄까, 취향이랄까. 그런 부분은 말하지 않아도 어느 정도 공유되는 게 있다. 지금까지 만든 작품만 봐도 그렇다. 가족, 아이들 이야기가 많다. 김순모 피디가 책임지고 있는 아토의 여섯 번째 작품 〈애비규환〉은 그 가운데서도 좀 더 장르적 개성이 강하다고 할까. 작품을 해나갈수록 우리 안에서 개선해야 할 점들이 보이고 그게 매번 다음 작품에 반영된다.

김순모　　각 작품마다 선택의 이유나 제작의 상황이라는 게 조금씩 다 다르다. 창립작인 〈우리들〉은 한예종 영상원과 CJ버터플라이 콘텐츠 기획개발팀의 산학협력 프로젝트로 개발된 시나리오였다. 아토가 제작 의뢰를 받았다. 투자자도, 감독도 이미 다 정해져 있었다. 당시 우리는 완전 신인 프로듀서였던지라 신인 감독을 찾아야 했는데 좋은 기회로 먼저 제작 제안을 받은 것이다. 첫 작품이라는 부담을 덜 수 있었다.

이진희　　타이밍이 상당히 좋았다. 우리도 회사를 차린 직후였고 윤가은 감독도 제작사를 찾아야 했던 때다.

김지혜　　윤가은 감독의 시나리오가 정말 좋았다. 감독의 전작 단편들도 훌륭했다. 더할 나위 없이 좋은 시나리오였다. 연출자, 작품에 대한 기대가 컸다. 제작사로서 첫발을 내딛을 때 좋은 시작이 돼줄 거 같았다. 1억의 제작비로 시작해 표준계약을 준수해 작업하면서 순제작비가 1억 5천으로 마무리됐다.

제정주　　연출자가 기획의 과정을 정말 열심히 진행했다. 프로듀서로서 감독이 고민할 때 흔들리지 않게끔 제작의 환경을 잘 만들어가는 게 중요했다. 더구나 저예산이라 현장을 안정적으로 운영할 수 있게끔 토대를 만들어야 한다. 〈우리들〉은 촬영 때보다도 후반작업을 거듭하면서 조금씩 나아지는 게 보였다. 아주 사소한 것에서부터 큰 것까지 잡아나갔다.

김순모　　CJ 측에서 표준근로계약서를 작성했으면 좋겠다고 제안해왔다. 저예산 영화지만 표준근로를 준수해보면 어떻겠느냐고 하더라. 저예산 영화의 스태프들은 인건비조차 제대로 받기 어려울 때가 많다. 법적 테두리를 벗어나지 않는 선에서 우리 나름의 시도를 해봤다.

제정주 선례가 됐다고 생각한다. 아토가 제작을 거듭할수록 매번 고민이 깊어진다. 충분하지 않은 예산으로 어떻게 이 영화에 맞는 표준근로계약서를 만들고 적용할 수 있을까. 프로덕션을 진행할 때도 이 영화에 맞게 움직이려면 어떻게 해야 할까. 제작 환경을 바꿔나가는데 목소리를 내야한다고 본다. 적어도 아토가 만드는 영화라면 표준근로계약서를 적용해가보자, 저예산의 프로덕션에 맞게끔 예산과 스케줄 운용을 잘 해보자는 우리 안의 공통의 인식이 있었다. 스태프들에게 적절한 금전적 보상을 못한다면 제작 이후에라도 수익이 났을 때 일정 부분이라도 받을 수 있게끔 지분을 나눠보려 했다. 〈우리집〉을 제외하면 그간 아토의 영화는 순제가 1억~3억 사이였다. 이 작은 예산으로 완성도 있는 영화를 만들어내는 건 정말 어렵다. 제작비의 규모를 어떻게든 늘려가야 한다.

김지혜 제작은 〈우리들〉이 먼저 들어갔지만 아토의 제1호 계약 영화는 〈용순〉이다. 2014년 2월 한예종 졸업 영화제 때 감독의 단편 〈용순, 열여덟 번째 여름〉(2014)을 보고 정말 좋아서 내가 장편화를 제안했다. 감독도 의지가 있어 진행을 시작했는데 투자가 그렇게까지 어려울 줄은 생각도 못했다. (웃음) 영화진흥위원회(이하 영진위)의 독립영화 제작지원으로 1억을 받았다. 그게 씨드 머니가 돼줬다. 이 작품 이전에 내가 경험한 영화 현장은 아무리 작은 규모라고 해도 〈사마리아〉(감독 김기덕, 2004) 정도였다. 그 영화만 해도 5억에 11회 차 촬영이었으니까. 〈용순〉을 1억으로 진행한다는 건 내 인생일생의 큰 과제였다. 앞서 〈우리들〉의 진행한 경험이 없었다면 아예 답이 안 나왔을 거다. 다행히 손익분기점을 넘겼다. 적은 금액이지만 수익을 스태프, 배우들과 나눴다. 또 지분도 나누기로 했다. 키 스태프에게 2%, 다른 스태프에서 1%씩을 전달했다.

제정주　　결과적으로 그간 우리가 만든 영화들이 하나 같이 비슷한 결을
가지고 있다. 가족이라는 키워드 아래 주변의 일상적인 이야기들을 섬세
한 드라마로 보여줬다. 완성도 측면에서도 어느 정도 이상 되는 영화였다
고 생각한다. 영화 내용적으로도 누군가를 해치거나 망가뜨리며 전개되는
영화도 아니다. 적어도 우리들끼리는 좋은 이야기를 잘 살려서 완성도 있
는 영화를 만들어보자는 생각이었던 거다. 앞으로 우리가 제작할 영화의
예산과 규모, 장르도 다양해지겠지만, 재미있으면서도 완성도 있는 작품
을 만들겠다는 생각만큼은 변함이 없다.

김지혜　'아토의 영화는 이러 했으면 좋겠다'라고 서로 간에 합의를 하거나 이야기를 구체적으로 나눠본 적은 없다. 다만 결과를 놓고 보니 비슷한 카테고리로 묶이는 영화였던 거다. 각자가 원하는 작품을 했는데 결과적으로 비슷한 결의 작품이 나왔다. 앞으로 해보고 싶은 작품은 앞선 작품들과 색깔이 좀 다를 수도 있다. 아토의 세컨드 브랜드라도 만들어야 할까. (웃음)

김순모　〈홈〉은 감독이 자신이 자라온 환경을 오랫동안 되돌아보면서 시작된 이야기다. 감독의 이야기를 듣고 영화적으로도 충분히 가치가 있겠다 싶어서 내가 영화화를 해보자고 제안했다. 투자사가 손해를 입지 않

는 선의 결과면 정말 좋겠다는 마음으로 시작했다. 약 1년 정도 감독과 함께 시나리오 작업을 했다. 제작지원금만으로 제작이 어려워 직접 투자를 받을 수 있는 방법을 찾았다. 감독이 부산 출신이라 부산영상위원회의 문을 두드려 7천 만 원을 받았다. 지난 정부 하에서 만들어진 부산의 창조혁신펀드를 이용해 독립영화 투자 1호 작이 되기도 했다. 그 펀드의 경우, 투자사가 있어야 한다는 조건이 붙었던지라 곧바로 리틀빅픽쳐스를 찾아갔다. 캐스팅도 쉽게 됐다. 그렇게 총 제작비 3억 5천이 조금 못 되는 제작비로 진행했다. 그런데 아쉽게도 손익분기점을 넘지는 못했다. 독립영화도 자기 자본금이 있거나 정부 지원금으로 만드는 게 아니라면 투자금 환수에 책임감을 가져야 한다. 제작사로서의 책임감이기도 하다. 그러다 보니 종종 선택하는 방법이 스태프의 수를 줄이고 회차를 줄이는 방법밖에 없어서 항상 아쉽다.

투자자의 외면,
평단의 지지

<살아남은 아이>는 신동석 감독이 시나리오를 들고 직접 아토를 찾아와 제작을 해보자고 하면서 시작된 경우로 안다.

제정주 감독이 영화를 만들고 싶다며 함께할 피디를 찾고 있었다. 아토의 전작들 덕분이다. 감독이 '이런 영화들을 만든 제작사라면 같이 해봐도 좋겠다.' 라는 신뢰가 있었던 거 같다. 〈살아남은 아이〉는 시나리오부터 정말 좋았다. 게다가 감독이 영진위 지원금까지 받아둔 상태였다. 이 정도의 시나리오라면 다른 제작 지원금도 충분히 받을 수 있겠다는 판단이섰다. 작은 규모지만 살림을 잘 꾸리면 충분히 만들 수 있을 영화였다. 더많은 관객들이 이 영화를 보면 좋겠다는 마음으로 투자배급사에 시나리오를 돌려보기도 했다. 결과는 역시나 잘 안됐다.

<살아남은 아이>는 제22회 부산국제영화제 국제영화평론가 협회상, 제43회 서울독립영화제 최우수장편상, 제19회 부산영화평론가협회상 각본상 등을 받으며 평단에서 고른 지지를 받았다. 하지만 상업영화의 투자사들이 관심을 보일만한 영화는 아니었을 거다. 이 영화의 투자, 배급의 단계에서 어떤 시도와 설득의 과정이 있었을까. 그때 어떤 지점이 가장 풀기 어려웠나.

제정주　　〈살아남은 아이〉는 영진위나 성남문화재단의 제작지원금과 부가판권의 선판매로 제작비를 마련했다. 〈살아남은 아이〉뿐 아니라 독립영화 대부분이 제작지원금에 의존할 수밖에 없다. 시나리오와 주연배우, 일부 제작비를 마련해놓고 투자배급사에 제안했지만 답은 역시나 대부분 "대중성이 없으니 장르성을 추가하고, 인지도 있는 배우를 캐스팅해야 한다." 같은 말을 한다. 〈살아남은 아이〉가 받아들일 수 있는, 할 수 있는 게 없더라. 쎈 장면, 특정 시퀀스를 넣으면 투자를 해볼 수도 있다는 곳도 있었지만 이 영화의 제작의도, 영화의 결이 아주 달라지는 것 같아 제안은 성사되지 않았다. 결국 외부 투자 없이 기관의 제작지원금과 부가판권 선판매 비용만으로 제작할 수밖에 없었다. 〈살아남은 아이〉는 약 만 명의 관객으로 손익분기점을 넘진 못했다. 작은 제작비라도 돈을 쓴 누군가에게 손해를 끼치지 않고, 참여한 모두에게 부끄럽지 않은 영화를 만들고자 했는데 결과적으로 누군가는 손해를 보게 되었다. 독립영화 시장 안에서도 캐스팅, 부가, 해외 등의 상황을 고려하고 구체적인 전략을 세워야 한다.

기획, 제작부터 홍보 마케팅에 이르기까지 전략이 필요하다고 말했다. <살아남은 아이>의 경우는 어땠나.

제정주　　감독에게 시나리오를 받고 개봉에 이르기까지 작은 것 하나하나 상의하고 같이 만들어갔다. 캐스팅과 관련하여 감독과 내가 생각하는 배우들이 미리 말하지도 않았었는데 동일한 배우들이다. 영화제작에 대한 태도와 마음이 통했기 때문일 것이라 생각되는데 연기 잘하는 수많은

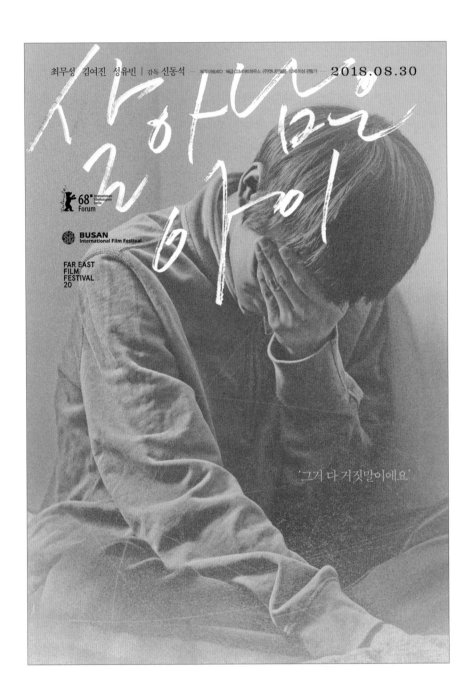

배우들이 역할의 크기와 상관없이 참여해주었다. 이 배우들이 영화의 완성도를 높이는데 큰 역할을 했다. 전략이 있어야 한다고 말은 했지만 사실 독립영화 제작에 있어 어떤 전략을 세울 수 있을까 하는 생각이 든다. 〈살아남은 아이〉는 홍보 마케팅의 전략이랄 게 없었다. 그나마 이 영화가 제68회 베를린국제영화제 포럼부문에 상영됐던지라 홍보용 포스터에 한 줄 들어갈 수 있었다. 하지만 지금의 관객들에게는 그런 게 큰 의미가 되진 않는다. 개봉을 준비하면서는 '이 영화는 기존의 독립영화 관객을 유지하는 홍보를 해야 하는 걸까, 어떻게 하면 독립영화에 대한 진입장벽이 높은 새로운 관객을 끌어들이는 방법을 찾을 수 있을까'에 대한 고민이 들었다. 좋은 비평을 듣고, 수상을 하고 해외영화제에 상영을 한건 많은 독립영화들이 그러해서 특이사항이 아니었고, 어둡고 무거운 주제의 독립영화를 배급, 마케팅 함에 있어 여러 시도를 하고, 노력했지만 한정된 예산이 주는 홍보의 한계, 독립영화 코어관객에게 팬덤이나 N차 관람까지의 호응을 끌어내기에는 전략으로만 되는 것은 아니라는 것을 알게 되었다.

제작과 개봉의 일련의 과정을 거치면서 실질적으로 필요한 지원의 방향은 어떠해야 한다고 보나. 투자배급사에게 요청하고 싶은 것도 있을 것이다.

제정주　　최근 신규 투자배급사들이 많이 생겼다. 독립영화, 중저예산 영화를 제작하는 나로서는 신규 투자자들의 투자방식에 관해 많은 관심이 생겼는데, 내가 너무 순진한 기대를 하고 있는 것 같은 생각이 들었다. 내가 기획하고 있는 영화들은 기존의 상업영화와 결이 다른 영화들인데 이런 영화들이 만들어질 수 있는 기회가 공적지원금 뿐이라면 상당히 힘 빠지는 일이 아닐 수 없다. 저예산 영화는 기존의 상업영화가 투자, 배급되는 과정에서의 선택기준과는 달라야 할 것이다. 무조건적인 지원을 바라는 것이 아니라 중저예산 영화 투자방식의 다변화, 극장에만 의존하지 않는 배급과 유통, 마케팅에 대한 고민과 과감한 시도가 필요하다.

윤가은의
〈우리 집〉으로 시도한 것들

아토의 창립작으로 아토를 제대로 알린 〈우리들〉의 윤가은 감독과 〈우리집〉을 제작했다.

김지혜 〈우리집〉은 제작비가 5억 원으로 그간 아토에서 제작한 작품 가운데 규모가 가장 크다. 영진위의 예술영화지원작품으로 3억 1천만 원, 서울영상위에서 서울 배경 영화 지원으로 3천만 원, 2017년 부산국제영화제 아시안 프로젝트 마켓(Asian Project Market)에서 1천만 원 등을 마련했다. 〈용순〉 때 맺은 인연으로 롯데 아르떼 클래식에서 3억 원을 투자 받았다. 〈우리들〉 이후 원래 윤가은 감독이 준비하던 영화는 〈소라〉라는 작품이었다. 시나리오를 발전시켜가던 중에 감독이 이 이야기보다 먼저 해야 할 이야기가 있다고 했고 그게 〈우리집〉이다. 2018년 1월부터 본격적으로 기획개발에 들어갔다. 윤가은 감독은 영화를 참 잘 만드는 재능 있는 감독이다. 하지만 재능만 믿는 감독은 절대 아니다. 누구보다 함께 일하는 사람들의 의견에 귀를 기울인다. 제작 과정에서 아집에 빠지지 않고 스태프들의 이야기를 잘 듣고 작품에 반영한다. 감독 자신만의 작품이 아니라 함께 일하는 스태프들과 함께 만드는 작품이라는 생각이 아주 강하다. 그리고 무엇보다도 성실하다. 내가 영화를 시작한 2000년대 초반부터 지금까지 본 수많은 감독들 가운데 윤가은 감독만큼 열심히 하는 감독이 있었나 싶을 정도다. 재능과 훌륭한 태도까지 겸비했다. 정말 보고 있으면 질투가 날 정도로. (웃음) 또 〈우리집〉은 표준근로계약에 맞춰 진행했다. 〈우리들〉의 스태프들과 다시 한 번 작업했다. 그때의 고마운 마음을 이렇게라도 보답하고 싶었다. 〈우리집〉은 40회 차를 소화하면서 점심시간까지 포함해 1일 촬영 시간은 11시간이 넘지 않으려 했다. 물론 넘는 날도 있었지만, 감독이 현장 상황을 이해해 준다면 이런 진행이

아예 불가능한 건 아니더라. 스태프 개별 의사에 따라 원하는 경우 4대 보험 계약을, 원하지 않을 시는 용역 계약을 진행했다. 나는 그간 영화 일을 해오면서 단 한 번도 4대 보험 계약을 해본 적이 없다. 그런데 내가 제작하는 영화에서 이런 시도를 한 것이다. 의미가 있더라. 재무를 담당하는 이진희 피디가 큰 역할을 해줬다.

이진희　각자 잘 할 수 있는 일로 도움을 주고받을 뿐이다. 노무사나 세무사에 비용을 주고 4대 보험 계약을 진행하는 상업영화 쪽과 달리 독립영화사들이 4대 보험을 적용하기가 정말 쉽지 않다. 급여가 일반 회사처럼 매번 같은 것도 아니고 프리 프로덕션, 프로덕션마다도 보수가 다르고.

김지혜　또 〈우리집〉은 어린이 배우들과 함께하는 촬영현장이다 보니 이와 관련해 윤가은 감독이 정말 꼼꼼하게 준비했다. 아역 배우들과의 작업에 따른 일종의 수칙, '어린이 배우들과 함께하는 성인분들께 드리는 당부의 말씀'을 만들어서 시나리오 북 맨 앞장에 붙였다. 예컨대 어린이 배우가 아니라 한 명의 배우라고 생각하라거나 배우를 칭찬할 때도 외적인 부분보다는 배우로서의 태도와 집중력에 초점을 맞춰 해달라거나 하는 것이다.

제정주　　남순아 감독이 〈걷기왕〉(감독 백승화, 2016) 때 콘티 북에 성희롱 예방 교육의 일환으로 관련 지침서를 넣었던 것도 같은 맥락이다. 그 시도가 영화계 전반에 얼마나 큰 긍정의 변화를 이끌었나. 윤가은 감독이 굉장히 중요한 작업을 했다.

김지혜　　최근에 아우라픽처스의 정상민 대표도 아역 배우와 함께 작업할 일이 있다며 조언을 구해왔다. 그래서 윤가은 감독이 만든 수칙을 공유했다.

어린이 배우들과 함께 하는 성인분들께 드리는 당부의 말씀

00. 〈우리집〉의 현장은 어린이와 성인이 서로를 믿고, 존중하고, 도와주고, 배려하는 것을 제1원칙으로 합니다.

어린이 배우들을 프로 배우로서 존중하며, 성인과 동등한 인격체이자 삶의 주체로서 바라봐주세요. 항상 어린이 배우들의 말에 귀 기울여 주시고, 함께 영화를 만들어가는 동료이자 든든한 보호자가 되어주세요.

01. 어린이 배우들과 신체 접촉을 할 때는 주의해주세요.

머리를 가볍게 쓰다듬거나 손을 잡는 행위 등의 가벼운 접촉도 조심하셔야 합니다. 혹시 진행상 필요한 부분들(의상과 헤어 정리, 와이어리스 마이크 착용 등)이 있을 때도 어린이 배우들 본인 혹은 보호자와 스태프에 미리 공지하고 사전에 동의를 구해주시기를 꼭 부탁드립니다.

02. 어린이 배우들 앞에서는 전반적인 언어 사용과 행동을 신경써주세요.

자신도 모르게 쓸 수 있는 욕설과 음담패설 등을 자제해주시는 것은 물론, 어린이들의 외모나 신체를 어른의 잣대로 평가하는 단어는 신경써주시기 바랍니다. 못생겼다, 뚱뚱하다, 키가 작다, 같은 부정적인 표현들뿐만 아니라, 얼굴이 부었다, 뾰루지가 났다, 같은 묘사들조차 어린이 배우들에게는 큰 영향을 줍니다. 어린이들이 자신의 신체에 대해 고민하더라도, 괜찮다고, 지금 그대로도 충분히 좋다고 가볍게 넘겨주세요.

03. 어린이 배우들을 칭찬을 할 때는 외적인 부분보다는 배우로서의 태도와 집중력 등에 더욱 초점을 맞춰주세요.

예쁘다, 날씬하다, 말랐다, 귀엽다 같은 외모적 칭찬 시에도 어린이들이 집착하지 않도록 주의해주셔야 합니다. 또한 여러 배우들이 함께 있을 때에는 서로 비교되어 상처받지 않도록 모두 고루 칭찬해주는 것이 필요합니다. 성별과 연령대, 주조연의 위치와 상관없이 성실한 태도와 집중력, 건강한 생각 등을 칭찬해 자존감을 높여주세요.

04. 어린이 배우들이 촬영장에서(대기 시간과 셋업 시간 포함) 혼자 충분한 시간을 갖고 준비할 수 있도록 도와주세요.

어린이들의 경우 종종 프로 배우로 인식되지 않아 성인 스태프들이 되레 잡담을 유도할 우려가 있습니다. 그리고 어린이들 본인들도 배우로서 촬영을 준비하고 집중해야 할 때를 놓쳐 산만해지기 쉽습니다. 그런 때는 가볍게 주의를 주시고 정신을 흐트러뜨릴 수 있는 대화를 피해 최대한 집중할 수 있도록 도와주세요.

05. 어린이 배우들이 하루 10시간 정도의 촬영 시간만큼은 오직 촬영 자체만 생각할 수 있도록 도와주세요.

쉬는 시간, 점심시간에 대화를 나눌 시에도 자극적인 요소가 없는지 다시 한 번 생각해주세요. 촬영 중에는 보호자로서 옆에 가만히 있어주는 것만으로도 배우들에게는 충분히 도움이 됩니다. 사담은 최대한 촬영장 밖에서 나눠주실 것을 부탁드립니다. 그때에도 물론 대화 내용은 꼭 점검해주세요.

06. 어린이 배우들의 건강 문제에 늘 신경써주세요. 무더운 여름이라 특히 어린이들의 체력과 건강이 염려됩니다.

아주 작은 문제라도 언제든 감독과 피디, 연출제작부, 혹은 보호자 등게 반드시 공유를 부탁드립니다. 또한 어린이들이라 생리현상을 해결하는 것에 눈치를 많이 보고 큰 부끄러움을 느끼기도 합니다. 생리현상이 절대 창피한 일이 아님을 알려주고, 사람이 많은 곳에서는 더욱 신중하게 물어봐주시기 바랍니다.

07. 어린이 배우들의 안전 문제를 각별히 신경써주세요.

특히 외부 촬영이나 이동시 정신없을 때 어린이 배우들이 스태프나 보호자 없이 홀로 남겨지는 경우가 있습니다. 어떤 상황에서라도 어린이들이 혼자 있는 일이 없어야 하며, 항상 스태프나 보호자가 동반되어야 합니다. 차량에 의한 교통사고, 외부인들의 접근, 각 스태프들과의 사적인 관계 또한 각별히 신경써주시기 바랍니다.

08. 어린이들은 항상 성인 여러분을 지켜보고 있습니다. 매 순간 여러분의 모든 것을 배우고 있습니다.

여러분의 아주 작은 말과 행동 하나까지도 어린이들에게 아주 훌륭하거나 아주 나쁜 영향을 끼칠 수 있습니다.

어린이들의 멋진 거울이 되어주세요.
존중할 수 있고 믿을 수 있는 좋은 어른이 있다는 것을 직접 보여줍시다!

상업적 고려,
플랫폼 다각화

아토가 독립영화만 하는 건 아니라고 말했다. 이 말에는 독립영화에 관한 인식부터 회사의 규모를 키우겠다는 의지까지 포함돼 있는 거 같다.

김지혜　창립 초기부터 아토가 기획한 스토리는 굉장히 다양했다. 저예산 영화가 결과물로 먼저 나오니 외부에서는 '아토는 독립영화 전문 제작사'라고 인식하게 된 거 같다. 근데 막상 제작사를 차리고 보니 회사가 운영되려면 무조건 규모를 키워야 하더라. 현재로서는 우리의 인건비도 마련하기 어렵다. 작품의 지분 계약을 해서 그걸 돌려 회사 경상비로 쓴다. 제작의 선순환 구조를 만들려면 어느 정도 규모가 있는 영화를 만들어야 한다.

제정주　현재까지 아토의 제작 규모는 1억 원에서 5억 원 정도다. 이 정도 규모의 영화를 계속 만들고 있는 제작사는 인디스토리, 광화문시네마 정도가 있을까. 아토는 독립 신에서 인지도가 있을 수 있으나 일반 영화산업 내에서의 인지도랄 게 거의 없다고 본다. 적은 예산으로 완성도 있는 영화를 몇 편 만들었다는 것에 자부심을 가지고 있지만, 많은 사람들의 희생 뒤에 오는 것이라 기존의 제작방식으로는 꾸준히 제작을 하는 것이 어려운 일일 것이다. 이런 방식을 지속할 수는 없다. 안정적인 제작환경에서 새로운, 다른 영화를 만들어 제작의 파이를 점점 키워나가야 한다. 앞으로 우리가 준비할 영화는 상업영화가 될 수도 있고 작은 독립영화가 될수도 있다. 독립영화로 데뷔한 감독들이 상업영화 시스템 안으로 들어가 개성을 잃어버리고 마치 기성품을 만들어내듯 보일 때가 있는데 정말 안타깝다. 〈우상〉이 개봉했을 때 영화가 관객들의 선택을 많이 받았으면 하는 기대가 있었다. 작가 주의적 성향이 강한 감독이 주류 영화 산업 안에서 이름 있는 배우들과 대규모 자본으로 영화를 만들었을 때 그게 유의미한 성과를 내면 좋겠다는 의미로서의 응원이었다. 예산의 규모, 완성도를 잘 지켜내면서 대중과 비평 두 마리 토끼를 다 잡을 수만 있다면 얼마나 좋을까. 그런 두 지형에서 모두 좋은 성과를 내는 영화가 많아지면 많아질수록 산업적으로도 긍정적인 영향을 줄 거다. 중저예산 영화가 많이 만들어지길 바란다. 시장의 내연과 외연을 확장했으면 좋겠다. 내가 만들고 싶은 영화도 딱 그런 것이다.

김지혜　현재까지 아토가 보여준 영화가 예산이 적은 규모의 영화였다. 수익의 측면에서는 갈 길이 한참 멀다. 그래도 〈우리들〉을 시작한 이후 아토의 이름이 꾸준히 알려진 거 같다. 물론 그렇다고 해서 우리에게 투자하겠다는 사람들이 늘어난 건 아니지만. (웃음) 광화문시네마와 비교하면 그곳은 감독들 중심이다 보니 투자, 제작사가 직접 감독들에게 연락을 해오는 거다. 우리는 피디다 보니 한발 더 나아가야 한다.

기획개발 단계부터 보다 안정적인 예산 확보가 필수적이다. 투자, 지원금 확보를 위해 아토는 어떤 시도를 하나. 또 보완돼야 할 점은 뭐라고 보나.

제정주　영진위나 영상위원회가 주는 공적 자금 기획개발비가 있다. 나도 지원했다가 수차례 떨어져도 봤고 받아도 봤다. 대체로 나의 경우 공적 기금에 의존해왔는데 그것도 편수와 금액에 제한이 있다 보니 해당 사항이 많지 않았다. 독립영화, 중저예산 영화의 기획개발비는 더욱 절실하다. 올해 영진위는 기획개발 지원프로그램을 개편에서 기성, 신인을 불문하고 다양한 작품에 지원을 받을 수 있도록 재정비했다. 하지만, 독립, 중저예산 영화의 기획개발은 다른 방식의 투자, 지원의 디자인이 필요하다.

김순모　투자자에게 기획개발비를 받는다는 건 그 돈을 빌려주는 대여의 개념에 가깝다고 본다. 영화화되지 않으면 그 돈을 갚아야 한다. 그렇게 기획개발비를 받았는데 영화화되지 못했을 때 내가 또 다시 영화를 만들 수 있을까가 제일 큰 두려움이다. 이런 두려움을 없애는 게 영진위나

PGK가 고민해야 할 부분이 아닐까. 한때 영진위가 보증해줘서 신용보증기금에서 콘텐츠의 기획개발비를 받을 수 있기도 했다. 이런 운영이 현실적으로는 어려움이 많았겠지만 그 시도 자체는 유의미했다고 본다. 도덕적 해이를 막기 위한 최소한의 장치를 마련해두는 식으로 가면 어떨까. 현재는 프로듀서 입장에서 공격적으로 기획개발을 할 수가 없다. 운이 좋아서 좋은 파트너를 만나면 그나마 다행인 정도랄까.

이진희 다른 산업과 비교했을 때 투자금 회수 여부가 불확실한 게 영화산업의 특징이다. 영화는 투자 금액도 크고 투자에 따른 회수가 보장되는 것도 아니다. 기획개발에 관한 공적 자금에 기댈 수밖에 없다. 씨드 머니를 구하기가 정말 어렵다. 신생 제작사가 영화를 안정적으로 만들 수 있을까에 있어 상당히 회의적인 분위기다. 투자사와 제작사의 갑을 관계가 너무나 확실해서 돈을 주는 사람의 의견을 따를 수밖에 없는 것도 문제다.

김순모 아토는 후발 주자로서 좋은 파트너를 찾아가는 과정에 있다. 지금처럼 콘텐츠를 가진 작가, 감독을 찾아내고 이들에게 힘이 되는 투자사를 찾아서 이어가야 한다. 내가 힘을 키우는 수밖에 없다. 좋은 콘텐츠를 먼저 확보해야 한다. 그리고 요즘 프로듀서의 능력 중 중요한 게 캐스팅인 거 같다. 상황이 좋지 않다고 한탄만 하기보다는 할 수 있는 걸 해야 한다. 그럼 큰일은 PGK에서 해주지 않겠나. 현재는 PGK가 단합이 잘 안 되는 거 같다. 내부의 원칙을 세우고 밀고 나가는 게 필요하다. 예컨대 PGK 내부도 제작까지 겸하는 피디와 프로덕션에만 참여하는 피디 등 다양한 조건의 피디들이 있다 보니 표준근로계약이나 프로듀서 처우에 관한 문제에 있어서도 서로간의 입장의 차이가 있더라. PGK 소속 제작자들이 프로듀서를 고용할 때의 문제도 있고. 지금까지는 PGK가 규모를 키우는 데 치중했다면 이제는 내실을 키워야 할 때다.

제정주 프로듀서는 제작사로서의 존립보다는 콘텐츠를 생성하는 환경을 만드는 창작자라고 생각한다.

핵심은
역시 기획력

아토가 주목하는 형태의 기획이나 프로듀서의 작업이 있나.

김지혜　〈재심〉을 제작한 이디오플랜. 〈결백〉도 만들었고 실화에 바탕한 법정물에 관심 많은 거 같다. 특정한 이야기를 이어간다는 점에서는 아토와도 닮았다. 장르적으로, 영화 내용적으로 제작사만의 특색이 엿보이는 경우다.

김순모　시스템을 갖추고 협력 관계를 만들어가는 사나이픽처스와 월광, 외유내강과 필름케이와 같은 관계가 선례로 보인다. 서로 간에 동등한 관계를 유지하고 연속성 있는 기획물을 만들어가고 있다.

제정주　창작자로서 오리지널리티를 가지는 것이 중요한 일이면서도 용필름의 원작을 재해석하는 방식도 주목하고 싶다.

아토의 차기작 혹은 프로듀서 각자의 다음 계획을 들려 달라.

김순모　8월부터는 아토의 여섯 번째 작품 〈애비규환〉의 촬영에 들어간다. 일종의 가족 소동극이다. 한예종 출신의 최하나 감독의 장편 데뷔작이다. 배우 정수정(그룹 에프엑스의 크리스탈)이 주인공이고 최덕문, 장혜진 배우가 출연한다. 그간은 제작에 힘썼는데 앞으로는 좀 더 큰 그림을 그리려 한다. 지금 아토는 대중적인 시장으로 가는 과도기에 있다. 다른 출구를 찾으려 한다. 해외에서 리메이크할 수 있는 작품도 찾아보고 있다. 〈우리들〉도 그렇고 아토의 작품은 아니지만 내가 프로듀서로 참여한 〈소공녀〉(감독 전고은, 2018)와 같은 작품은 특정 국가에 국한되는 이야기가 아니다 보니 중국, 동남아시아 등지에서 리메이크를 시도해볼 수 있다.

제정주　신동석 감독, 부지영 감독과 각각 원작소설을 바탕으로 한 영화를 준비 중이다.

김지혜 〈우리집〉의 개봉 준비가 한창이다. 이후 윤가은 감독과 '우리' 시리즈의 마지막이 될 작품을 준비해보려 한다. 그리고 〈우리들〉의 조감독이자 〈우리집〉의 스크립터였던 황슬기 감독의 장편 데뷔작 개발도 한창이다. 황슬기 감독이 단편 〈자유로〉(2017)에서 보여준 중년 여성 서사에 관한 관심을 보다 심화해갈 예정이다.

제정주 현재 영화를 향유하는 세대, 관객의 소비 패턴이 빠르게 바뀌고 있다. 넷플릭스의 〈페르소나〉(감독 임필성·이경미·김종관, 2018)나 〈보건교사 안은영〉(감독 이경미, 2019) 등 오리지널 드라마를 만드는 시도는 주목할 만하다. 결국 중요한 건 콘텐츠다.

김지혜 상업영화든 저예산영화든 제작자들이 풀어야 할 과제는 결국 기획력이다. 어떤 방식으로 새로운 영화를 만들 것이냐가 현재 프로듀서들의 화두다. 제작자의 생존 전략이기도 하다. 요즘 들어 보다 적극적으로 관객을 찾아가야 한다는 생각을 많이 한다. 황슬기 감독과 중년 여성 이야기를 준비하면서 현재의 중장년 여성들이 좋아할 만한 영화를 만들어보자며 자료 조사도 열심히 하고 있다. 30~50만 명 관객이 드는 영화를 만드는 게 목표다. 이미 프로듀서들은 극장 개봉용 영화만 국한해 생각하지 않는다. 유튜브 채널, 드라마 등으로 시선을 돌렸다. 프로듀서로서 우리의 출구 전략은 보다 확실한 스토리텔러가 되는 것이다. 기획의 힘과 연결되는 지점이다. 전통적인 영화에만 한정 짓지 말고 계속해서 변형할 수 있는 아이템을 개발해야 한다. 이미 많은 프로듀서들이 하고 있는 일이기도 하다. 영화 산업의 상황이 그리 좋지 않다. 하지만 영화 산업은 인터넷 플랫폼 등으로의 확장 가능성이 있는 영역이다. 쉽게 사그라들지 않을 거 같다. 물론 플랫폼이나 포맷별로 스토리텔링을 하는 방식은 달리 가져가야겠지만. 그래서 공부를 해야 한다.

제정주 최근 젠더 이슈에 대한 관심 때문일까. 쏟아져 나오는 단편, 독립영화 중 관련 소재의 영화도 많아졌지만 특히 주목할 만한 여성 감독들이 많다는 데 기대감을 갖는다. 윤가은 감독을 비롯해 〈소공녀〉 전고운, 〈어른도감〉(2018) 김인선, 〈보희와 녹양〉(2019) 안주영, 〈밤의 문이 열린다〉(2019) 유은정 감독 등 작품의 고유한 개성을 잘 살리면서도, 드라마를 잘 쌓아가는 여성 감독들을 주목한다. 이들이 활발히 활동할 수 있는 영화 산업과 현장의 분위기를 만드는데 일조하고 싶다.

발견! 이 사람, 이 얼굴
아토의 경쟁력

재능 있는 신인 감독, 스태프의 발견과 발굴은 아토의 자랑거리이자 경쟁력이다. 아토의 프로듀서들은 동료 영화인들에게 아토와 함께한 저 배우, 저 스태프는 누구냐는 이야기를 들을 때면 일하는 보람을 크게 느낀다. 윤가은 감독의 〈우리들〉이 대표적이다. 감독은 물론이고 최수인, 설혜인 배우는 이 작품을 통해 본격적으로 대중에게 눈도장을 찍었다. 참여 스태프들 또한 동료들의 응원을 받으며 다음 행보를 이어간다. 〈우리들〉의 민준원 촬영감독을 비롯해 제2 촬영을 맡았던 김지현 촬영감독(윤가은 감독의 두 번째 장편 〈우리집〉과 최하나 감독의 〈애비규환〉의 촬영을 맡았고 현재 육상효 감독의 차기작 작업에 들어간다.) 윤가은 감독의 두 작품을 함께한 뒤 아토가 제작하는 〈애비규환〉에 합류한 김세훈 프로듀서가 있다. 이어서 윤가은 감독은 〈우리집〉의 촬영에 앞서 '어린이 배우들과 함께하는 성인분들께 드리는 당부의 말'이라는 촬영 수칙을 직접 만들어 제작진과 공유했다. 윤가은 감독과 감독의 가치관을 적극적으로 지지해온 아토의 프로듀서들이 그간 어린이 배우들과 작업을 준비하는 연출자, 제작사, 매니지먼트사로부터 조언과 정보를 요청받으며 고민해온 결과물이기도 할 것이다. 현재 한국영화감독조합은 이 수칙을 공유해 촬영의 중요한 참고 자료로 삼고 있다. 한편 〈살아남은 아이〉로 호평 받은 신동석 감독의 행보도 주목해야 한다. 현재 아토의 제정주 프로듀서와 함께 2019년 제10회 문학동네 젊은작가상 대상작인 박상영 작가의 〈우럭 한 점 우주의 맛〉을 영화화한다. 〈홈〉의 김종우 감독도 아토와 차기작 준비에 들어갔다. 아토 작품에 참여한 배우들 역시 연이어 기쁜 소식을 전해왔다. 〈용순〉의 이수경은 여성영화인모임이 선정한 2017년 여성영화인 선정 신인 연기상과 2018년 제7회 마리끌레르 영화제 루키상을 받았고 〈살아남은 아이〉의 성유빈은 2019년 부일영화상, 들꽃영화상, 황금촬영상, 부산영화평론가협회상의 신인 남자연기상의 주인공이다.

맺음말

이 책을 발간한 배경에는 촬영감독조합에서 발간한 「한국의 촬영 감독들」 (2016, 미메시스)이 있었습니다. 오랜 시간 동고동락해온 촬영감독들임에도 불구하고 알지 못했던 그들의 깊은 고민과 영화에 임하는 가치관을 이 책에서 엿볼 수 있었습니다. 그렇다면 한국영화를 사랑하는 관객들은 물론이고 같이 현장에서 함께 일하고 있는 많은 스태프와 배우들도 정작 프로듀서의 역할과 고민에 대해서는 모를 수 있겠다는 생각이 들었습니다.

PGK에는 다양한 경험과 필모그래피를 가진 250여 명의 프로듀서들이 함께하고 있습니다. 하지만 모두의 이야기를 담을 수는 없었기에, 2017년부터 2018년까지의 국내 개봉작을 기준으로 조합원과 비조합원 구분 없이 10명의 프로듀서를 섭외하였습니다. 기획, 공동제작, 해외작업, 다양성, 중급 규모 영화 등의 키워드가 그 기준이 되었습니다. 인터뷰를 진행하고 집필할 필진으로는 영화계의 동향을 잘 알고 있고 프로듀서들을 잘 이해할 수 있는 분들을 섭외해야 했습니다. 전 씨네21편집장 출신인 이영진 편집장을 주축으로 문석 전 씨네21편집장, 송경원 씨네21기자, 정지혜 영화평론가가 함께해 주셨습니다. 또한 소동성 포토그래퍼가 늘 뒤에서 일하느라 모습을 드러낼 일이 별로 없는 프로듀서들의 얼굴을 이 책에 담아 주셨습니다.

인터뷰를 진행하며 현재 우리에게 가장 중요한 이슈를 꼽아보았습니다. 첫째는 기획개발비, 둘째는 근로기준법 개정에 따른 촬영현장의 합리적 접근입니다.

제작자, 프로듀서의 가장 큰일은 콘텐츠를 생산하는 것입니다. 하지만 현재 1인 기업으로 운영되고 있는 수많은 제작사들에게는 기획개발에 소요

되는 오랜 시간을 버틸 수 있는 자금이 가장 큰 문제이기도 합니다. 영화진흥위원회 및 각 지자체 영상위에서 지원하는 기획개발 프로그램이 많이 있지만 지원 금액은 대체로 1천만 원에서 3천만 원 사이로, 실제 기획개발에 소요되는 비용인 1~2억 원에 못 미치며 지원 편수도 그리 많지 않습니다. 기획개발은 영화의 가장 중요한 콘텐츠를 만드는 R&D 성격의 작업 과정입니다. 이에 대한 펀드 및 공적지원금이 더욱 확대되어야 할 것입니다.

그리고 현재 노동 환경에 대해 많은 프로듀서들이 '권리는 없고 책임만 있는 이상한 상황'이라고 말씀해 주셨습니다. 이에 대해 작년부터 PGK는 합리적인 계약 방식 및 경력증명 인증시스템을 조합원에게 알리고 이를 확장시키려 노력하고 있으나 아직은 초기단계에 있습니다. 장기적인 안목을 가지고 각 단체의 조합이 모여 스태프들의 경력이 실질적으로 적용될 수 있는 시스템을 고안하고 실행해야 하지 않을까 생각해 봅니다.

2018년 2월 PGK 운영위원 워크숍에서 발제했던 사업이 드디어 결실을 보게 되었습니다. 신뢰를 보내주신 대표단과 운영위원들과 끝까지 출판을 위해 애써주신 가연출판사의 김성룡 대표님께 이 자리를 빌려 감사의 말씀을 드립니다. 흔쾌히 참여해주시고 좋은 말씀을 남겨준 10명의 프로듀서에게도 감사 인사를 전합니다. 인터뷰를 진행하며 모두에게서 영화에 대한 열정과 프로듀서라는 직업에 대한 애정을 느낄 수 있었습니다. 현 프로듀서 세대는 과거 프로듀서 1세대, 2세대와 다른 환경 속에서 힘들지만 콘텐츠로 이 상황을 돌파해 나갈 준비를 열심히 하고 있습니다. 모든 프로듀서들에게 응원의 박수를 보내며, 이 책을 통해 많은 분들이 프로듀서가 무엇인지, 그들이 만드는 길이 어떤 흔적을 남기는지 조금 더 들여다보실 수 있다면 좋겠습니다.

2019년 12월
편집위원 **강명찬, 김지혜**

프로 듀 서

1판 1쇄 인쇄 2019년 12월 23일
1판 1쇄 발행 2019년 12월 30일

지은이   Producers Guild of Korea

발행인   김성룡
인터뷰 · 정리 문석, 송경원, 정지혜, 이영진
편집위원   강명찬, 김지혜
교정   김은희
디자인   김민정

펴낸곳   도서출판 가연
주소   서울시 마포구 월드컵북로 4길 77, 3층 (동교동, ANT빌딩)
구입문의   02-858-2217
팩스   02-858-2219